돈의 진격

포스트 코로나 시대, 부와 세계 경제의 길을 묻다

돈의 진격

박구재 지음

황소자리

인간 욕망의 결집체,
돈의 진격은 계속된다

돈(화폐)은 무엇이고, 누구를 위해 존재하는가. 난해하기 이를 데 없는 질문이다. 경제사학자나 철학자, 역사학자들도 명쾌한 답변을 내놓지 못할 터이다. 돈의 기원과 본질, 가치에 관한 이론은 애덤 스미스의 고전 경제학까지 소환해야 할 사안이다. 오스트리아 출신 미국의 저명한 경제학자 슘페터도 《화폐론》을 완결지으려 했으나 미완성으로 남겨놓은 채 세상을 떴다.

돈은 물물교환의 편의를 위한 수단이거나 다른 상품의 가치를 계량해주는 수단이라는 것은 아주 '익숙한 상식'에 속한다. 사람마다 원하는 물건이 서로 다른 '욕망의 이중일치'를 해소하기 위해 화폐가 만들어지고, 유통되고, 진화했다는 것도 얕고 단편적인 지식일 수 있다.

편협한 시장경제의 틀을 벗어나면 돈의 본질과 가치는 확장된다. 시대에 따라, 체제에 따라, 이념에 따라 돈의 위상은 달라졌다. 세상이 변하는 속도만큼 돈의 모양과 쓰임새, 기능과 역할도 바뀌었다. 미국의 경제사학자 니얼 퍼거슨이 지적한 대로 "기독교인에게 돈에 대한 애착은 모든 악惡의 근원이었고, 장군에게 돈은 전쟁의 동력이었으며, 혁명가에게 돈은 노동의 족쇄였다."

인류 역사의 흐름 속에서 돈은 국력의 융성과 쇠퇴의 배경이 됐다. 유럽의 변방으로 주목받지 못했던 섬나라 영국이 스페인과 프랑스를 누르고 대영제국을 건설할 수 있었던 데는 선진적인 의회제도와 더불어 화폐제도와 금융시스템이 큰 영향을 미쳤다.

원나라의 초대황제 쿠빌라이 칸은 세계 최초로 지폐를 발행하고, 교역을 강화해 몽골제국을 통치했다. 자본주의 체제가 착근着根하면서 돈은 법, 문화, 신앙, 사회적 관습을 뛰어넘는 초월적 존재로 기능해왔다. 그때부터 돈이 세상을 지배하는 시대가 열렸다. 돈은 진격을 거듭하면서 세상을 바꾸고, 경제 체제를 변모시켰다.

자본주의 체제에서 돈은 만질 수 있는 '고체'이지만 그 위에 적힌 숫자는 경제위기 때마다 '기체'처럼 증발한다. 돈은 통장과 은행 사이에서, 온라인과 다른 사람의 계좌 사이에서, 기업과 나라 간의 거래에서 '액체'처럼 흐르기도 한다.

돈은 '양날의 칼'과도 같은 존재다. 돈은 경제활동을 지탱해주는 버팀목이자 분업과 교역을 가능케 하는 매개체이다. 하지만 돈에 대한 지나친 맹신과 탐욕은 인간의 삶을 도탄에 빠뜨리기도 한다. 돈이 중심되는 사회에서 불평등은 깊어지고, 사회적 불균형은 심각해진다. 부는 집중되고 가난은 확산한다. 돈과 권력을 가진 자들의 사적 이익은 배가되지만 공공성은 사라진다.

독일 철학자 쇼펜하우어는 "금욕禁慾을 통해 무아경이나 황홀경 상태에 이를 수 있다"고 했다. 그는 돈을 바닷물에 비유했다. "돈은 바닷물과 같아서 먹으면 먹을수록 목이 더 마르기 마련이다." 돈에 대한 인간의 탐욕을 경고한 말이다.

20세기 전설적인 투자가 앙드레 코스톨라니는 평생 주식투자에 몰두해 많은 돈을 벌었다. 하지만 그는 돈과 일정한 거리를 두려고 했다. 코스톨라니는 93세를 일기로 세상을 뜨면서 "돈, 뜨겁게 사랑하되 차갑게 다뤄야 한다"는 말을 남겼다. 미지근한 사랑으로는 돈에 대한 욕심을 채울 수 없기에 뜨겁게 사랑해야 하지만, 돈을 다룰 때는 냉정해야 한다는 뜻이다.

카를 마르크스는 《자본론》에서 "돈은 노동력을 상품화하며, 정당한 노동에서 생긴 잉여는 자본 축적을 향한 자본가 계급의 탐욕스런 욕망을 위해 전유專有되고, 물화物化된다"고 했다. 노동자의 삶을 옭아매는 족쇄인 돈은 자본가의 배를 불리는 수단일 뿐이라는 지적이다.

돈은 '인간 욕망의 결집체'라고도 한다. 사람들은 돈을 벌기 위해 하루 중 절반 이상을 일하는 데 쓴다. 돈 때문에 다툼을 벌이거나 법과 양심을 어기면서 범죄를 저지르기도 한다. 하지만 엄밀하게 따져보면 돈 자체에 문제가 있는 것은 아니다. 돈을 갖기를 원하는 인간의 속물적 탐욕에 근본적인 문제가 있다.

돈은 인체의 혈액에 비유된다. 몸에 피가 잘 돌아야 건강이 유지되는 것과 마찬가지로 한 나라의 경제가 튼실하려면 돈이 잘 돌아야 한다. 그래야 기업 투자가 늘어나고, 일자리도 만들어진다.

돈의 본질은 '신뢰Trust'다. 사람들의 신뢰가 사라지면 돈은 한낱 휴짓조각에 불과하다. 노벨경제학상 수상자인 밀턴 프리드먼은 "화폐의 본질은 겉모양이 아니라 사람들의 '믿음'"이라고 했다. 미국 1센트짜리 동전부터 최고액인 100달러 지폐에는 'In God We Trust(우리가 믿는 하나님 안에서)'라는 글귀가 새겨져 있다. 신을 믿듯이 돈이 지닌 내재가치를 믿는다는 의미이다. 돈에 대한 불신이 커지면 어찌 될까. 돈은 가치를 상실하게 되고, 금융시장은 혼란을 겪는다.

프랑스 작가 에밀 졸라는 소설《돈》의 초안에서 "돈을 공격하지도, 옹호하지도 말아야 한다"고 썼다. 돈은 절대 선善도, 절대 악惡도 아닌 삶의 일부다. 무시할 수도, 무턱대고 탐할 수 없는 것이 돈이다.

《돈의 진격》이란 제목을 단 책은 화폐의 발전과정(물품화폐→금속화폐→지폐→전자화폐→지역화폐→암호화폐→디지털 화폐)에 따른 연대기적 서술방식을 취하되 특정 화폐가 인류의 삶에 미친 영향을 중점적으로 다루려 했다. 시대에 따라 변모를 거듭해온 돈의 속성과 본질도 따져보려 했다. 인간의 필요에 의해 만들어지고, 유통된 돈이 거꾸로 인간의 삶을 지배하는 현상을 짚어보려 한 것이다. 화폐와 관련된 역사적 사건과 정보, 에피소드를 양념처럼 버무려 감칠맛 나는 '돈 이야기'를 들려주고픈 '어설픈 의도'도 있었음을 고백한다. 더불어 인류의 삶에 부정적인 영향을 미쳤던 경제 위기의 실상과 재정정책의 허와 실을 나름의 잣대를 갖고 해석하고, 돈의 역할과 가치를 되새겨보려 했다.

인류가 구축해온 유·무형의 자산과 가치 체계, 질서를 송두리째 바꿔놓은 코로나 시대에도 돈의 진격은 계속될 것이다. 21세기는 블록체인 기술을 기반으로 한 비트코인 · 이더리움 · 리플 등 암호화폐와 각국 중앙은행이 발행하는 '법정 디지털 화폐CBDC'가 실물화폐를 대체할 것이 확실시된다. 책은 암호화폐와 디지털 화폐의 현재와 미래를 조망하고, 세계 경제와 인류의 삶에 어떤 파급효과를 낳을지를 분석해보려 했다. 이를 총합해 한 권의 책으로 묶고 나니 '의욕 과잉의 결과물'을 내놓는 것은 아닌지 부끄럽기만 하다. 돈에 관한 깊은 지식과 통찰 또는 돈 버는 방법을 일러주길 기대했던 독자들에게는 적잖은 실망을 안겨줄지도 모를 일이다.

신문사 기자로 일하며 경제·금융 관련 기사를 기획하고, 취재한 경험과 지식을 토대로 그동안 《지폐, 꿈꾸는 자들의 초상》(황소자리, 2006) 《돈, 너는 누구니?》(현암사, 2011) 등 두 권의 화폐 관련서를 펴냈다. 《돈의 진격》은 두 권의 책에 이은 화폐 관련서 3부작의 완결판이라고 할 수 있다. 미흡하기 짝이 없는 책이지만 독자들이 '돈의 선한 영향력'에 대한 믿음을 공고하게 다질 수 있다면 더 바랄 나위가 없겠다. 어설픈 글들을 묶어 번듯한 책으로 만들어 준 황소자리 출판사에 깊은 감사의 말을 전한다. 오랫동안 기자로 일할 수 있도록 든든하게 지원해준 아내와 두 딸, 선·후배, 동료들에게 책을 바친다.

2021년 가을 들머리
박구재

전염병, 세상을 흔들다

전 세계인들이 새로운 10년을 기대하던 2020년 1월, 인구 1,000만 명의 대도시 중국 후베이성 우한武漢에서 코로나-19 광풍이 몰아쳤다. 우한 보건당국은 2019년 12월 31일 세계보건기구WHO에 정체불명의 폐렴이 발생한 사실을 보고했다. 코로나-19로 명명된 전염병 대확산의 서막이었다. 중국은 우한을 석 달 가까이 통째로 봉쇄했고, 13억 인구의 인도는 필수 인력을 제외한 전 국민의 집 밖 출입을 금지했다. 유럽·중동·미국 등 거의 모든 나라가 빗장을 걸어 잠갔다. 코로나-19가 확산하면서 소설에나 나올 법한 초현실적인 일들이 벌어졌다. '비대면untact' '디커플링decoupling' '거리두기' '랜선 회의' '코호트 격리' 등 낯선 신조어들이 일상어가 됐다. 누구도 예상하지 못한 초유의 사태였다. 눈에 보이지 않는 바이러스가 인류를 불안과 공포의 늪으로 빠져들게 한 것이다.

전 세계 코로나-19 누적 확진자는 2021년 8월 말 기준으로 2억 1,732만 명을 넘어섰다. 세계 인구가 78억 명이라는 것을 고려하면 대략 37명 중 1명꼴로 코로나-19에 감염된 셈이다. 국가별 확진자 수는 미국이 3,857만 명으로 전체의 18%가량에 달한다. 인도가 3,265만 명으로 2위였고, 브라질(2,072만 명), 러시아(677만 명), 영국(671만 명), 프랑스(659만 명), 터키(633만 명) 순이었다. 전 세계 사망자 수는 451만 7,000여 명에 달했다. 한국의 확진자 수는 25만 명을 웃돌았고, 2,280여 명이 사망했다.

코로나-19 확산세가 진정되지 않으면서 그동안 견고하게 작동해왔던 미국·독일·영국·일본 등 주요국의 경제·사회 시스템은 한순간에 무력화됐다. 세계화 이후 촘촘하게 엮여 있던 경제 블록은 코로나-19의 엄청난 전염력 앞에 여지없이 무너졌다. 바이러스 확산을 막기 위한 '거리두기'는 일상생활의 불편함을 넘어 상품과 서비스, 재화의 교역망을 봉쇄시켰다. 국가와 기업 간 가치 사슬Value Chain도 끊겨 버렸다. "나부터 살자"는 극단적 이기주의가 전염병처럼 번져 전 세계에서 국수주의가 창궐하는 기미를 보였다. 영원하다고 여겨졌던 것들이 하릴없이 부서져 버린 것이다.

하나의 시대가 저물고 있는 가운데 새로운 시대의 비전은 어디에서도 찾을 수 없게 됐다. 코로나-19의 짙은 그림자는 인류가 구축해온 유·무형의 자산과 가치 체계, 질서를 송두리째 바꿔 놨다. 끔찍하게 불안한 일이었다.

인류 역사의 흐름을 바꿔 놓은 전염병의 역설

전염병은 인류의 삶을 도탄에 빠뜨리곤 했다. 중세 이후 수많은 전염병이 무섭게 창궐했다가 사라졌다. 14세기에 창궐한 페스트 Yersinia Pestis(흑사병의 원인균)는 당시 유럽 인구의 3분의 1을 절멸시켰다. 1894년 프랑스 세균학자 예르생이 홍콩에서 발견해 균주를 분리한 페스트는 천연두 · 인플루엔자와 함께 세상에서 가장 많은 사람의 목숨을 앗아간 몹쓸 전염병이다.

1918년 처음 발생한 스페인 독감Spanish influenza*은 제1차 세계대전의 사망자 수보다 3배나 많은 500만 명을 사망에 이르게 했다. 일반 독감의 사망률은 0.1% 정도이지만 스페인 독감은 2~20%에 달했다. 미국에서는 프랑스에 주둔하던 미군 병사가 고향으로 돌아오면서 스페인 독감을 퍼뜨려 67만 5,000명이 숨지는 비극적인 결과를 낳았다.

한국도 스페인 독감의 피해국이었다. 당시 755만 명이 스페인 독감에 감염됐고, 이 중 14만 명이 사망한 것으로 알려져 있다. 일제 경무총감부 자료에 따르면 1918년 10월부터 이듬해 1월까지 '서반아 감기'(스페인 독감)가 서울, 인천, 대구, 평양, 원산, 개

---

* 스페인에서 처음 발생한 독감이 아니다. 제1차 세계대전에 참전하지 않았던 스페인의 방송 보도에 따른 것이다. 전선의 참호에서 스페인 방송을 들은 군인들이 전파력이 강했던 독감을 '스페인 독감'이라고 부르기 시작하면서 명명된 것으로 알려져 있다.

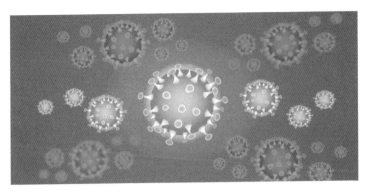

중국 후베이성 우한에서 처음 발생한 코로나19 바이러스.

성 등지에서 만연했다. 스페인 독감은 시베리아 철도를 통해 한국에 전파된 것으로 알려졌다. 당시 〈매일신보〉는 '(스페인 독감 확산으로) 농촌에서는 들녘의 익은 벼를 거두지 못할 정도로 상여 행렬이 끊이지 않았다'고 전했다.

전염병은 인류 역사의 흐름을 바꿔 놓고, 사회·경제 체제의 급격한 변화를 강제했다. 14세기 페스트는 장원제도와 봉건제 붕괴를 촉발했고, 영국과 프랑스의 백년전쟁을 중단시켰다. 페스트는 교회의 절대 권력도 무력화시켰다. 페스트의 온상이었던 이탈리아 피렌체는 르네상스 중심지로 거듭났다. 메디치 가문의 절대적인 지지와 후원을 등에 업은 피렌체는 페스트 확산 이후 인간성과 창의력이 중시되는 르네상스 시대를 주도적으로 이끌었다.

16세기 천연두는 신대륙 개발과 계몽주의 확산에 지대한 영향을 미쳤다. 20세기 초 스페인 독감은 대공황과 뉴딜, 파시즘과 제2차 세계대전으로 연결됐다. 스페인 독감은 노동력 감소를 메우기 위해 설비 투자를 대폭 늘린 미국이 영국을 제치고 글로벌 산업 패권국으로 거듭나는 데 일조했다. 수많은 생명을 무덤으로 불러들인 전염병의 역설逆說이 아닐 수 없다.

2002년 11월 중국에서 시작된 사스SARS(중증급성호흡기증후군)*와 2015년 사우디아라비아를 비롯한 중동 지역에서 퍼진 메르스MERS(중동호흡기증후군)*는 코로나바이러스가 원인이었다. 2019년 12월 중국 우한에서 처음 발생한 신종 전염병도 코로나가 원인균인 것을 고려하면 21세기에 접어들면서 인류는 코로나바이러스와 길고도 힘겨운 싸움을 벌이는 중이다.

코로나-19, 세계 경제위기를 몰고 오다

스페인 독감 창궐 이후 거의 100년 만에 발생한 코로나-19 팬데믹pandemic(대유행)으로 사람과 물자의 이동이 제한되면서 글로벌 공급망은 붕괴됐고, 투자와 소비, 수요도 급격하게 위축됐다. 선진국을 비롯한 대부분 국가의 경제성장률이 마이너스로 곤두박질친 것은 어찌 보면 당연한 일이었다.

- 사스는 최초 발생 이후 9개월 동안 중국·홍콩 등 11개 국가에서 8,000여 명을 감염시켰고, 775명을 사망에 이르게 했다.
- 증상이 사스와 흡사한 메르스는 사우디아라비아·한국 등 27개국에서 1,400여 명이 감염돼 866명의 사망자를 냈다.

영국 〈파이낸셜타임즈〉FT는 "고무줄을 잡아당겼다가 놓으면 제자리로 돌아오지만 비닐랩은 한번 늘리면 훼손된 상태로 남는다"며 "코로나-19 사태 이후 세계 경제는 늘어진 비닐랩 같은 상태로 남을 것"이라고 예측했다. 1995년 고베 대지진 이후 일본의 신발산업이 몰락했듯이 코로나-19 확산으로 전 세계 곳곳에서 수많은 전통산업이 사라질 거라 내다본 것이다.

실제로 코로나-19 팬데믹으로 2020년 미국의 경제성장률은 −3.5%를 기록해 제2차 세계대전 당시인 1946년 이후 가장 낮았다. 일본의 경제성장률도 −5.2%로 떨어졌다. 한국은 −1%의 경제성장률 기록해 외환위기를 겪은 1998년 이후 22년 만에 처음으로 역성장했다. 다만 코로나-19 발원국인 중국은 '나홀로 반등'에 성공해 2.2%의 플러스 성장을 기록했고, 국내총생산GDP은 처음으로 100조 위안을 넘어섰다. 중국의 경제성장률은 문화대혁명 직후인 1976년 마이너스 성장을 기록한 이후 가장 낮은 수준이긴 하다. 하지만 다른 주요국들이 모두 역성장한 것에 견주면 눈에 띄는 '선방'이다. 'V자형 회복'에 성공한 셈이다.

과거 세계 경제위기는 통화·재정정책의 실패, 전쟁, 유가변동 등 복합적인 요인에 기인했다. 하지만 코로나-19 팬데믹이라는 단일 요인에 의해 위기상황에 내몰리게 된 것은 극히 이례적인 일이다.

한국도 1997년 외환위기와 2008년 글로벌 금융위기 때 경험했던 충격에 버금갈 정도의 경제 위기 상황에 내몰렸다. 코로나-19

팬데믹이 1930년대 대공황 이후 최악의 경제·사회적 참사로 기록될 것이라는 우울한 전망이 나오는 배경이다.

코로나-19 팬데믹은 2000년대 이후 미국과 중국이 견고하게 구축해온 이른바 'G2 체제'를 일순간에 붕괴시켰다. 미국과 중국의 지배력이 약화한 'G0 체제'가 부상할 것이라는 전망이 나오기도 했다. 미·중 관계를 두고 '투키디데스의 함정Tuchididdes Trap *'을 경고하는 목소리가 나오기 시작한 것은 이미 오래다. 미·중 패권 갈등은 경제·군사 분야를 넘어 이념의 영역으로까지 노골적이고도 전방위적으로 격화하고 있다.

미국과 중국은 코로나-19 팬데믹으로 국제 리더십을 상실했다. 중국은 코로나-19 발생 초기 상황을 축소·은폐해 전염병을 조기에 차단할 기회를 날려버렸다는 비판에 직면했다. 게다가 코로나-19 확진자와 사망자 통계를 왜곡한 사실이 드러나 국제사회의 신뢰를 잃었다. 당시 도널드 트럼프 미국 대통령은 "중국에서 온 '몹시 나쁜 선물'인 코로나-19가 전 세계로 퍼졌다"며 중국을 겨냥한 비난의 화살을 쏘아댔다.

하지만 미국도 코로나-19 확산세를 과소평가해 초기 대응에 실

•   신흥 강대국이 부상해 세력 판도를 흔들면 기존 강대국이 이를 두려워해 전쟁이 발발한다는 논리다. 아테네 출신의 역사가 투키디데스가 편찬한 역사서《펠로폰네소스 전쟁사》에서 주장한 것에서 비롯됐다. 기원전 5세기 기존 맹주였던 스파르타는 급격하게 성장한 아테네에 대해 불안감을 느꼈고, 결국 스파르타와 아테네는 지중해의 주도권을 놓고 전쟁을 벌였다. 투키디데스는 전쟁의 원인을 "아테네의 부상과 스파르타의 두려움 때문"이라고 짚었다.

패하는 바람에 대혼란을 자초했다는 비판에 자유롭지 못하다. 트럼프는 코로나—19가 전 세계로 퍼진 2020년 3월 초까지도 별다른 대응책을 내놓지 않았다. 그는 되레 "(코로나—19는) 일반적인 인플루엔자와 비교해 별다른 대책이 필요 없는 전염병"이라고 했다. "한심하기 이를 데 없는 얼빠진 대응"이란 언론의 조롱을 받아도 할 말이 없을 만한 발언이었다. 미국이 코로나—19 초기 대응에 실패한 제1의 원인 제공자는 다름 아닌 대통령 트럼프였던 셈이다. 역사학자 맥스 부트는 트럼프를 '역대 최악의 미국 대통령'으로 꼽으면서 "트럼프의 무관심 때문에 공중 보건에 심각한 혼란이 초래됐다"고 짚었다. '막말 폭탄'과 국론분열로 미국인들에게 실망과 상처를 안기면서도 호기롭게 재선再選 가도를 달리던 트럼프를 백악관에서 내쫓은 것은 코로나—19 바이러스였다는 분석이 나왔다.

트럼프는 '미국 우선주의' 깃발을 앞세워 동맹 관계를 악화시켰고, 다자주의를 걷어찼다. 그는 파리기후변화협약과 이란 핵 합의에서 일방 탈퇴하며 미국이 전 세계 리더 국가이길 포기했다. 세계보건기구WHO와 유엔인권이사회UNHRC도 탈퇴했다. 남북전쟁 이후 최악으로 분열된 미국을 남겨놓고 퇴장한 트럼프 집권 4년 동안 미·중 관계는 갈등과 대립의 연속이었다. 트럼프가 중국과 벌인 무역전쟁으로 인해 미국인들은 3700억달러의 관세를 부담하기도 했다. 엎친 데 덮친 격으로 코로나—19 확산은 미국 경제를 위기로 내몰았다.

그나마 미국은 2021년 1월 20일 취임한 조 바이든 신임 대통령이 트럼프의 고립주의 노선을 폐기하고, 다자주의로 복귀하겠다는 뜻을 밝혀 퇴행과 단절의 고리를 끊고 G2 국가로서의 위상을 복구할 전기를 마련했다. 바이든은 취임 첫날 파리기후변화협정 복귀, WHO 재가입, 이슬람 7개국 입국 제한 폐지, 멕시코 국경장벽 건설 중단 등 행정명령 17건에 서명했다. 바이든은 또 코로나-19 대응을 위해 1조 9000억달러 규모의 경기부양안을 의회에 제출한 데 이어 2021년 4월 1일에는 2조달러 규모의 인프라 투자계획도 발표했다. 제2차 세계대전 이후 최대의 경기부양안이다.

경제위기 극복을 위한 '돈 풀기' 정책의 양면성

코로나-19 경제위기에 대응해 각국 중앙은행이 가장 먼저 한 일은 '양적완화QE·Quantitative Easing*'라는 이름의 '돈 풀기' 정책의 시행이었다. 무차별적인 재정 살포와 전례 없는 통화정책 수단을 동원하며 경기 부양에 나선 것이다.

코로나-19가 전 세계로 확산하기 시작한 2020년 3월 도널드 트럼프 미국 대통령은 83억달러 규모의 '긴급 예산법'에 서명했다. 트럼프가 의회에 요청한 것은 25억달러였다. 하지만 미국 의

• 기준금리가 제로에 가까워져 더이상 내리기 힘든 상황에서 중앙은행이 양(통화량)으로 승부하는 것을 의미한다. 국채 등 자산매입을 통해 금융기관에 돈을 풀어 시장금리를 낮추려는 비전통적인 통화정책이다.

회는 3배 이상 증액해 통과시켰다. 한 달 뒤에는 2조달러 규모의 경기부양책을 승인했다. 코로나-19 사태로 미국 경제가 나락으로 떨어질 것을 우려한 조치였다. 트럼프가 "태어나서 이렇게 큰돈에 사인해본 적이 없었다"고 할 정도의 대규모 경기부양책이었다. 2008년 글로벌 금융위기 이후 2014년까지 6년간 미국 중앙은행인 연방준비제도Fed가 실시한 양적완화 규모는 4조 5000억달러다. 그 절반이 넘는 어마어마한 돈이 불과 반년 만에 풀린 셈이다.

코로나-19 확산 방지를 위해 일본은 660조원, 독일은 410조원, 중국은 714조원을 풀었다. 싱가포르는 399억싱가포르달러를 시중에 공급했다. 한국 정부도 손을 놓고 있지는 않았다. 코로나-19 팬데믹 이후 민생대책과 금융안정 대책에 150조원을 풀었다.

2020년 4월까지 미국·중국·유로권 국가 등 주요 10개국이 코로나-19 확산에 따른 경기침체를 막기 위해 시중에 푼 돈은 15조달러에 달한다. 2019년 세계 국내총생산GDP의 17%에 해당하는 규모다. 주요 10개국은 헬리콥터에서 돈을 뿌리듯 중앙은행의 발권력을 동원해 시중에 돈을 공급하는 이른바 '헬리콥터 머니' 정

• 미국의 경제학자이자 노벨경제학상을 수상한 밀턴 프리드먼이 1969년 창안한 용어다. 중앙은행이 헬리콥터에서 돈을 뿌리듯 통화를 직접 시중에 공급하는 것을 뜻한다. 중앙은행은 화폐를 발행해 길바닥에 뿌릴 수는 없기 때문에 양적완화처럼 국채를 사들여 유동성을 공급한다. 다만 국채를 유통시장이 아닌 발행시장에서 사들여 국민을 위해 직접 지급한다는 점에서 양적완화 정책과는 차이가 있다. 정부는 재난지원금처럼 가계에 현금을 지급해 소비를 뒷받침할 수 있고, 인프라 투자 등 재정 지출도 늘릴 수 있다.

책을 편 것이다.

그동안 양적완화 정책은 금융시장을 안정시켰지만 대기업과 자산가에게 과실이 돌아가는 결과를 낳아 '부富의 불평등'을 키웠다는 비판을 받아왔다. 2008년 글로벌 금융위기 당시 미국을 비롯한 주요국 중앙은행은 국채를 유통시장에서 대거 사들여 금융기관에 공급한 유동성(자금)이 민간대출로 이어지도록 유도했다.

하지만 신용경색을 우려한 금융기관들이 대출을 꺼려 중앙은행에 예치하는 초과 지급준비금이 늘어날 정도로 실물경제로는 돈이 스며들지 못했다. 갈 곳을 잃은 시중 유동성은 주식시장이나 부동산 시장으로 흘러가 자산 가격을 끌어올렸다. 이런 탓에 자산가들은 앉아서 막대한 돈을 벌었지만 서민들은 빈곤의 굴레에서 빠져나오지 못했다. 양적완화 정책이 자산 불평등을 심화시키는 결과를 낳은 것이다. 이에 대해 영국 경제전문가 프란시스 코폴라는 "중앙은행의 발권력을 은행에 돈을 빌려주는 데만 사용할 게 아니라 정부가 국민을 위해 재정을 지출하는 데 활용해야 한다"고 주장했다.

코로나-19 확산에 따른 경기침체를 우려한 각국 정부가 은행이나 기업이 아닌 시민들에게 '재난지원금'을 직접 지급한 것도 '헬리콥터 머니' 정책의 일환이라고 볼 수 있다. 미국은 코로나-19 사태 이후 연소득 7만 5000달러 이하의 납세자 94%에 대해 1인당 148만원의 재난지원금을 줬다. 일본은 국민 1인당 114만원의 재난지원금을 지급했고, 독일은 프리랜서·자영업자 등에게 3개월치 운영비를 국고에서 지원했다. 이탈리아는 노동자에게 최대 9주 동안 급여의 80%를 지급했고, 홍콩은 1인당 160만원의 재난지원금을 줬다.

한국 정부도 2020년 5월부터 가구당 최대 100만원의 '긴급 재난지원금'을 지급했다. 정부와 여야 정치권은 긴급 재난지원금 지급범위를 놓고 공방을 벌이다 자칫 '골든타임'을 놓칠 뻔했다. 4·15 총선이 끝나자마자 여당인 더불어민주당은 전 국민에게 지급해야 한다고 주장한 반면 나라 곳간의 열쇠를 쥐고 있는 기획재정부는 '소득 하위 70%에만 지급'하는 방안을 굽히지 않아 마찰을 빚기도 했다. 가구당 최대 100만원의 긴급 재난지원금을 지급하기 위해 투입된 재원은 14조 3000억원(지방비 2조 1000억원 포함)이다.

한국 정부가 코로나-19 피해 대응을 위해 투입한 재정 규모는 2020년 말 기준 국내총생산GDP의 3.4%로 경제협력개발기구OECD 35개 회원국 평균(7.3%)의 절반에도 못 미쳤다. 주요 20개국G20 중에서도 한국보다 재정 지출이 낮은 국가는 인도(3.1%), 러시아(2.9%), 인도네시아(2.7%), 사우디아라비아(2.2%), 터키(1.1%)뿐이다.

한국은 코로나-19 발생 전부터 재정 건전성을 유지해온 데다 코로나-19 대응 과정에서도 재정적자를 최소화해 추가 지원 여력이 있는 것으로 평가됐다. 이에 따라 정부가 자영업자·소상공인·농어민·특수형태근로종사자·프리랜서 등을 지원하는 데 적극적으로 나서야 한다는 요구가 빗발쳤다. 결국 정부는 2차 재난지원금으로 7조 8000억원을 지급한 데 이어 3차(9조 3000억원), 4차(19조 5000억원) 추가경정예산을 편성해 재난지원금을 지급했다.

그렇다면 세계 각국 정부가 코로나-19 확산에 따른 충격을 완화하기 위해 전격적으로 단행한 '헬리콥터 머니' 정책은 효과를 발휘했을까. 경제전문가들은 민간 소비를 촉진하고, 빈곤율 상승을 막는 데 기여했다고 평가한다. 2008년 글로벌 금융위기 당시 각국 정부가 펼친 '양적완화' 정책이 기업과 금융기관의 배 불리기로 귀결됐다면 '헬리콥터 머니' 정책은 서민과 취약계층에게 도움이 되는 결과를 낳은 것이다.

돈과 백신, 포스트 코로나 시대의 문을 열다

코로나-19가 급속도로 번졌던 2020년 세계 경제는 암울, 그 자체였다. 충격과 혼돈의 한 해로 기록될 만하다. 깊은 수렁으로 빠져들던 세계 경제를 견인한 것은 백신과 돈이었다. 백신은 전대미문의 전염병 확산을 막는 '묘약'이 됐고, 돈은 경기침체 상황을 벗어나게 하는 매개체로 기능했다. 돈과 백신이 포스트 코로나 시대의 문을 연 셈이다.

코로나-19 팬데믹 초기 미국 · 유럽 등 선진국들은 아스트라제네카 · 화이자 · 얀센 · 모더나 등 다국적 제약사에 막대한 국가 재정을 투입해 백신 개발에 나섰다. 통상 임상 1상은 1~2년, 2상은

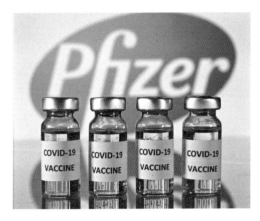

다국적 제약회사인 화이자가 개발해 전 세계에 보급하고 있는 코로나-19 백신.

2~3년이 걸리지만 다국적 제약사의 노력과 정부의 파격적인 지원으로 1여 년 만에 백신 개발에 성공한 것이다.

코로나-19 백신은 확실한 '게임 체인저'가 됐다. 한정된 생산물량 탓으로 치열한 백신 확보 전쟁이 벌어지고, '백신 국수주의'가 고개를 들기도 했지만 전 세계 각국은 코로나-19 종식을 이뤄낼 유일한 해법으로 백신 접종을 꼽았다. 코로나-19 팬데믹 이후 세계는 크게 두 개의 나라로 분류됐다. '코로나-19 백신이 있는 나라와 없는 나라' 또는 '코로나-19 백신을 접종한 나라와 접종하지 못한 나라'로 나뉜 것이다.

2021년 8월 말 기준으로 세계 평균 백신 접종 완료율은 25% 수준이다. 싱가포르는 80%를 넘어섰고, 덴마크와 칠레는 70%를 웃돌았다. 독일·영국·캐나다·이탈리아·중국 등은 60%를 넘어섰고, 미국·프랑스 등도 50%를 웃돌았다. 뒤늦게 백신을 확보해 2021년 2월 26일부터 무료접종을 시행한 한국은 '백신 접종 속도전'을 벌여 29%의 접종 완료율을 보였다. 다른 나라에 견줘 짧은 시일에 이뤄낸 높은 접종률이다. 이런 추세라면 2021년 말에는 대부분의 G20 국가가 코로나-19 집단 면역체계를 갖출 것으로 전망됐다.

하지만 인도에서 처음 발견된 코로나-19 델타 변이 바이러스가 급속도로 퍼져 각국 보건당국을 긴장시켰다. 기존 변이보다 전파력이 1.7배 강한 델타 변이 바이러스는 전 세계 132개국으로 확산해 코로나-19 재유행 우려를 낳았다. 코로나-19 백신 접종으로 일상 회복을 준비하던 전 세계가 또 한번의 고비를 맞은 것이다. 델타 변이 바이러스는 알파 변이 바이러스보다 전파력은 1.7배, 입원율은 6배나 높은 것으로 파악됐다.

특히 인도 보건당국이 델타 변이보다 더 강한 '델타 플러스'를 발견했다고 밝히면서 방역에 비상이 걸렸다. 백신 접종에 속도를 내지 않으면 2021년 가을 이후 '델타 팬데믹'이 닥칠 수 있다는 경고가 잇따른다. '독하디 독한' 코로나-19 바이러스는 "끝날 때까지 끝난 게 아니다"는 사실을 인류에게 끊임없이 일러주는 듯하다.

코로나-19 확산 이후 침체의 늪에 빠졌던 세계 경제는 예상보다 빠른 속도로 회복되고 있다. 세계은행WB은 2021년 6월 내놓은 〈세계 경제 전망〉 보고서를 통해 "세계 경제성장률이 5.6%(선진국 5.4%, 신흥·개도국 6.0%)에 이를 것"으로 내다봤다. 세계은행의 전망대로라면 글로벌 경제는 1973년(6.6%) 이후 최대 폭의 성장률을 기록하게 된다. 세계은행은 "미국을 비롯한 주요국의 가파른 경제회복과 코로나−19 백신 공급으로 80년 만에 가장 빠른 '불황 후 경제성장 속도'를 보였다"고 평가했다. 다만 변이 바이러스 재확산 가능성과 신흥·개도국의 재정부담이 경제성장 위협 요인이 될 수 있다고 지적했다.

끝나가는 '유동성 잔치', 다가오는 긴축의 시간

'포스트 코로나 시대'에는 '긴축의 시간'이 기다리고 있다. 코로나−19 사태로 침체된 경기를 부양하기 위한 유동성 확대 정책이 장기화하면서 인플레이션을 우려하는 목소리가 커졌다. 시중에 풀었던 돈줄을 서서히 죄는 '테이퍼링tapering*'의 시기가 도래했다는 진단도 나오고 있다. 경제위기의 충격이 어느 정도 완화되면서 '돈 줄기의 수도꼭지'를 잠가야 할 필요성이 제기된 것이다. 선진국 중앙은행들은 '돈이 풀린 만큼 물가도 오른다'고 믿고 있다. 엄청난 돈이 풀렸으니 물가가 폭등할 가능성이 높아지긴 했다. 실제로 2021년 초부터 국제 원자재 가격이 급등하고, 소비자 물가도

● 　벤 버냉키 미국 연방준비제도(Fed) 의장이 2013년 5월 처음 언급하면서 유명한 말이 됐다. 양적 완화 정책의 규모를 점진적으로 축소해가는 출구전략의 일종이다. 테이퍼링은 '폭이 점점 가늘어지다'라는 사전적 의미를 갖고 있다. 수도꼭지를 천천히 조금씩 잠그듯 정부가 시장에 푸는 돈의 규모를 서서히 줄여 간다는 뜻이다.

오르는 추세가 이어졌다. 인플레이션 조짐이 나타난 것이다.

재닛 옐런 미국 재무부 장관은 한발 더 나아갔다. 옐런은 2021년 6월 언론 브리핑을 통해 "지난 10여 년 동안 너무 낮은 인플레이션과 너무 낮은 금리와 싸워왔다. 금리가 정상적으로 돌아가기를 원한다"고 말했다. 테이퍼링을 넘어 금리 인상까지 언급한 것이다. 테이퍼링이란 중앙은행이 시중 자산(채권·부동산·주식 등)의 매입 규모를 줄이는 것을 의미한다. '매입 중단'이 아닌 '매입 규모 감소'에 불과하지만 시장에서는 금리 인상을 걱정하기 마련이다.

미국발 금리 인상 신호가 뚜렷해지면서 한국은행도 기준금리 인상을 단행했다. 한은은 2021년 8월 금융통화위원회를 열어 사상 최저 수준(0.5%)까지 떨어진 기준 금리를 15개월 만에 0.25% 포인트 올렸다. 초저금리 시대를 마감한 것이다. 브라질·터키 등 신흥국을 넘어 노르웨이 등 유럽 국가들도 금리 인상 대열에 합류하고 있다. 미국의 금리인상 충격이 오기 전에 금리를 높여 놓으려는 것이다.

코로나-19 극복이 더디게 진행돼 '유동성 잔치'가 계속될지, 돈줄을 급속하게 죄는 '테이퍼링'으로 인해 신흥국을 중심으로 주식·채권·통화가치가 삼중 약세를 나타내는 '긴축 발작Taper Tantrum'*이 발생할지 섣불리 예단하기 어려운 상황이다.

---

* 　선진국의 양적 완화 축소 정책이 신흥국의 통화 가치 하락과 주식·채권 시장 급

코로나-19 팬데믹을 극복하고 경기침체를 벗어난다고 해도 위기 상황이 끝난 것은 아니다. 전 세계적으로 심각했던 경제 불평등과 사회 양극화의 골은 더욱 깊어졌다. 모두 다 같이 어려움을 겪은 것이 아니라 고소득층은 되레 이득을 봤다. 코로나-19는 재난마저 평등하지 않다는 사실을 고스란히 보여준 셈이다.

정보기술IT 업체와 수출 대기업, 배송업체 등은 호황을 누렸다. 막대한 재정 지출과 저금리의 유동성에 힘입어 자산 가격이 급상승하면서 자산 보유자들의 소득은 늘어났다. 국제구호단체 옥스팜은 "코로나-19 확산 이후 전 세계 10대 부자의 재산이 5400억 달러나 늘었다"고 밝혔다. 안토니우 쿠테흐스 유엔 사무총장은 "우리 모두가 한 배를 타고 있다는 말은 허구이다. 누구는 초호화 요트를 타고 있고, 누구는 난파선의 파편을 붙잡고 바다에 떠 있다"고 했다. 고소득층은 코로나-19 팬더믹에도 피해를 입기는커녕 소득을 늘리며 안락함을 만끽한 반면 서민들은 절망의 나락으로 떨어졌다는 뜻이다.

한국은 코로나-19 확산으로 음식점 · 카페 · 헬스클럽 · 노래방 등을 운영하는 자영업자들이 생사의 기로에 섰다. 정부가 사회적 거리두기를 1.5단계→2단계→2단계+α(알파)→3단계→4단계로 계속 격상하자 자영업자들은 휴업과 영업 재개를 반복하면서 벼랑

락을 불러오는 현상을 말한다. 1994년 미국 연방준비제도(Fed)가 기습적으로 금리 인상을 단행하자 멕시코 금융위기가 발생했고, 2013년에는 미국이 테이퍼링 가능성을 시사하면서 신흥국의 주식 · 채권 · 통화 가치가 급락했다.

끝으로 내몰렸다.

자영업자뿐만 아니다. 실업자가 급증하면서 실업급여 지급액이 12조원에 육박해 사상 최대 규모를 기록했다. 2020년 연간 취업자는 2,690만 4,000명으로 전년 대비 21만 8,000명이나 줄었다. 실업자는 110만 8,000명으로 전년 대비 4만 5,000명 늘었다. 코로나-19가 한국 경제뿐 아니라 국민 개개인의 삶을 옥죈 것이다.

대공황·글로벌 금융위기·코로나-19 사태, 돈의 위기를 부르다

인류 역사에는 언제나 위기가 존재했다. 종교 · 정치 · 경제 위기 등 종류도 다양했다. 12세기 벨기에의 소도시 브루게에서 자본주의가 태동한 이후 금융 중심지 역할을 했던 곳에서는 예외 없이 경제위기가 발생했다. 경제위기가 발생하면 화폐 가치는 떨어지고, 국가 재정은 불안정해지며, 은행의 기능은 약화하기 마련이다. 이때 적절한 재정 · 금융 정책이 시행되면 화폐 가치는 상승하고, 환율도 안정되지만 그렇지 못하면 경제위기가 닥친다.

1930년대 대공황의 발생 원인은 정확하게 규명되지 않았지만 제1차 세계대전 이후 영국 · 프랑스 등이 금본위제로 돌아가고, 화폐 가치가 과대평가돼 세계 수출시장이 위축된 탓이 크다. 대공황은 금융시장의 혼란을 불렀고, 대규모 실직사태가 빚어져 서구 자본주의 체제를 뒤흔들었다. 금융위기는 실물경제 위기로 번졌다. 대공황 당시 미국의 국내총생산은 60% 이상 감소했고, 300개 넘는 은행이 문을 닫았다. 독일 노동자의 44%가 실업자로 전락했고, 영국은 극도의 경기침체에 시달렸다. 미국을 비롯한 영국·독일·프랑스 등은 이른바 '계획경제 체제'를 도입해 가까스로 대공황에서 벗어날 수 있었다.

2008년 글로벌 금융위기가 세계 경제에 미친 충격파는 대공황에 버금갔다. 2007년 9월 미국 중앙은행인 연방준비제도Fed 금리 인하를 단행한 것을 기점으로 부동산 버블이 꺼지면서 서브프라임 모기지론Sub-Prime Mortgage Loan(비우량 주택담보대출)*이 부실화된 것이 직접적인 원인이었다. 투자은행IB 베어스턴스는 2007년 초부터 심각한 유동성 위기를 겪었다. 서브프라임 모기지론에 대한 담보부증권* 판매가 부진해 자금난에 시달린 데다 신용경색까지 겹쳐 베어스턴스는 이듬해 3월 파산했다. 85년 역사를 지닌 세계

- 주택담보대출을 뜻하는 모기지론은 은행에 주택을 담보로 세공하고 돈을 빌려 주택을 산 뒤 원리금을 정해진 기간 내에 갚을 수 있게 하는 금융상품이다. 미국 금융기관들은 대출자가 원리금을 제대로 갚을 수 있다고 판단되면 프라임 모기지, 그 아래 수준을 '알트 에이(Alt-A)', 의심스럽기는 하지만 갚을 수 있는 여력을 갖췄으면 '서브프라임(Sub-Prime)' 모기지로 구분했다. 금융기관은 모기지론을 대출해준 뒤 동일한 만기와 위험성을 지닌 대출을 모아 유동화 채권(ABS)을 발행한다. 이렇게 발행된 채권은 금융시장에서 높은 수익을 추구하는 투자자들에게 판매해 자금을 모집하게 된다.

- 금융기관이 부동산 담보대출을 만기액과 금리별로 통합한 뒤 풀(Pool)을 조성해 이를 담보로 발행하는 증권을 말한다.

5대 투자은행의 몰락이있다. 이때까지만 해도 베어스턴스의 파산이 글로벌 금융위기의 전조였다는 것을 감지한 전문가나 금융기관은 그리 많지 않았다.

2008년 9월에는 리먼 브라더스가 베어스턴스와 똑같은 문제로 파산을 선고했다. IG·씨티그룹 등도 잇달아 쓰러졌다. 그러자 전 세계 주식시장과 채권값은 폭락했다. 환율은 요동쳤고, 주택담보대출을 받은 서민들은 집에서 내쫓겼다. 그렇게 미국발 글로벌 금융위기는 시작됐다. 세계 경제는 수렁에 빠진 듯했다. 기업들은 잇따라 도산했고, 실업자는 폭증했다. 경제회복에 대한 희망이라고는 어디에서도 찾을 수 없었다. 글로벌 금융위기는 신자유주의 체제가 빚은 최악의 경제위기였다는 게 전문가들의 일치된 견해다.

당시 미국 정부는 금융기관을 살리기 위해 국민 세금으로 충당한 구제금융을 월가Wall Street에 투입했다. 하지만 월가의 금융기관들은 경영진 보너스로만 200억달러를 나눠 갖는 등 '돈 잔치'를 벌였다. 금융기관의 탐욕과 모럴 해저드(도덕적 해이)가 극에 달하자 시민들이 들고 일어났다. 시민들은 2011년 7월부터 11월 말까지 미국 전역에서 'Occupy Wall Street!(월가를 점령하라!)' 구호를 외쳤다. 시위대는 "상위 1%인 부유층의 탐욕으로 99%의 보통 사람이 정당한 몫을 받지 못하고 있다"고 주장했다. 상위 1%를 향한 99%의 분노는 전 세계로 퍼져 150여 개 도시에서 시위가 벌어질 정도였다.

2011년 미국 전역에서 벌어진 월가 시위.
'월가를 점령하라!'는 구호 아래 금융기관의 모럴헤저드를 규탄한 이 시위는 약 5개월간
지속되며 자본의 사회적 역할과 부의 양극화 문제를 숙고하게 만들었다.

월가 시위는 그해 11월 30일 미국 로스앤젤레스와 필라델피아에 남아 있던 시위대가 경찰에 의해 해산되면서 막을 내렸다. 신자유주의 체제에 대한 저항으로 시작된 월가 시위는 뚜렷한 목표와 요구사항을 제시하지 못했다는 평가를 받았다. 하지만 금융기관의 사회적 책무와 소득 양극화에 대한 전 세계인의 성찰을 확산하는 계기가 됐다.

대공황과 글로벌 금융위기라는 두 차례의 경제위기는 금융시스템이 붕괴해 돈의 흐름이 원활하게 작동하지 않았기 때문에 발생했다. 돌아보면 두 차례의 경제위기를 촉발한 것도 돈이고, 경제위기 극복의 매개체 역할을 한 것도 돈이었다. 자본주의 체제의 아이러니가 아닐 수 없다.

차례

머리말

2장 지폐, 세계 경제를 지배하다

7장 다가오는 현금 종말 시대

8장 4차 산업혁명 시대의 암호화폐

1장

화폐의
탄생과 유통

물품화폐, 물건이 돈 구실을 하다

인류가 화폐를 처음 사용하기 시작한 것은 신석기 시대부터다. 자급자족이 가능했던 구석기 시대에는 화폐가 필요 없었다. 이곳저곳을 돌아다니며 그때그때 음식이나 물건을 직접 구하면 됐기 때문이다. 하지만 인류가 정착 생활을 하며 농사를 짓기 시작한 신석기 시대에는 필요한 음식이나 생활도구를 모두 구할 수 없었다. 그래서 물물교환에 적합한 상품이 화폐로 등장했다. 처음에는 곡물, 가축, 가죽, 소금 등 사용가치가 높은 생활필수품이 화폐 역할을 했다. 한 주먹의 곡물과 질그릇 한 개가 맞교환됐고, 도끼 한 개는 한 마리의 짐승과 거래됐다.

목축하는 유목민은 양과 소를 교환하는 방식으로 물물교환을 했다. 영어로 '자본'을 뜻하는 캐피탈Capital은 라틴어 '소의 머리Caput'에서 유래했다. 인도의 동전 이름인 루피Rupee 역시 '소 떼'를 뜻하는 'Rupa'에서 유래한 것이다. 그리스의 역사가 헤로도토스는 《역사》에서 원시 형태의 교환을 다음과 같이 기록했다.

상인들은 배를 정박하고 뭍에 올랐다. 그들은 물건을 진열한 뒤 자리를 떴다. 그러자 원주민들이 나타나서 자신들의 물건을 늘어놓고 사라졌다. 얼마 뒤 상인들이 다시 돌아와 원주민이 내놓은 물건들을 살펴봤다. 만족하지 않으면 자신이 진열한 물건의 일부를 갖고 사라졌다. 일종의 흥정이 이뤄진 것이다. 이런 흥정은 거래 당사자들이 만족할 때까지 계속됐다.

하지만 물물교환 방식의 거래는 불편하기 짝이 없었다. 그래서 사람들은 조개껍데기나 화살촉, 동물의 뼈, 장신구 등을 돈처럼 사용하기 시작했다. 이를 '물품화폐'라고 한다. 물건이 돈과 같은 구실을 했기 때문이다. 물품화폐는 보관과 운반이 쉽고, 당시에는 상당한 값어치가 나가는 것들이 대부분이었다.

신석기 시대의 물품화폐 가운데 가장 흥미로운 것은 조개껍데기로, 인류 역사상 가장 오랫동안 사용된 화폐다. 돈을 뜻하는 한자 대부분에 '조개 패貝'라는 부수가 있는 것으로도 예로부터 조개껍데기가 화폐로 사용됐다는 사실을 추정할 수 있다. 중동 지역과 중국 등 고대 문명 발생지를 중심으로 기원전부터 화폐로 쓰였고, 기원후에도 아시아, 아프리카, 태평양 섬 등지에서 널리 사용됐다. 심지어 태평양 일부 섬들에서는 최근까지 조개껍데기가 화폐로 쓰였다. 화폐로 사용한 조개껍데기는 '카우리 셸Cowrite Shell'

물물교환 수단으로 활용됐던 조개껍데기.

중국 은나라 때 화폐로 사용됐던 별보배고둥 껍데기.

이라고 불리는 특별한 종류였다. 조개껍데기는 바늘과 낚싯바늘, 칼날 등을 만드는 데도 유용하게 활용됐다.

제2차 세계대전 당시 일본이 태평양에 있는 뉴기니를 침공했을 때 현지 화폐의 가치를 떨어뜨리기 위해 수많은 조개껍데기를 퍼뜨렸다는 유명한 일화도 있다. 알래스카의 생선, 멕시코의 코코아씨, 인도의 쌀, 이집트의 벽돌, 몽골의 차茶 등도 물물교환의 매개체 역할을 했다.

중국 은나라 때는 상거래가 활발했다. 사람들은 남중국해에 서식하는 별보배고둥 껍데기를 화폐로 사용했다고 한다. 별보배고둥 껍데기가 여성의 생식기나 출산을 연상시킨다는 이유로 풍요와 부의 상징으로 여겨 가치를 재는 기준으로 활용한 것이다. 별보배고둥 껍데기는 교환의 매개체일 뿐 아니라 재물 증식의 수단이기도 했다. 별보배고둥 껍데기에 대한 신앙은 넓은 지역에 퍼져 있다. 아프리카와 동남아시아에서는 최근까지도 몰디브에 서식하는 별보배고둥 껍데기를 돈으로 사용했다. 가나의 화폐 단위인 '세디cedi'는 현지어로 '별보배고둥'이란 뜻이다.

하지만 물품화폐는 단점을 지니고 있었다. 조개껍데기나 화살촉, 동물의 뼈는 쉽게 깨졌다. 모피는 부피도 크고, 무겁기 짝이 없었다. 쌀은 금세 썩고, 소금은 비가 오면 녹아버리기 일쑤였다. 이러한 물품화폐의 단점을 극복한 것이 금속화폐다.

돌 바퀴 돈도 있다

돌 바퀴를 돈으로 사용하는 나라가 있다. 고대에나 가능했을 법한 이야기같지만 실존한다. 남태평양 미크로네시아에 있는 작은 섬 야프 Yap에서는 큰 돌 바퀴를 돈 대신 쓰고 있다. 물론 이곳의 공식 화폐는 달러다. 식료품 가게나 주유소에서는 달러가 쓰인다. 야프 섬 주민들은 공식 화폐인 달러와 함께 지난 2000년간 돌 바퀴도 화폐로 사용하고 있다. 야프 섬 안에는 모두 6,600여 개의 돌 바퀴 돈이 있는 것으로 전해진다.

돌 바퀴 돈은 원 모양 돌의 중심부에 구멍이 뚫려 있다. 작은 것은 직경 30cm이지만 큰 것은 3m가 넘고, 무게도 4t에 달한다고 한다. 야프 섬에서는 크고 무거울수록 높은 금액의 돈으로 인정받는다. 야프 섬 주민들은 거래할 때마다 돌 바퀴를 굴리고 다니는 것이 거추장스러워 종이쪽지를 대신 사용하는 것으로 알려져 있다.

남태평양 미크로네시아에 있는 작은 섬 야프에서 쓰이는 돌바퀴 돈.

돈다운 돈, 금속화폐의 출현

기원전 10세기쯤 청동기 시대로 접어들면서 인류는 금속을 다룰 수 있게 된다. 그때부터 금이나 은, 철, 구리 같은 금속을 화폐로 만들어 쓰기 시작했다. 금속화폐는 적은 양으로도 고유의 가치를 유지할 수 있고 내구성이 뛰어난 데다 보관과 휴대, 운반이 편리하다는 장점을 지닌다. 게다가 표준화하기 쉽고, 언제든 한데 모아 녹여서 다시 쓸 수도 있다.

인류가 금속을 화폐로 사용한 것은 기원전 3000년쯤 메소포타미아 문명이 태동한 때부터로 알려져 있다. 하지만 실제 화폐의 존재는 확인되지 않았다. 지금까지 발견된 세계 최초의 금속화폐는 중국 춘추전국시대인 기원전 7~8세기쯤 청동으로 만들어진 호미 모양의 포전布錢과 칼 모양의 도전刀錢이다. 중국 연나라에서는 청동을 재료로 칼 모양의 명도전明刀錢을 만들었다. 명도전은 고조선에서도 발견될 정도로 동북아시아 지역에서 널리 유통된 것으로 전해진다. 그런 측면에서 명도전은 청동기 시대의 국제통화라고 할 수 있다.

고대 중국에서는 둥근 모양에 사각형 구멍을 뚫은 엽전을 사용하기도 했다. 엽전에 사각형 구멍을 뚫은 사연이 흥미롭다. 중국 문화권에서는 천원지방天圓地方이란 우주관이 사회를 지배했다. "우주는 둥글고 세상은 네모나다"는 믿음이다. 이런 우주관으로 하늘에 제사를 올리는 제단인 원구단을 세울 때도 천장은 둥

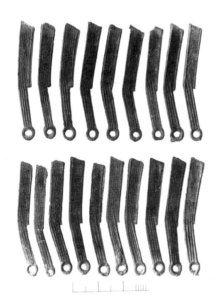

용연동 유적에서 출토된
명도전.

놋쇠로 만든 옛날 엽전.
둥근 모양에 사각형의 구
멍이 뚫려 있다.

고려 시대에 만들어진 은병 화폐

한국 지형을 본떠 만든
고려 시대의 은병 화폐.

고려 시대에는 다양한 동전이 만들어져 유통됐다. 하지만 비싼 물건을 사고팔거나 큰 거래 때는 은銀이 활용됐다. 고려 숙종 때인 1101년 세계적으로도 유례가 없는 '은병 화폐'가 만들어졌다. 숙종이 대각국사 의천의 건의를 받아들여 제작한 것이다.

은 1근으로 우리나라 지형을 본뜬 은병 화폐는 '은병' '쇄은' '소은병' 등 세 종류로 만들어졌다. 은병의 윗부분은 입구가 넓어 '활구闊口'로 불렸다.

당시 은병에는 '국가가 중량을 보증한다'는 표시가 있었다. 은병 1개의 가치는 쌀 30여 가마, 포목 100필에 해당하는 고액으로 주로 국제 거래에 사용됐다. 하지만 은병의 재료로 쓰인 은을 많이 구할 수 없는 데다 은에 구리를 섞어 만든 가짜 은병 화폐가 많아지면서 화폐로서 기능을 하지 못한 채 자취를 감추고 말았다.

글게, 바닥은 사각형으로 만들었다. 둥근 엽전 안쪽에 사각형 구멍을 뚫은 것은 이런 우주관의 반영이다. 고대 중국에서는 청동만 주화로 만들었고, 금과 은은 '괴' 형태로 고액 거래 때 쓰였다.

인류 최초의 주조화폐, 리디아 왕국의 일렉트럼

금속화폐는 물품화폐에서 한 단계 진보한 것이지만 온전한 의미에서의 화폐는 아니었다. 금속화폐의 가치는 무게와 순도에 좌우되기 때문에 거래 때마다 금속의 무게를 재고, 순도를 확인해야 하는 불편함이 따랐다. 이런 불편을 덜기 위해 금속 표면에 무게와 순도를 확인하는 스탬프를 찍었다. 그런데 스탬프는 위조하기 쉬웠다. 이런 단점을 보완하기 위해 사람들은 금속화폐를 일정한 모양으로 만드는 방법을 고안해냈다. 금이나 은, 동에 그림이나 글씨를 새겨넣은 주화를 만들어 쓰기 시작한 것이다. 이를 '주조화폐'라고 한다. 가장 보편적인 주조화폐는 동전이다. 동전銅錢은 '구리로 만든 화폐'를 의미한다. 하지만 요즘에는 소재와 상관없이 둥근 모양의 금속화폐를 동전 또는 주화로 통칭한다.

주화는 기원전 7세기 무렵 지금의 터키 북서 지역에 있던 리디아 왕국에서 처음 만들었다. 리디아 왕국의 마지막 왕이었던 크로이소스는 그리스 연안을 정복하며 활발하게 무역을 했다. 리디아에 있는 팩톨러스 강에는 사금砂金이 많았다. 팩톨러스 강은 그리스 신화에 나오는 미다스 왕이 손을 씻은 곳으로 유명하다.

리디아 왕국은 광산에서 채굴한 금과 팩톨러스 강에 있는 사금을 팔아 엄청난 부를 축적했다. 리디아 왕국의 수도 사르디스는 동서양 무역의 요충지로, 메소포타미아 문명과 지중해 문명의 발원지이기도 하다. '어떤 가치나 능력 등을 평가하는 척도'라는 의미로 널리 쓰이는 시금석試金石·touchstone을 처음 사용한 사람들도 리디아인들이다. 리디아인은 사막에서 모래를 팔 수 있을 정도로 장사 수완이 좋았다고 한다.

리디아 왕국은 다른 언어를 쓰는 주변 나라들과 거래하는 데 불편을 없애기 위해 '일렉트럼'이라고 불린 주화를 만들게 된다. '일렉트럼'은 고대 그리스어 'elector(빛나는 자)'에서 유래한 단어이다. 당시에는 금속 정련 기술이 부족해 일렉트럼은 금과 은이 섞인 합금으로 만들었다. 색깔이 호박석과 비슷하다고 해서 '호박금'으로 불리기도 했다. 표면에 사자의 두상頭像이 찍혀 있어 '리디아의 사자'로 일컬어진 일렉트럼은 무게 4.74g, 직경 11㎜의 주화였다. 함량은 금 54%, 은 46%였다. 리디아의 모든 금·은화에는 사자 모양이 들어있는데 고액에는 사자 머리를, 소액에는 사자 발톱을 새겨넣었다.

주변 국가의 동전을 대신 만들어주기도 했던 리디아 왕국은 서아시아의 강국으로 부상했고, 아르테미스 신전을 짓기도 했다. 크로이소스 왕은 영토확장에 나서 한때 그리스의 소아시아 도시

리디아 왕국이 만든 최초의 주화 일렉트럼.
고액에는 사자 머리, 소액에는 사자 발톱을 새겨넣었다.

들을 장악했다. 리디아 왕국은 기원전 546년 페르시아의 왕 키루스 2세에 의해 멸망했다.

페르시아는 다리우스 1세 때 번성기를 구가했다. 다리우스 1세는 사자와 황소를 앞면에 그려넣은 금화와 은화를 만들어 유통한 것으로 전해진다. 통치 기간이 짧았던 다리우스 1세는 유럽, 아시아, 아프리카를 아우르는 세계 강국을 건설했고, 인류 최초로 통일된 화폐제도를 제정했다. 다만 금화 주조권을 중앙정부가 독점하고 각 성은 은화 주조를, 자치도시는 동화 주조를 할 수 있도록 했다. 다리우스 1세는 금화, 은화, 동화 등 세 가지 화폐만 법정화폐로 인정했다. 이를 '다리우스의 개혁'이라 한다.

페르시아는 기원전 333년 알렉산더 대왕이 이끄는 마케도니아에게 다리우스 3세의 군대가 패하면서 멸망의 길을 걷기 시작했다. 페르시아에서는 주화가 널리 쓰이며 다른 나라와의 교역을 왕성하게 추진했다. 하지만 막강한 군사력에 의지해 통치하던 페르시아는 노동자·농민들의 봉기가 끊이지 않았고, 민족갈등이 극심해 200여 년 만에 몰락했다.

금화·은화를 세계화한 그리스의 도시국가들

금화와 은화를 세계화한 주체는 그리스의 도시국가들이다. 이들 국가는 기원전 6세기부터 자체적으로 화폐를 만들기 시작한 것으로 전해진다. 그리스 아테네 지역의 라우리움에는 대규모 은광이 있었는데 여기서 생산된 은화는 '아젠툼'으로 불렸다. 알렉산더 대왕의 지배를 받던 이집트와 메소포타미아 지역에 아젠툼이 알려지면서 화폐 경제가 지중해 전역으로 확산됐다. 그리스에서 주화는 '노미스마'라고 불렸다. 노미스마란 '인위적으로 만들어진 물건'을 의미한다. 주화는 인간이 만든 편리한 도구라는 인식이 바탕에 깔려있다. 1492년 콜럼버스의 신대륙 발견 이전까지 그리스나 동유럽에서 생산된 은 주화는 유럽 전역에서 널리 쓰였다.

금화는 알렉산더 대왕이 페르시아를 정복한 이후 부유층의 화폐로도 활용됐다. 알렉산더 대왕은 전리품으로 약탈한 금을 그리스로 가져가 장군들에게 나눠줬다고 한다. 알렉산더 대왕은 화폐를 너무 많이 발행해 인플레이션을 유발한 최초의 지배자이기도 하다. 알렉산더 대왕을 승계한 왕들은 자신의 얼굴을 동전의 한 면에 새겨넣기도 했다. 그 전에는 화폐에 국가의 상징이나 신의 모습을 새겨넣었을 뿐 사람의 얼굴 초상은 넣지 않았다. 알렉산더 대왕 이후 왕조의 얼굴이 빈번하게 화폐에 등장했다.

금화가 보편적으로 쓰이기 시작한 것은 고대 로마제국부터였다. 포에니 전쟁을 통해 지중해의 패권을 장악한 로마는 자신들이 정복한 북아프리카와 포르투갈 지역에서 금을 채취해 '솔리두스'라는 금화를 만들었다. 솔리두스는 지중해 전역에서 널리 쓰이며 국제통화로 자리매김했다.

476년 서로마 제국의 멸망은 서유럽 지역에서 화폐의 몰락을 불렀다. 화폐 유통량이 뚜렷하게 감소하면서 교역은 크게 위축됐다. 특히 왕권이 약화하고, 봉건 제후들의 권력이 커지면서 화폐 가치는 급락했다. 농민들은 자급자족으로 생계를 꾸리고, 농지 사용료도 화폐가 아닌 농작물과 노동력을 제공하는 것으로 대체했다. 화폐는 영주들이 잉여 수확물을 거래하고 사치품을 구입하는 용도로만 썼다. 이로 인해 중세의 화폐는 소수 계급의 전유물이 됐다.

중국 춘추전국시대의 도폐와 포폐

초기 화폐의 기능이나 지위는 문명의 발전경로와 비슷했다. 지중해 문명이 그리스 문명으로 변천한 것은 문명 간 충돌과 융합의 결과물이라고 할 수 있다. 주화도 마찬가지다. 지중해 지역에서 처음으로 발명된 화폐는 그리스 등 유럽 지역으로 전파됐다.

당시 중국은 폐쇄된 농경사회였기에 초기 화폐는 거래 도구로만 쓰였다. 질 낮은 동 합금으로 만든 주화는 상류사회의 부를 상징하기에는 역부족이었다. 돈에 대한 부정적인 이미지가 강해 문인文人들은 입에 담는 것조차 꺼렸다.

중국 춘추전국시대에는 도폐刀幣나 포폐布幣같은 화폐가 통용됐다. 도폐는 군사용 검劍이 아닌 농기구에서 착안한 것이다. 포폐는 청동기로 만든 농기구가 진화한 것이다. 연나라와 제나라에서 유통되던 약 14cm 크기의 작은 칼처럼 생기고 '명'明자 비슷한 무늬가 있는 청동 화폐를 흔히 '명도전明刀錢'이라고 부른다. 흥미로운 것은 명도전이 고조선에서 많이 사용되었다는 점과 화폐의 기능이 초기 '실용적 도구'에서 '비실용적 도구'로 넘어가는 과도기적 모습을 보였다는 점이다.

포폐와 도폐에는 지명과 액수만 새겨넣었을 뿐, 인물이나 동물 등은 없었다. '신神의 대리인'을 자처한 진시황은 6국을 통일한 후 도폐, 포폐, 조개 화폐 등 모든 화폐를 없앴다. 대신 둥근 모양에 네모난 구멍이 뚫리고, 오른쪽에는 '반半', 왼쪽에는 '양兩'이라고 새긴 '진반량秦半兩'●을 만들었다. 이때부터 동아시아의 주화는 이런

● 반량전(半兩錢)으로 지칭하기도 한다. 1냥이라는 무게의 반(半)이라는 뜻이다. 반량전도 진시황의 명령에 따라 만들어졌다.

돈의 어원과 권위

한국에서는 화폐를 돈으로 지칭한다. 여러 사람의 손을 거쳐 '돌고 돈다'는 의미를 지니고 있다. 엽전 열 닢을 '한 돈'이라고 부른 데서 비롯됐다거나 약이나 귀금속의 무게를 재는 중량 단위인 '돈쭝'에서 유래했다는 얘기도 있다.

돈을 뜻하는 영어 단어는 '머니Money다. 머니는 로마의 여신 '주노 모네타Juno Moneta'에서 유래한 것으로 전해진다. 주노는 여성과 혼인, 출산 등을 상징하는 신이자 화폐를 관장하는 신이기도 했다. 주노 여신 주변은 항상 기러기 떼가 둘러싸고 있었다. 기러기 떼는 적들이 몰래 성벽을 타고 올라와 공격하려 할 때마다 요란한 울음소리를 냈다고 한다. 이때부터 주노 여신의 이름에는 '경고'라는 의미의 라틴어 monere가 붙여졌고, 나중에 '돈money'의 어원이 됐다. 돈의 어원에 '함부로 쓰지 말라'는 경고의 뜻이 담겨 있는 셈이다.

스웨덴의 '크로나', 덴마크와 노르웨이의 '크로네' 같은 화폐 단위는 돈이 국가권력의 산물이라는 사실을 엿볼 수 있게 해준다. 크로나 또는 크로네는 영어로 '크라운Crown'의 의미를 지닌 화폐 단위로, 주로 북유럽 지역에서 사용한다. 화폐에 왕의 초상이나 왕관이 디자인된 데서 유래했다. 1892년 오스트리아·헝가리 제국은 화폐법을 제정해 금화를 법화로 규정하고, 순금 4그레인(약 0.2592g)을 크로네로 명명했다. 이처럼 화폐는 가장 중요한 사회제도(약속체계)이자 국가의 행정(조세) 권력을 지탱하는 근간으로 인식돼 왔다.

모양으로 만들어지기 시작했다.

당나라를 대표하는 청동화폐는 개원통보開元通寶이다. 개원開元은 연호가 아니라 개국건원開國建元의 준말로, 당나라 건국을 기념하기 위해 만들어진 주화다. 중국 역대 왕조의 표준형이 된 개원통보는 동아시아 지역에도 영향을 미쳤다. 한국에서는 고려 목종 때 같은 이름의 주화가 발행되기도 했다.

고대 중국의 주화 제조기술은 유럽에 견줘 상당히 뒤처졌고, 자연스레 주화의 유통도 활발하지 않았다.

고려 왕조, 주조화폐 시대를 열다

한국의 화폐발달 과정은 다른 나라와 유사하다. 고대사회에서는 금·은·철·쌀·포布·모시·비단 등 물품화폐가 물물교환이나 세금 납부의 수단으로 쓰였다. 국가가 물품화폐의 한계를 극복하고 철전·동전 등 명목화폐를 법화로 만들어 유통하기 시작한 것은 후삼국을 통일한 뒤 건국한 고려 때부터다. 고려 왕조는 지배체제 강화를 위해 '화권재상貨權在上(돈의 힘은 높은 곳에 있다는 뜻)'*이란 명분을 내세워 민간이 장악하던 화폐제조권을 국가에 귀속

* 국가 또는 왕이 화폐 주조 권리를 지니고 있다는 전통적인 정치이념이다. 이성계 역시 위화도 회군으로 조선을 건국한 뒤 '화권재상'을 주창했다. 고려 시대와 조선 시대에 각종 화폐의 유통·보급 정책은 집권층의 지배체제 강화를 위해 활용됐다.

한국 최초의 주조화폐인 건원중보.

시켰다. 이를 위해 물품화폐 유통을 금지하고, 명목화폐 유통을 장려했다. 특히 고려 왕조는 다른 나라 문화를 수용하는 데 있어 개방적인 태도를 취하며 당·송·원·명 등 중국 여러 나라의 화폐를 수입해 유통시켰다.

한국 최초의 주조화폐는 고려 성종 때인 996년 중국 당나라 '건원중보'를 본떠 만든 '건원중보 배동국철전乾元重寶 背東國鐵錢'이다. 동전 앞면에는 '건원중보', 뒷면에는 '동국東國'이라는 글자를 새겨넣어 동쪽에 있는 나라인 고려에서 만들었다는 사실을 표시했다. 건원중보의 외형은 둥글고, 가운데에 네모난 구멍이 뚫려 있었다.

고려 시대에는 길일吉日을 선택해 '해동통보' '삼한통보' '삼한중보' 등 금속화폐를 만들었고, 그때마다 왕은 대신들에게 축하연을 열 것을 지시했다. 고려 왕조는 백성들이 화폐를 널리 활용할 수 있도록 했다. 특히 숙종은 화폐 유통 정책에 대한 신뢰감을 주기 위해 동전 유통 사실을 종묘宗廟에 고하기도 했다. 관리들에게는 화폐를 녹봉祿俸* 대신 지급했고, 주점酒店이나 다점茶店에서 화폐를 쓰도록 장려했다.

* 전근대사회에서 국가가 관리에게 봉급(俸給)으로 지급한 쌀·보리·명주·베·돈 따위를 이르는 말.

8개월 만에 유통 정지된 최초의 은화, 대동은전

조선 말 개항이 이뤄질 당시 상평통보, 당오전 등과 함께 유통된 은화가 대동은전大東銀錢이다. 1882년 한국 최초로 서양 주화를 본떠 발행한 대동은전은 은으로 주조한 귀금속 화폐이다. 엽전과 같은 원형圓形이지만 가운데 네모난 구멍이 뚫리지 않은 근대적인 화폐 형태를 갖춘 주화였다. 특히 주화의 표면에 색깔을 입힌 최초의 '채색彩色 주화'라는 각별한 의미를 지닌다.

대동은전은 주화 앞면에 화폐 명칭과 액면을 표시하고, 뒷면에는 두 개의 원을 넣은 뒤 중앙의 작은 원 안에 발행기관이었던 '호조戶曹'를 나타내는 '戶'자를 새겼다. 바탕에는 흑색, 청색, 녹색, 초록색 등 다양한 색상의 칠보를 입혔다.

대동은전이 발행된 것은 개항기에 유통된 외국 화폐들이 대부분 은화인데 반해 상평통보는 동전이어서 거래에 많은 불편을 초

조선 말기에 발행된 국내 최초의 은화 '대동2전'.

여러 모양의 주화

세계 각국에서 발행하는 동전은 둥근 모양이다. 하지만 동전 제작에
도 디자인의 개념이 도입되면서 주화는 둥근 모양이어야 한다는 고정
관념이 깨졌다. 그때부터 4각형, 6각형, 8각형, 12각형 등 다양한 형
태의 주화가 등장하기 시작했다. 또 중앙에 구멍이 뚫린 특수한 형태
의 주화도 선보였다.

영국령 저지 섬의 1파운드짜리 동전은 마름모꼴이다. 영국 20펜스는
7각형, 캐나다 1달러는 11각형, 이스라엘 5셰켈은 12각형이다. 덴마
크의 25외르와 일본 5엔짜리 동전에는 가운데 구멍이 뚫려 있다.

영국 20펜스(7각형 주화).   캐나다 1달러(11각형 주화).

래했기 때문이다. 대동은전은 대동1전, 대동2전, 대동3전 등 세 종류가 발행됐다. 하지만 귀금속이 풍부하지 않던 시절 경제·사회적 여건 때문에 부자들의 수집품이 되거나 해외로 유출되면서 화폐로서 제대로 기능하지 못했다. 게다가 화폐의 법적 조례가 마련되지 않는 등 근대적인 화폐제도를 갖추지 않은 채 주조·발행됐다는 한계를 지니고 있었다. 그런 데다 주재료인 마제은馬蹄銀* 가격이 급등해 주조원가가 상승했고, 마제은 조달마저 원활하지 않아 8개월 만에 유통이 정지됐다.

개항기에는 외국인들이 가져온 1원 은화, 마제은, 멕시코 은화, 루블 은화 등 다양한 주화가 시중에 유통된 것으로 전해진다.

화폐 단위의 유래

물품화폐는 화폐 단위가 필요 없었다. 주로 물물교환 수단으로 활용됐기 때문이다. 하지만 주화와 지폐를 사용하기 시작하면서 교환비율을 정하기 위해 화폐 단위가 필요해졌다. 한국의 공식적인 화폐 단위는 '원'이다. 미국은 '달러', 일본은 '엔', 중국은 '위안'

● 　중국 원나라 말 거액의 거래를 할 때 화폐처럼 사용됐던 말굽 모양의 은괴. 대부분 중국 상인들에 의해 국내에 유입됐다. 유통된 마제은의 중량은 1근가량이었고, 대·중·소 구별이 있었다. 마제은은 왕실에서 가치저장 수단으로 상당량을 보유했던 것으로 추정된다.

이다. 이런 화폐 단위들은 어디서 유래됐을까.

많은 나라의 화폐 단위는 무게 단위에서 비롯됐다. 2002년 프랑스, 독일, 네덜란드, 이탈리아 등 유럽연합EU 12개국은 단일 화폐인 유로화를 쓰기 시작했다. 그 전까지는 각기 다른 화폐와 화폐 단위를 사용했다.

유로화가 쓰이기 전 독일의 화폐 단위는 '마르크Mark'였다. 마르크는 은의 무게를 표시하는 단위이자, 독일이 1871년 채택한 화폐 단위이다. 이탈리아의 화폐 단위였던 '리라Lira'도 고대 로마의 중량 단위인 'libra'에서 유래했다.

영국의 화폐 단위는 '파운드Pound'이다. 파운드 역시 고대 로마의 중량 단위인 'Pondus'에서 유래했다고 한다. 영국에선 파운드를 화폐 단위뿐 아니라 무게 단위로도 사용한다.

스페인·멕시코 등 남미 국가와 필리핀 등 동남아시아에서 화폐 단위로 많이 쓰는 것이 '페소Peso'이다. 페소는 스페인어로 중량을 뜻한다. 이스라엘의 화폐 단위는 '셰켈Shekel'인데 히브리어로 '물건을 단다'는 의미이다. 구약성서에도 나오는 인류 최초의 화폐 단위이다.

물론 무게 단위에서 비롯된 화폐 단위를 쓰지 않는 나라도 많다. 국제적으로 가장 널리 쓰이는 화폐 단위인 '달러Dollar'의 유래는 흥미롭다. 16세기 초 보헤미아의 요하힌 스탈에서 양질의 은 광맥이 발견됐다. 이곳에서 생산된 은화는 인기가 높아 유럽 지역에 널리 유통됐다. 이를 '요하힌스 타렐' 또는 '타렐'이라고 했다.

이것이 '타라' '다렐' '다라'로 불리다가 '달러'로 굳어졌다고 한다.

브라질의 화폐 단위인 리알Real은 '황실'을 뜻하는 스페인어에서 유래했다. 오만과 예멘에서는 'Rial'로, 사우디아라비아와 카타르에서는 'Riyal'로 변형해 사용하고 있다. 인도 · 파키스탄 · 스리랑카 등 동남아시아 국가들의 화폐 단위인 '루피Rupee'는 산스크리트어로 '소'를 뜻하는 'rupya'에서 기원을 찾을 수 있다. 네덜란드의 화폐 단위였던 길더Guilder는 금을 뜻하는 '골든Golden'에서 유래했고, 그리스의 화폐 단위인 '드라크마Drachma'는 '손에 가득히'라는 뜻이다.

유럽권 국가의 공용화폐인 '유로Euro'는 1995년 프랑스 칸에서 열린 정상회담 때 결정됐다. 화폐 단위는 유럽Europe에서 따온 것이다.

일본 화폐 단위인 엔Yen의 유래는 분명치 않다. 고대의 여러 가지 화폐 모양을 둥근 원형으로 통일한 뒤 '둥글 원圓'자인 엔이라 불렀다는 설이 있지만 확실치는 않다. 중국의 화폐 단위는 '위안Yuan'이다. 중국에서는 많은 종류의 은전들을 '둥근 것'이라는 뜻을 가진 위안으로 불러왔다. 이에 따라 중국 정부는 1871년 화폐 단위를 위안으로 정했다.

원圓-환-원으로 바뀐 한국의 화폐 단위

한국의 공식 화폐 단위는 '원'이다. 근대 이후 화폐 단위는 '원圓-환-원'으로 바뀌었다. '원圓'은 1902년 일본 제일은행권이 국내에 발행되면서 쓰인 화폐 단위로 '둥글다'는 뜻이 담겨 있다. 1950년 7월 한국은행권이 처음 발행됐을 때도 화폐 단위는 '원圓'이 쓰였다. '환'은 1953년 2월 제2차 통화조치 때부터 쓰인 화폐 단위이다. 그러다 1962년 6월 제3차 통화조치 때 화폐 단위가 '환'에서 '원'으로 바뀌었다. '환'과 '원'의 교환비율은 10대 1로 정해졌다. 보조단위로는 '전'을 사용했는데 100전은 1원과 같았다. 그 이후부터 지금까지 사용되고 있는 공식 화폐 단위인 '원'은 순우리말이다. 동전 모양이 둥글다는 데서 따온 것이다. '원'은 영문으로 'WON'으로 표기한다.

2장

지폐,
세계 경제를
지배하다

세계 최초로 지폐를 만든 중국

상업이 발달하면서 주조화폐가 널리 쓰이기 시작했지만 불편함이 적지 않았다. 비싼 물건을 사고팔 때는 수백, 수천 개의 동전을 자루에 담아 다녀야 했기 때문이다.

종이로 만든 돈인 지폐紙幣가 처음으로 등장한 것은 지금으로부터 1,000여 년 전이다. 10세기 말 중국 송나라는 당시에 유통되던 철전鐵錢 대신 동전을 유통하려 했다. 하지만 외국 무역에 따른 해외 유출로 구리가 부족해지면서 화폐 공급이 쉽지 않았다. 송나라는 구리로 된 물건 소유를 금지하는 동금銅禁 정책을 펴기도 했다. 그러자 상인들이 종이로 어음을 만들어 쓰기 시작했는데 이를 '교자交子'라고 한다.

960년 왕조를 세워 중국 대륙을 지배한 송나라는 1023년 교자무交子務라는 기관을 설립해 교자의 발행과 관리 업무를 맡겼다. 교자는 거래나 구매 목적 외에도 전쟁을 위한 군사용과 재무관리에 필요한 민간용으로도 쓰였다. 교자 대신 회자會子, 철인鐵引 등의 명칭이 사용되기도 했다. 송나라 말기에는 회주淮州, 성도成都, 항주杭州 등에 지폐를 인쇄하는 공장까지 세웠다. 항주의 조폐 공장에선 1,000명 가까운 노동자가 일했다고 한다.

교자는 금나라와 원나라를 거치면서 '교초交鈔'라는 지폐로 발전했다. 원나라 초기만 해도 비단과 은이 물품 거래에 활용됐고, 교초는 제대로 유통되지 않았다. 본격적인 지폐의 시대가 열린 것은 1287년 몽골의 5대 황제이자 원나라 초대 황제인 쿠빌라이 칸이 '지원통행보초至元通行寶鈔'를 대량으로 발행하면서부터다. 지원통행보초는 은을 나라에 강제로 보관하도록 하는 대신 은 1냥을 교초 10관으로 정해 유통한 태환화폐*였다. '위조자는 사형에 처한다'는 문구도 새겨넣었다. 그 덕분에 동전 주조 비용이 절약되면서 나라의 재정상태가 좋아지고, 상거래도 활성화됐다.

ᐧ　금이나 은처럼 가치의 기준이 되는 것을 본위화폐라고 한다. 금을 본위화폐로 하면 금본위제, 은을 본위화폐로 하면 은본위제가 되는 것이다. 본위화폐는 가치가 너무 큰 데다 운반하기도 어려워 거래에 사용하기 쉽지 않았다. 이를 해결하기 위해 태환화폐가 나왔다. 태환(兌換)은 바꾼다는 뜻이다. 지폐에 적힌 만큼의 금으로 바꿔줄 것을 약속하고 발행된 화폐다. 미국의 달러도 태환화폐였다. 브레튼우즈 협정은 달러를 금으로 바꿀 수 있는 태환화폐로 하는 것을 조건으로 기축통화가 되도록 했다.

원나라, 지폐의 제국이 되다

원나라 때 발행된 교초는 동남아시아와 고려, 일본 등은 물론 서쪽 시리아에 이르기까지 두루 쓰였다. 지금 달러가 기축통화로 전세계에서 널리 쓰이듯, 당시에는 교초가 이들 지역을 하나의 경제권으로 묶는 역할을 했다. 원나라는 세계 역사상 처음으로 나라 전체가 지폐를 사용하는 제국이 됐다. 유럽보다 400년이나 앞서 지폐를 유통한 것이다.

그러나 원나라의 지폐 관리 능력에는 한계가 있어 위조지폐가 나오기 시작했다. 게다가 나라 재정이 어려울 때마다 교초를 대량으로 발행한 탓에 화폐 가치는 급락했다. 화폐 가치 하락을 막기 위해 교초의 액면가를 높였지만 이런 조치가 되레 화폐 가치 하락을 부채질했다. 원나라 때는 교초를 운반하는 배와 수레가 끊이지 않을 정도로 통화량이 팽창했던 것으로 전해진다. 사실상 세계 최초의 인플레이션이 발생한 것이다. 결국 교초는 은으로 교환할 수 없는 명목상의 지폐로 전락하고 말았다. 14세기 초 원나라의 지폐 발행체계가 붕괴하면서 교역은 다시 원시적인 물물교환 형태로 돌아가고 말았다.

중국 명나라 때인 1375년에는 '대명보초大明寶鈔'라는 지폐가 만들어져 유통됐다. '대명보초'는 가로 22cm, 세로 33.8cm로 아주 컸다. A4 용지와 비슷한 크기다. 물론 지금과 같은 지폐 모양은 아니지만 크기로만 따지면 세계에서 가장 큰 지폐였다고 할 만하

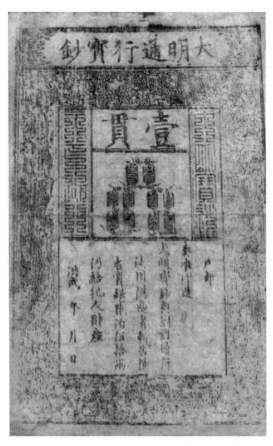

중국 명나라 때 발행된 '대명보초'. 뽕나무 껍질로 만든 종이에 인쇄된 이 지폐는 가로 22cm, 세로 33.8cm로 매우 컸다.

다. 명나라의 제도와 행정 법규를 기록한 《대명회전大明會典》에는 대명보초에 관한 기록이 남아 있다.

대명보초를 만드는 원료로 뽕나무를 사용하는데 제조방법은 높이 1척尺에 너비 6촌寸 크기에 바탕은 청색이고 테두리를 용 문양으로 단상했다. 상단에는 큰 글자로 '대명통행보초大明通行寶鈔'라고 썼다. 대명보초를 위조하는 자는 참한다. 위조자를 고발하거나 체포하는 자는 은 250냥의 상을 내리고, 범인의 재산도 나눠준다. 대명보초의 종류는 여섯 가지로 1관, 500문, 400문, 300문, 200문, 100문이 있다. 1관 한 장은 1000문 또는 은 1냥과 같고, 4관은 황금 1냥과 같다.

명나라 때는 지폐 발행 한도가 정해져 있지 않았다. 헌 지폐를 회수하지도 않았다. 당연히 시중에 유통되는 대명보초가 많아지면서 인플레이션을 초래했다. 대명보초의 가치는 갈수록 떨어졌다. 가게에 대명보초가 잔뜩 쌓여 있어도 사람들이 외면하고 지나갈 정도였다고 한다. 영종 때 금은령禁銀令이 폐지되면서 대명보초는 사실상 유통 정지된 것이나 다름없었다. 대명보초가 화폐 기능을 상실한 이후 명나라 때는 지폐를 발행하지 않은 것으로 전해진다.

마르코폴로, 지폐를 유럽에 전하다

중국이 지폐를 만들어 사용하고 있다는 사실을 유럽에 처음 알린 사람은 이탈리아의 탐험가 마르코 폴로(1254~1324)였다. 실크로드를 따라 중국에 도착한 뒤 원나라 황제 쿠빌라이 칸 밑에서 17년간 관료로 일했던 마르코 폴로는 1298년 베네치아와 제노바 간 전쟁 중에 포로로 잡혀 감옥에 갇히게 된다. 마르코 폴로는 감옥에서 작가 루스티켈로를 만나 중국 여행담을 늘어놓으면서 "종이로 만든 화폐로 거래를 한다"는 사실을 전했다. 하지만 루스티켈로를 비롯한 많은 이들은 마르코 폴로의 말을 곧이곧대로 믿지 않았다. 마르코 폴로는 감옥에서 풀려난 뒤 쓴 《동방견문록》에 중국에서 유통되던 지폐에 대해 상세하게 소개했다.

중국에서는 종이로 만든 돈이 오랫동안 유통됐다. 지폐가 찢어지고 닳게 되면, 조폐청에서 할인해 새 돈으로 교환해주었다. 금이나 은으로 그릇이나 혁대 장식, 다른 귀중품을 만들 때면 조폐청으로 가서 종이 몇 장을 내밀고 조폐관에게 금이나 은을 샀다. 왕의 군대는 이런 종류의 돈을 지급받았다. 중국인들은 진주, 보석, 금, 은을 비롯해 온갖 물품을 지폐로 살 수 있다. 그들은 종이로 만든 돈으로 갖고 싶은 물품은 무엇이든 사들였다.

마르코 폴로에게는 원나라 사람들이 종잇조각으로 고가의 물건을 구매하는 행위가 매우 경이롭게 보였다.

유럽에서 지폐를 최초로 발행한 나라는 스웨덴이었다. 스웨덴은 30년전쟁(1618~1648)을 겪은 뒤 국가 재정이 바닥났다. 스웨덴 정부는 1656년 스톡홀름은행을 세워 지폐를 발행한다. 그러나 몇 년 지나지 않아 스톡홀름은행은 과도한 대출로 인해 문을 닫고 말았다.

1716년 프랑스에서 은행을 통해 지폐다운 지폐가 발행됐다. 당시 프랑스 재상이었던 존 로(1671~1729)는 "재정 파탄에 빠진 나라를 구하기 위해서는 지폐를 발행해야 한다"는 확신을 갖고 있었다. 당시 프랑스 국왕이던 루이 15세는 왕립은행 성격인 '로 앤 컴퍼니Law & Company'의 책임자로 존 로를 지명했다. 스코틀랜드 출신인 존 로는 유럽의 다른 나라에서 발행한 지폐를 '종이에다 잉크로 그림을 그린 것'에 불과하다고 여겼다. 다른 나라의 지폐를 과소평가한 것이다.

존 로는 지폐를 찍어 유통하면 프랑스 경제를 부흥시켜 국민을 굶주림에서 벗어나게 할 수 있다고 설파했다. 당시 프랑스 사람들은 존 로의 계획을 '무모한 도박'이라고 평했다. 성공하면 경제를 살린 인물로 평가받겠지만 실패할 경우 교수형에 처해질 운명이었기 때문이다.

루이 15세는 존 로의 의견을 받아들여 지폐를 시중에 유통시켰다. 존 로는 은행 설립과 함께 프랑스의 모든 세금을 '로 앤 컴퍼니'의 지폐로 납부하도록 했다. 금화나 은화와 달리 발행량에 제

존 로와 '미시시피 버블' 사건

은행 설립과 지폐 발행으로 프랑스 왕궁의 신뢰를 얻게 된 존 로는 1719년 금융회사인 미시시피 회사Mississippi Company를 설립했다. 당시 프랑스는 미국 루이지애나에 식민지를 갖고 있었다. 미국 대륙의 30%를 차지할 정도로 방대했으나 개발이 거의 이뤄지지 않았다. 존 로는 1718년 이 땅을 개발하기 위해 루이지애나 개발독점권을 낙찰받았다. 이후 회사 이름을 '서방회사Compagnie d' Occident'로 변경하고 주식회사로 전환했다.

미시시피 회사의 경영권을 확보한 존 로는 교묘한 마케팅 전략을 폈다. 존 로가 발행한 미시시피 회사 주식의 최초 액면가는 500리브르livre(프랑스에서 801년부터 1794년까지 사용된 화폐 단위)였다. 존 로는 미시시피 회사의 주식을 국채로 살 수 있게 해 마치 '정부에서 출자한 회사'처럼 보이도록 했다. 프랑스 정부도 미시시피 회사에 엄청난 특혜를 줬다. 미국의 미시시피 강 유역과 루이지애나, 중국, 동인도, 남아프리카 등과 독점적 무역을 할 수 있는 권리를 주고, 담배무역 독점권과 왕실 주화 주조권 등을 부여한 것이다. 미시시피 회사에 대한 주식 투자 수요가 급증한 것은 당연한 수순이었다.

미시시피 회사의 주가는 1719년 2만리브르를 넘어섰다. 최초 발행가격의 40배까지 주가가 폭등한 것이다. 영어로 백만장자를 뜻하는 '밀리어네어millionare'란 단어는 '미시시피 버블' 때 만들어졌다. 미시시피 회사의 주가가 폭등하면서 100만리브르를 가진 사람이 넘쳐났기 때문이다. 당시 미시시피 회사의 시가총액은 프랑스 전체 금과 은의 가치를 합친 것보다 8배나 많았다. 이에 부응해 미시시피 회사는 15억 리브르의 주식을 추가로 발행했다.

하지만 미시시피 회사의 수익성은 주가가 폭등할 만큼 높은 게 아니었다. 게다가 미국 미시시피 강 연안과 루이지애나에 금광과 은광이 존재한 것도 아니었다. 미시시피 회사 주가 폭등은 허상에 기초했을 뿐이다. 미시시피 회사의 주가에 낀 버블(거품)이 꺼지는 데는 오랜 시간이 필요하지 않았다.

1720년 루이 15세의 장조카인 콩티 왕자가 미시시피 회사의 주식을 팔아 금과 은으로 바꿨다는 루머가 돌기 시작하면서 주가는 폭락세를 보였다. 수많은 투자자가 한꺼번에 주식을 팔면서 미시시피 회사

스코틀랜드 출신으로 프랑스 재상을 지낸 존 로. '미시시피 버블'을 일으킨 사기꾼이란 혹평과 지폐 발행제도를 도입한 금융개혁가라는 긍정적 평가가 공존한다.

주가는 500리브르까지 떨어졌다.

버블 붕괴로 패닉(공황) 상태에 빠진 주식 투자자들은 그해 6월 폭동을 일으켰다. 존 로를 사형시켜야 한다는 여론이 들끓었다. 존 로는 해외로 도피했고, 미시시피 회사는 파산했다. 파장은 걷잡을 수 없이 확산됐다. 프랑스 정부는 미시시피 회사 파산 이후 150년간 주식회사 설립을 제한했고, 중앙은행 이외에는 은행이란 명칭을 사용하지 못하게 했다. 이른바 '미시시피 버블'은 프랑스 사회에 엄청난 충격파를 던져 1789년 일어난 프랑스 혁명의 배경이 됐다는 분석도 있다. 미시시피 버블은 '네덜란드의 튤립 버블' '영국의 남해South Sea 버블' 등과 함께 근대 유럽의 3대 버블 사건으로 알려져 있다.

한이 없는 지폐 유통의 근간을 마련한 것이다. 이런 조치는 초기에는 성공을 거두는 듯했다. 시중에 지폐가 공급되자 투자가 이뤄졌고, 상업과 무역이 되살아날 조짐을 보였다.

하지만 너무 많은 지폐를 찍어내는 바람에 돈의 가치가 떨어졌고, 프랑스는 경제적으로 큰 어려움에 빠졌다. 지폐를 발행한 은행은 망하고, 존 로는 다른 나라로 쫓겨나는 신세가 됐다. 존 로에 대한 역사적 평가는 엇갈린다. 세계 최초의 금융 스캔들인 '미시시피 버블' 사건을 일으킨 사기꾼이라는 혹평과 지폐 발행 시스템을 정착시킨 '금융개혁가'라는 호평이 공존한다.

유럽에서 성공한 지폐는 영국에서 처음 발행됐다. 1688년 일어난 명예혁명 이후 집권한 윌리엄 3세는 프랑스와의 전쟁으로 나라 살림이 어려워지자 상인들에게 120만파운드를 빌리는 대신 화폐 발행권을 부여했다. 상인들은 1694년 자금을 공동출자해 주식회사 형태의 영란은행°을 설립한다. 유럽에서 은행Bank이란 단어의 기원은 이탈리아어의 'banco'로, 시장에서 상인이 환전할 때 사용하던 '책상'이 어원이다.

영국 정부는 1773년 "영란은행이 발행한 은행권을 위조한 자는 사형에 처한다"는 내용의 법을 제정했다. 나폴레옹에 맞서 22년간 전쟁을 치르고 난 뒤 영국 정부는 은행법을 고쳐 영란은행에 독점적인 화폐 발행권을 부여했다. 그 이후부터 영란은행에서 발행한 지폐는 유럽 전역에서 쓰이게 됐다.

중국에는 '교자' '보초', 고려엔 저화楮貨가 있었다

고려 시대는 한국 화폐 발달사의 대전환기라고 부를 만하다. 성종 때인 996년에는 철전鐵錢을 주조해 유통했고, 숙종 때인 1097년 동전銅錢을 만들어 시중에 풀었으니 말이다. 고려 시대 이전의

° 영국의 중앙은행으로 설립 초기부터 왕실과 밀접한 관계였다. 잉글랜드와 웨일스, 스코틀랜드를 통틀어 이르는 '브리튼'과 아일랜드 섬 북쪽 일부 지역으로 이루어진 영국은 '유케이'(UK), '지비'(GB)로 줄여 표기하기도 한다. 영국(英國)은 '잉글랜드'의 음역어 '영란'(英蘭)에서 온 말이다. '뱅크 오브 잉글랜드(Bank of England)'를 '영란은행'으로 번역한 까닭이 여기에 있다.

화폐는 주로 자연 발생적인 것으로, 금·은·철 등 칭량화폐*가 만들어졌다. 실질적인 가치를 지닌 칭량화폐는 국가의 관리 아래 주조돼 유통된 것이 아니라 민간에 의해 만들어져 시중에 유통됐다.

고려 왕조는 광종 때부터 중앙집권적 지배체제를 정비하기 시작해 10세기 말 성종 때 그 골격이 갖춰졌다. 고려 왕조는 중앙집권체제를 구축하기 위해 나라 재정을 강화했다. 화폐 지배권을 장악하기 위해 쌀이나 베 등 물품화폐 사용을 금지하고, 철전·동전 등 명목화폐를 만들어 유통했다. 명목화폐는 국가 주도로 만들어지며, 국가에서 통용력을 부여할 때 화폐로서 의미를 지닌다. 고려 때 해동통보海東通寶·동국통보東國通寶·동국중보東國重寶·해동중보海東重寶·삼한통보三韓通寶·삼한중보三韓重寶 등 각종 주화가 만들어져 유통됐던 것도 그런 이유에서다. 특히 고려가 송나라를 비롯해 거란·여진·일본 등과 활발한 대외무역을 한 것도 다양한 화폐가 만들어지는 데 영향을 미쳤다.

고려 때는 송나라의 회자會子나 원나라의 보초寶鈔와 흡사한 형태의 저화楮貨가 만들어졌다. 저화는 닥나무 껍질로 만든 지폐로 여러 화폐 가운데서도 많은 사연을 품고 있다.

고려 말에 국가 재정이 피폐해지고, 철전·은전 등의 유통이 감소하자 조정은 1391년 저화를 만들어 유통하려 했다. 방사량은

---

* 철과 금, 은 등의 덩어리 자체를 저울에 달아 무게로 가치를 정한 화폐. 칭량화폐는 거래할 때마다 무게를 달아야 하는 불편함 때문에 금속화폐로 대체됐다.

공양왕에게 글을 올려 "바라건대 관청을 신설해 저화를 만들어 화폐로 삼게 하고, 추포麤布의 통용을 일절 금지해야 한다"고 제안했다. 공양왕은 방사량의 제안을 받아들여 '저화 유통법'을 제정하고, 자섬저화고資瞻楮貨庫를 설치해 저화를 인쇄하도록 했다. 특히 저화의 유통을 촉진하기 위해 1410년 추포 사용을 금지했다. 저화의 원료인 닥나무 껍질을 확보하기 위해 민가마다 많게는 200주에서 적게는 50주에 이르는 닥나무를 심도록 하고, 이를 어기면 저화로 갚도록 했다. 매년 나라에 바치는 공물을 저화로 거둬들이고, 상인들에게 저화를 사용하게 하는 등 강력한 통화정책을 시행했다.

하지만 민간에서는 저화에 대한 불신이 컸다. '쓸모없는 종이돈'이라는 인식이 팽배한 데다 저화의 가치는 시간이 흐를수록 하락했다. 그러자 이성계의 일파이던 심덕부·배금렴 등은 저화의 유통을 금지할 것을 공양왕에게 건의했다. 결국 저화를 찍어내던 자섬저화고는 폐지됐고, 이미 인쇄된 저화와 인판印板은 불태워졌다. 고려 왕조의 지폐 발행 시도가 무산된 것이다.

저화는 조선 태종 때인 1402년 좌의정 하륜의 제의로 다시 발행돼 성종 때까지 약 90년간 유통된 것으로 전해진다. 저화는 저주지楮注紙와 저상지楮常紙 두 종류가 있었다. 저주지는 길이 1자 6치, 너비 4치이고, 저상지는 길이 1자 1치, 너비 1자 이상이었다.

●　　발이 굵고 바탕이 거친 베. 고려·조선 시대에 화폐 대신 사용됐다.

발행 초기 저화 한 장의 가치는 쌀 두 말, 포布(베) 한 필로 정해졌으나 민간 거래에서 활발하게 유통되지 않아 가치가 하락했다. 그결과 세종 때인 1422년에는 저화 석 장이 쌀 한 되 가치로 폭락했다. 1425년 동전만을 전용화폐轉用貨幣로 인정한 이후 저화는 유명무실해졌고, 성종 때인 1492년 자취를 감추고 말았다.

대한제국이 발행한 최초의 근대 지폐, 호조태환권

한국에서 지폐다운 지폐가 만들어진 때는 19세기 말이다. 중국과유럽에 비해 지폐 발행이 꽤나 늦었던 셈이다. 대한제국의 고종황제는 1892년 한성에 '태환서兌換署'라는 관청을 세운다. 태환서는 새 화폐와 옛 화폐를 교환하기 위해 설립된 기관이다. 은화 또는 동전, 엽전 등을 교환하고 정리하는 업무를 맡았다.

태환서에서는 1893년 5 · 10 · 20 · 50냥 등 4종류의 '호조태환권'을 만들었다. 태환권兌換券이란 다른 화폐로 바꿀 수 있도록 만든 지폐이다. 태환권을 발행한 것은 당시 화폐로 쓰고 있던 엽전을 거둬 새 화폐를 만들기 위해서였다. 호조태환권에는 '이 환표는 통용하는 돈으로 교환하는 것이다'라는 글귀가 새겨져 있었다.

하지만 '호조태환권'은 당시 화폐 관리 업무를 맡은 일본인들이운영권 다툼을 벌이는 바람에 공식적으로 사용되지 못했다. 만약'호조태환권'이 제대로 발행돼 시중에 유통됐다면 한국 정부가 공

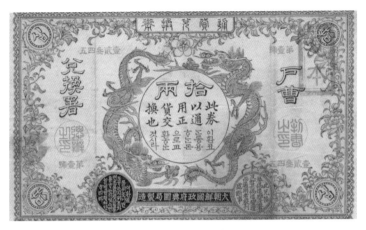

대한제국 시절 태환서에서 발행한 10냥짜리 '호조태환권'.

식적으로 발행한 최초의 지폐로 기록됐을 것이다. 하지만 태환권은 한 장도 사용되지 못한 채 모두 불에 태워져 없어지는 운명을 맞았다.

　태환권을 찍었던 5 · 20 · 50냥짜리 인쇄원판은 국립고궁박물관이 보관하고 있다. 덕수궁에 보관했던 10냥짜리 인쇄원판은 1951년 한국전쟁 때 미군이 불법 반출한 것으로 드러났다. 한국 정부는 10냥짜리 인쇄원판이 미국 경매시장에 나왔다는 사실을 파악한 뒤 미국 정부에 끊임없이 이의를 제기해 2013년에 돌려받았다. 미국으로 불법 반출된 지 62년 만에 환수한 10냥짜리 인쇄원판은 가로 15.9cm, 세로 9.53cm, 무게 0.56kg으로 청동 재질이다.

역사의 뒤안길로 사라진 각국의 지폐

세계에서 가장 오래 사용된 지폐는 영국 중앙은행인 영란은행이 발행한 은행권으로 알려져 있다. 영란은행이 1833년 발행한 은행권이 지금까지도 정식 법화法貨로 인정되고 있기 때문이다. 이때 발행된 은행권이 아직도 지급 보장된다고 하니 지폐의 수명이 무려 190년 가까이 되는 셈이다. 영국에서는 영란은행이 1694년 설립 당시 발행한 은행권도 지급을 보장해준다. 물론 당시에는 지금처럼 액면 은행권을 발행했던 것은 아니고, 출납담당 직원이 예금액에 해당하는 금액을 은행권 용지에 펜으로 작성해 예금자에게 주는 형태였다.

세계 각 나라에서는 수많은 지폐가 명멸했다. 2002년 1월에는 유로화가 등장하면서 프랑스, 독일, 이탈리아, 아일랜드 등 유럽 12개국의 지폐가 한꺼번에 역사의 뒤안길로 사라졌다. 또 1990년대 브라질·유고슬라비아 등에서는 인플레이션 해소를 위해 새 지폐를 발행한 지 1년이 채 안 된 상태에서 기능을 상실해 유통정지되기도 했다.

한국에서는 1950년 한국은행이 설립된 이후 지금까지 모두 45종의 은행권이 발행됐다. 그중 21종은 제2차 및 제3차 통화조치에 의해 수명을 다했다. 현재 화폐로서 법적 지위를 유지하고 있는 은행권은 20여 종에 달한다. 이중 가장 오래된 은행권은 1962년 6월 10일 제3차 통화조치에 따라 발행된 '1원권' '5원권' '10원권' '50원권' '100원권' '500원권' 등 6종의 은행권이다. 이들 은행권은 현재 사용되고 있는 '원' 표시 지폐로는 최초 발행된 것으로, 물가상승과 화폐 가치 하락으로 지금은 모두 주화로 대체돼 실거래에서는 사용되지 않는다. 하지만 법적으로는 여전히 그 가치를 인정받고 있다.

한국조폐공사가 설립되기 전까지 은행권은 한국은행이 발행했다. 1952년 10월 조폐공사가 설립된 뒤 1000원권과 500권이 발행됐고, 그때부터 한국은행권의 제조는 전적으로 조폐공사에서 맡게 됐다. 현재 통용되는 지폐는 모두 4종이다. 이 중 2009년에 최초로 발행된 5만원권을 제외한 3종의 지폐는 모두 1970년대에 발행된 것이다. 5000원권은 1972년에 발행됐고, 이듬해인 1973년에 1만원권, 1975년에는 1000원권이 잇달아 선보였다.

미국 달러화, 무변화의 신화를 쌓다

미국 달러화는 '그린 백Green back'으로 불린다. 지폐 뒷면이 녹색이기 때문에 붙여진 별칭이다. 1862년 남북전쟁 당시 북군이 발행한 지폐의 뒷면이 녹색이었다. 그때부터 지금까지 미국 달러화는 그린 백으로 불리고 있다. 미국 발권 당국은 위조를 막기 위해 달러화 앞면은 흑색으로, 뒷면은 복사가 되지 않는 녹색을 선택했다고 한다. 특히 녹색은 사람들에게 심리적 안정감과 신뢰감을

지폐 뒷면이 초록색이어서 '그린 백'으로 불리는 미국 달러화.

준다. 그런 이유로 미국뿐 아니라 다른 나라에서도 지폐의 색깔을 녹색으로 하는 경우가 많다.

미국 달러화는 '무변화의 신화'를 쌓아왔다. 1929년 지폐 규격이 축소된 이후 지금까지 모든 지폐의 규격을 동일하게 유지해왔다. 국제거래에 가장 많이 쓰이는 기축통화인 미국 달러화의 도안이나 크기가 자주 바뀌면 환전에 따른 혼란과 비용 부담이 커질 수 있기 때문이기도 하다.

미국 달러 지폐는 1 · 2 · 5 · 10 · 20 · 50 · 100달러 등 7개 권종이 있다. 현재 통용되는 7개 권종의 지폐 중 5종에는 역대 대통령의 인물초상이 새겨져 있다. 1달러 지폐에는 미국 초대 대통령인 조지 워싱턴의 인물초상이 실려 있다. 미국 연방법은 조지 워싱턴의 인물초상을 바꿀 수 없도록 규정하고 있다. '행운의 지폐'로 불리는 2달러 지폐* 앞면에는 독립선언문을 기초한 제3대 대통령 토머스 제퍼슨의 인물초상이 새겨져 있다. 5달러 지폐에는 노예제도를 폐지한 제16대 대통령 에이브러햄 링컨, 20달러 지폐에는 영미전쟁을 승리로 이끈 제7대 대통령 앤드루 잭슨, 50달러 지폐에는 남북전쟁 당시 북부 연방 정부군 총사령관을 지낸 제18대 대통령 율리시스 S. 그랜트의 인물초상이 새겨져 있다.

역대 대통령이 아닌 인물은 10달러 지폐에 초상이 새겨진 초대 재무장관 알렉산더 해밀턴과 100달러 지폐의 인물초상인 '미국 건국의 아버지들The Founding Fathers' 중 한 명이자 정치인·과학자·저술가였던 벤저민 프랭클린이다.

'트럼프의 영웅' 앤드루 잭슨, 미국 20달러 지폐에서 퇴출

도널드 트럼프 전 미국 대통령이 자신의 멘토이자 영웅이라고 떠벌렸던 인물은 제7대 대통령을 지낸 앤드루 잭슨이다. 트럼프는 재임 시절 자신과 잭슨을 동일시하며 백악관 집무실인 오벌 오피스에 잭슨의 초상화를 걸어놓았다. 잭슨은 1828년 테네시 변방의

• 미국 2달러 지폐는 1928년 처음 발행됐다. 2달러 지폐는 지불수단으로는 불편함이 있어 잘 사용되지 않았다. 그러다 그레이스 켈리가 영화 〈상류사회〉에 출연할 당시 프랭크 시내트라에게 2달러 지폐를 선물 받은 후 모나코의 왕비가 되면서 행운을 가져다주는 지폐로 알려졌다. 그 이후 미국뿐만 아니라 세계적으로 2달러 지폐는 '행운의 상징'으로 자리 잡았다. 미국 발권 당국은 2달러 지폐를 정기적으로 발행하지 않고 기념일이나 국경일에 일정량만 찍어낸다.

흑인 여성 인권운동가 해리엇 터브먼의 인물초상이 들어가게 될 미국 20달러 지폐 앞면.

가난한 가정에서 태어나 정규교육을 전혀 받지 못했던 이른바 '비주류 출신' 대통령이었다. 대중을 상대로 직접 유세를 벌여 당선된 최초의 대통령이기도 했다. 그의 지지계층은 지식인이 아닌 노동자·농민 등 서민이었다. '서부의 사나이'로 불렸던 잭슨은 자신이 '서민 대통령'임을 강변했다.

잭슨은 제조업이 쇠퇴하면서 사양산업 지대로 전락한 디트로이트·피츠버그·볼티모어·필라델피아 등 '러스트 벨트rust belt' 노동자들의 지지를 받아 대통령에 당선됐던 트럼프와 닮은 구석이 적지 않다. 잭슨과 트럼프는 워싱턴의 기성 정치인들과 거리를 둔 '아웃사이더'였다. 트럼프가 백인과 노동자층의 지지를 받은 것처럼 잭슨은 소외된 농민들의 몰표 덕에 대통령이 되었다. 하지만 잭슨은 흑인 노예 150여 명을 둔 농장주 출신이면서 아메리카 원주민을 박해하는 정책을 펼쳐 '인종주의자'라는 비판을 받기도 했다. 부동산 재벌이면서 인종차별 발언을 서슴지 않았던 트럼프와 흡사한 측면을 지녔다.

1928년 20달러 지폐에 새겨졌던 잭슨의 인물초상이 약 100년 만에 퇴출당하게 됐다. 조 바이든 행정부는 2021년 1월 브리핑에서 "20달러 지폐 앞면에 새겨진 잭슨의 인물초상을 빼고 흑인 여성 인권운동가 해리엇 터브먼(1820~1913)을 넣기로 했다"고 밝혔다. 20달러 지폐 앞면에 누구를 넣을지를 놓고 버락 오바마 행정부와 트럼프 행정부는 치열한 신경전을 벌인 바 있다. 오바마 행정부 마지막 해인 2016년 4월 제이콥 루 재무장관은 지폐 인물 교체 계획을 발표하면서 '흑인 여성 인권운동가'를 넣겠다고 했다. 20달러 지폐 앞면에는 터브먼을 넣고, 잭슨을 뒷면으로 옮기는 방안을 추진한 것이다. 트럼프 행정부는 이런 오바마 행정부의 정책을 두고 "정치적 올바름만을 추구하려는 지나친 결벽증"이라며 반발했다. 스티븐 므누신 재무장관도 2019년 "트럼프 대통령 재임 기간 동안 지폐 인물 교체는 없다"고 선을 그었다.

하지만 바이든 대통령은 취임하자마자 백악관에서 잭슨의 초상화를 떼어내고, 벤저민 플랭클린의 초상화를 걸었다. 또 20달러 지폐 앞면에서 잭슨을 빼고 터브먼의 인물초상을 넣기로 했다.

20달러 지폐의 새로운 주인공이 될 터브먼은 19세기 초 메릴랜드에서 노예로 태어나 평생 반反노예운동에 헌신하며 70여 명의 노예를 캐나다 등으로 탈출시킨 것으로 유명하다. '지하철도'라는 비밀조직에서 활동했고, 남북전쟁 이후에는 여성 참정권 운동에 앞장선 대표적인 흑인 여성 인권운동가이다.

터브먼이 달러 지폐에 처음 등장하는 흑인은 아니다. 하지만 흑인을 차별한 백인 인종주의자 잭슨을 지폐에서 퇴출하는 역사적 사건의 주인공이 된 것이다. 이처럼 국가 정체성을 확보하고, 시민들을 하나로 묶는 구심점 역할을 하는 지폐에 역사와 다양성을 반영하는 것은 매우 중요한 일이다.

'혁명의 아이콘' 체 게바라가 살아있는 쿠바 지폐

카리브에 자리 잡은 남미 유일의 공산주의 국가인 쿠바의 지폐는 1·3·5·10·20·50·100페소 등 7권종이다. 1페소 지폐에는 '쿠바의 국부國父'로 추앙받는 호세 마르티(1853~1895)의 인물초상이 들어가 있다. 독립운동가이자 사상가인 마르티는 쿠바의 과거와 현재를 이해하는 데 가장 중요한 인물로 평가받고 있다.

3페소에는 '20세기 최후의 게릴라'인 체 게바라(1928~1967)의 인물초상이 새겨져 있다. 쿠바에서 3페소 지폐는 잘 유통되지 않는다. 1페소와 5페소 사이에 존재하는 3페소 화폐 단위가 다소 애매하기 때문이다. 하지만 3페소 지폐는 쿠바를 방문하는 관광객들에게 가장 인기가 높다. '혁명의 아이콘'인 게바라의 모습을 확인하려는 관광객들의 수요가 많기 때문이다.

프랑스 철학자 사르트르가 '가장 완벽하고 성숙한 인간'이라 평한 게바라는 1928년 아르헨티나의 프티 부르주아지 가정에 태어

'20세기 최후의 게릴라' 체 게바라의 인물초상이 새겨져 있는 쿠바 3페소 지폐.

났다. 1953년 부에노스아이레스 의대에서 알레르기에 관한 연구로 박사학위와 전문의 자격증을 땄다. 게바라는 그해 가을 과테말라의 진보정당이 미국이 지원한 세력의 쿠데타로 붕괴되는 것을 목격한 뒤 남미 여행길에 오른다. 게바라는 독재정권에 맞서며 억압받는 민중을 해방시키려면 무장혁명이 필요하다고 확신한다.

게바라는 1955년 멕시코에서 피델 카스트로(1926~2016)와 운명적인 만남을 갖고 이듬해 쿠바 반정부 혁명군에 들어간다. 처음에는 부상병을 치료하는 의사였지만 1958년 산타클라라 전투에서 승리하면서 쿠바 해방의 주역으로 떠올랐다. 쿠바 혁명정부에서 중앙은행 총재, 산업부장관 등을 역임한 게바라는 콩고·볼리비아 등의 혁명을 지원하기 위해 쿠바를 떠난다. 1967년 50여 명으로 게릴라 부대를 꾸려 볼리비아 정부군과 치열한 전투를 벌이며 본격적인 투쟁에 뛰어들었지만, 그해 10월 체포돼 총살형에 처해진다. 게바라는 "카스트로에게 전해주오. 이 실패가 혁명의 종말이 아니라고….."라는 짧은 유언을 남기고 숨졌다.

5페소와 10페소 지폐 앞면에 인물초상이 들어간 안토니오 마세오(1845~1896)와 막시모 고메즈(1836~1905)는 스페인에 맞선 쿠바의 1차 독립전쟁을 이끈 주역들이다. 20페소 지폐에는 쿠바인들이 게바라만큼 존경하고 아끼는 카밀로 시엔푸에고스(1932~1959)의 인물초상이 들어가 있다. 카스트로, 게바라와 함께 쿠바 혁명에 참가한 시엔푸에고스는 1958년 야과하이 전투에서 정부군을 격파해 '야과하이의 영웅'이란 별칭을 얻었다.

쿠바의 모든 주화에는 'patria o muerte'('조국이 아니면 죽음을'이란 뜻)라는 문구가 새겨져 있다. 혁명 이후 쿠바 정부가 강조해 온 '조국(쿠바)을 위해 죽을 때까지 싸우겠다'는 의미이다.

쿠바, '이중 통화제' 27년 만에 폐지

쿠바 정부는 2021년부터 '이중 통화제'를 폐지하고 '단일 통화제'를 적용하기로 했다. 쿠바는 1994년 화폐 가치 하락을 막고 외환 유통을 통제한다는 취지로 기존 화폐인 페소CUP에 추가로 '태환 페소'CUC를 도입했다. 태환 페소는 '1달러=1페소'로 가치가 고정돼 주로 외국인들이 쓰는 화폐였다. 태환 페소는 국영 무역업체들을 돕고, 수입 물가를 안정시키는 데도 활용됐다. 페소와 태환 페소의 공식 교환비율은 24대1이지만, 생필품 수입업체 등에게는 1대1의 비율을 적용해줬다.

하지만 코로나-19 여파로 외국인 관광객의 발길이 끊기고, 해외송금이 줄면서 외환 부족 현상이 심각해졌다. 도널드 트럼프 미국 행정부의 쿠바에 대한 제재 강화도 경제 상황을 악화시켰다. 이중 통화제가 수입품 대체 노력을 방해해 경제를 왜곡시켰다는 지적도 제기됐다.

쿠바 정부가 이중 통화제를 폐지하면서 은행 현금지급기에선 태환 페소 지폐를 인출할 수 없고, 국영 상점의 거스름돈도 일반 페소로만 지급된다. 단일 통화제가 자리 잡으면 쿠바 경제에 투명성이 높아지고, 외국인 투자도 유인할 수 있을 것으로 기대된다. 하지만 단기적으로는 물가상승 등 상당한 혼란이 불가피하다. 사실상 달러 대비 페소 가치가 큰 폭으로 떨어지는 데다 수입업체들이 받던 '1달러=1페소'의 우대 환율이 사라져 물가가 오를 수밖에 없다. 코로나-19 확산과 미국의 경제 제재 조치가 쿠바의 이중 통화제를 27년 만에 사라지게 하고, 경제마저 더욱 어렵게 만든 셈이다.

3장

같고도 다른
한·중·일 지폐

한국 지폐 발행의 뒤안길

한국은행은 대한제국 시절인 1909년 11월 설립됐다. 발권은행인 한국은행은 그러나 설립 초기에는 여건 미비로 은행권을 독점 발행하지 못하고, 일본의 제일은행권을 찍어냈다.

일제는 1910년 한일병합을 단행한 후인 1911년 3월 '조선은행법'을 공포해 한국은행을 조선은행으로 개칭했다. 게다가 조선은행의 설립 시기를 한국은행이 세워진 1909년 11월로 소급 적용했다. 일제의 이런 조치는 음험한 의도에서 비롯됐다. 신용·경제 정책을 주관하는 중앙은행을 장악해야 식민지 정책을 제대로 펼 수 있다고 판단한 것이다.

조선은행이 은행권을 발행한 것은 1910년 12월이었다. 조선은행은 처음으로 1환권을 발행하고, 이듬해 6월 5환권과 10환권을 순차 발행했다. 당시 이들 지폐 앞면에 새겨진 인물초상은 한국인이 아닌 일본 제일은행 총재였다. 대한제국의 발권권發券權을 무시하고 일본 제일은행 총재의 인물초상을 넣은 것이다. 이로 인해 전국에서 조선은행권 배척운동이 벌어졌다. "내 나라 사람이 아닌 일본인이 새겨진 지폐를 쓸 수 없다"며 '일본 돈 사용금지 운동'이 들불처럼 번져갔다. 이를 의식해 일제는 1914년 조선은행권을 발행하면서 수노인상을 1원, 5원, 10원, 1000원 지폐 앞면에 새겨 넣었다. 수노인은 일본 민간신앙에서 무병장수를 상징한다. 수노인은 이후 30여 년간 조선은행권 지폐 인물로 사용됐다. 일제가 수노인을 지폐 인물로 채택한 것은 조선을 수노인처럼 오랫동안 식민지로 삼아 지배하겠다는 흉계에서 비롯됐다는 지적이 많다. 조선 백성들이 무병장수하라는 뜻에서 일제가 지폐 인물로 수노인을 새겨 넣었을 리 만무하기 때문이다.

조선은행권은 1945년 해방될 때까지 모두 49억원어치 발행돼 한국은 물론 중국 본토와 만주지방에까지 유통됐다. 해방 이후 미 군정은 조선은행법을 존속시키고, 조선은행권을 유일한 법화로 인정했다.

한국은행이 재발족한 것은 한국전쟁이 발발하기 13일 전인 1950년 6월 12일이다. 한국은행은 북한에 의해 불법으로 남발된 화폐 유통과 인플레이션을 막기 위해 1950년 7월 100원권과 1000원권을 발행했다. 한국은행이 발행한 최초의 한국은행권이었다. 그해 8월 한국 정부는 적성통화를 배제하기 위해 대통령 긴급명령 제10호 '조선은행권의 유통 및 교환에 관한 것'을 공포하고, 1953년 1월까지 5차례에 걸쳐 조선은행권을 한국은행권으로 교

'수복신'으로 불린 노인의 모습이 그려져 있던 100원 지폐.

환해줬다. 이를 '제1차 통화조치'라고 한다.

한국은행은 1953년 2월 제2차 통화조치를 단행했다. 전쟁으로 인해 생산 활동이 중단된 데다 인플레이션이 심화하자 원화 유통을 금지하고, 모든 거래와 원화 표시 금전 채무를 100분의 1로 평가절하한 것이다. 화폐 단위도 '환'으로 바뀠다. 이 조치는 5·16 쿠데타 이듬해인 1962년 제3차 통화조지가 단행될 때까지 계속됐다.

부정축재 자금을 거둬 산업자본화하고, 경제개발 5개년 계획 추진을 위한 투자자금을 마련한다는 명목으로 단행된 제3차 통화조치는 획기적인 내용을 담고 있었다. 시중에 유통 중인 화폐 가치를 10분의 1로 낮추는 리디노미네이션(화폐 액면단위 변경)을 시행하고, 모든 환화 표시 금액을 원화 표시 금액으로 변경해 1

원·5원·10원·100원권 등의 원화를 통용시킨다는 게 제3차 통화조치의 주된 골자이다. 제3차 통화조치 당시 통용된 지폐는 500원권을 포함해 모두 6종이었다. 6종의 지폐는 영국에 의뢰해 제조했으나 위조가 쉬워 그해 9월 새 지폐가 등장했다.

1970년 이후 고도성장이 이뤄지면서 고액권에 대한 수요가 늘자 한국은행은 1972년 5000원권, 1973년 1만원권, 1975년 1000원권을 발행했다. 이때부터 한국의 지폐는 1000·5000·1만원 등 3권종 체제로 30년 넘게 유지되다가 2009년 최고액권인 5만원권이 발행되면서 4권종 체제가 됐다. 다른 나라에 비해 지폐 권종 수가 적은 편이다. 경제협력개발기구OECD 회원국 중 4권종 체제를 유지하는 나라로는 일본, 영국, 이스라엘이 있다.

경제 규모가 커지면서 금융계 일각에서는 10만원권을 발행해야 한다는 주장을 내놓고 있다. 하지만 10만원권을 발행하면 '검은 돈(뇌물)'으로 쓰일 가능성이 크므로 발행해서는 안 된다는 의견도 만만찮다.

이승만에서 신사임당까지…, 한국의 지폐 모델들

한국 지폐 앞면에 등장한 인물은 이승만 초대 대통령, 세종대왕, 충무공 이순신 장군, 율곡 이이, 퇴계 이황, 신사임당 등 6명이다.

지금까지 한국 지폐 앞면에 등장한 인물은 공교롭게도 신사임당을 제외하고는 성이 모두 이季씨라는 공통점을 지닌다. 이로 인해 백범 김구 선생이나 안중근 의사 등 이씨가 아닌 성을 가진 위인의 인물초상을 넣어야 한다는 주장이 끊임없이 제기된다.

한국은행권 앞면에 처음으로 등장한 인물은 이승만 초대 대통령이다. 한국전쟁 발발 직후인 1950년 7월 피란지 부산에서 발행된 1000원짜리 지폐 앞면에 이승만의 인물초상이 새겨졌다. 제1공화국 시절 발행된 8권종의 모든 지폐에 들어가 있던 이승만의 초상은 1960년 그의 하야下野와 운명을 같이 했다.

충무공 이순신의 인물초상은 1970년 11월 100원 주화에 처음 선보인 이후 1973년 9월 500원 지폐에도 등장했다. 그러다 500원권이 주화로 교체되면서 지금처럼 100원짜리 주화에만 인물초상이 쓰이고 있다. 하지만 엄밀히 따지면 충무공과 관련된 도안이 등장한 것은 이보다 훨씬 전이다. 1958년 50환권 지폐 뒷면에 이순신 장군의 동상과 거북선이 새겨졌기 때문이다.

지폐 앞면에 이순신 장군의 초상이 실리고, 뒷면에는 거북선이 그려진 500원짜리 지폐가 유통될 당시 유명했던 일화가 있다. 1970년대 정주영 현대그룹 회장은 현대조선소 설립자금이 부족하자 영국으로 건너가 은행에 자금 지원을 요청했다. 영국 은행 측은 "도대체 뭘 믿고 돈을 빌려줄 수 있겠느냐"며 냉담한 반응을 보였다. 그러자 정 회장은 당시 통용되던 500원짜리 지폐 한 장을 꺼내들고 "이 지폐에 그려진 거북선을 보시오. 한국은 영국보다

300년이나 앞서 철갑선을 만들었잖소"라고 말했다. 정 회장의 이 한마디가 영국 은행 관계자의 마음을 움직여 현대조선소 설립자금을 빌릴 수 있었다고 한다.

세종대왕의 인물초상은 제2공화국 출범 직후인 1960년 8월 1000환권 지폐에 처음 등장했다. 그 이후 세종대왕의 인물초상은 1961년 4월 발행된 500환권, 1965년 8월에 나온 100원권에 이어 1973년 6월 발행된 1만원권에도 새겨졌다. 40년 넘게 여러 종류의 지폐에 두루 사용된 '한국 지폐의 슈퍼모델'인 셈이다. 1960년대에 발행된 세종대왕의 인물초상은 흰 수염이 가득한 모습으로 그려졌으나 '54세에 승하하신 임금답지 않게 나이가 너무 들어 보인다'는 지적이 제기돼 1979년에 새로 발행된 1만원권에서는 젊은 모습을 되찾았다.

세종대왕 인물초상이 지폐 도안으로 자주 채택되는 데는 나름의 이유가 있다. 지폐는 모든 국민이 사용하는 필수품이자 나라의 상징이다. 따라서 위대한 업적을 남긴 것은 물론 국민의 존경을 받는 인물이어야 지폐 앞면에 초상이 새겨질 수 있는 자격이 부여되는 것이다. 세종대왕은 이런 '필요충분조건'을 두루 갖추고 있어 한국 지폐의 슈퍼모델로 자리 잡게 됐다.

한국은행이 1973년 세종대왕의 인물초상을 넣은 1만원권을 발행하게 된 데는 웃지 못할 일화가 있다. 한국은행은 당시 최고액권인 1만원권 발행을 결정한 뒤 도안 소재로 앞면에는 석굴암의 본존석가여래좌상을, 뒷면에는 불국사 전경을 넣기로 하고 대내외 공고 절차까지 마쳤다.

하지만 공고 직후 전혀 예상하지 못한 저항에 맞닥뜨렸다. 종교계가 "특정 종교(불교)와 연관이 깊은 도안 소재를 사용해서는 안 된다"며 거세게 반발하고 나선 것이다. 이에 따라 한국은행은 석굴암과 불국사 도안을 전면 취소한 뒤 경복궁 근정전을 새겨넣은 1만원권 도안을 새로 마련했다. 이 때문에 당초 5000원권과 같은 시기에 발행하려던 계획이 전면 수정되면서 1만원권 발행이 1년 늦어졌다.

율곡 이이의 인물초상은 1972년부터 발행된 5000원권에 들어가 있다. 당시 한국조폐공사는 5000원권 제조를 영국의 화폐제조 전문업체인 토마스 데라루사에 의뢰했다. 그러나 토마스 데라루사는 율곡의 인물초상을 그리면서 큰 실수를 범하고 말았다. 율곡의 코를 뾰족하고 길게 묘사하고, 눈도 서양인처럼 그린 것이다. 5000원권이 시중에 유통되자마자 "율곡이 서양인처럼 그려졌다"는 비난이 빗발쳤다. 이에 따라 한국은행은 1973년 모든 지폐의 인물초상은 표준 영정만을 쓰도록 규정을 바꾼 뒤 5000원권을 새로 발행했다. 이처럼 말도 많고, 탈도 많은 것이 지폐 앞면에 실리는 인물초상이다. 퇴계 이황의 인물초상은 1975년 발행된 1000원권에 처음 등장한 이후 50년 가까이 사용되고 있다.

현재 통용되는 지폐는 한국은행이 2006년 이후 기존 지폐보다 크기를 10%가량 줄이고, 새로운 도안과 디자인으로 발행한 것이다. 2006년 1월에 발행된 5000원권은 율곡 이이의 인물초상을 그

'한국 최초의 여성 모델 지폐'
100환권에 숨겨진 사연

한국은행은 1962년 발행한 100환 지폐 앞면에 젊은 엄마가 어린 아들을 안고 있는 모습을 담은 '모자상'母子像을 넣었다. 2009년 신사임당의 인물초상이 새겨진 5만원권 지폐가 발행되기 전까지 여성이 등장했던 유일한 지폐다. 이 지폐는 발행 25일 뒤인 6월 10일 제3차 통화조치로 유통이 정지돼 '최단명 지폐'라는 불명예를 안았다.

이른바 '모자상 지폐' 앞면에는 한복 차림의 젊은 엄마가 색동옷을 입은 아들과 함께 저금통장을 흐뭇하게 바라보는 모습이 담겨 있었다. 그런데 엉뚱한 데서 문제가 불거졌다. 지폐 속 여인과 아이가 당시 집권자의 부인과 아들이라는 소문이 나돌기 시작한 것이다. 화폐 디자인을 주도한 한국조폐공사 도안실장은 이에 대한 속사정을 밝히지 않은 채 그만 세상을 떠나버려 소문은 사실인 것처럼 증폭됐다.

한국 최초로 여성 모델이 등장했던 100환짜리 '모자상 지폐'. 발행 25일만에 유통이 정지된 '최단명 지폐'이기도 하다.

그로부터 30여 년이 지난 뒤 '모자상 지폐'의 주인공은 서울에서 대형 음식점을 하는 권모 씨와 아들이었다는 사실이 밝혀졌다. 권씨가 100환 지폐의 모델로 등장할 당시에는 스물세 살이었고, 아들은 두 살이었다. 권씨는 1960년 4월까지 한국조폐공사에 근무하다 결혼과 함께 퇴직했다. 이듬해 가을, 한국조폐공사에 근무할 때 알고 지내던 도안실장으로부터 "사진을 찍어줄 테니 덕수궁으로 나오라"는 연락을 받고 나가 수십 장의 사진을 찍었다. 사진 촬영을 마치고야 비로소 도안실장은 "화폐 도안으로 쓰려고 한다"고 권씨에게 털어놨다. '모자상 지폐'가 사라진 뒤 2009년 6월 5만원 지폐에 신사임당의 인물초상이 새겨지기 전까지 한국은행권에는 여성이 등장하지 않았다. 지폐에서조차 여성 차별이 오랜 세월 동안 이뤄진 셈이다.

대로 새겨넣었다. 이듬해인 2007년 1월에 발행한 1만원권과 1000원권의 인물초상도 세종대왕과 퇴계 이황을 그대로 썼다. 2009년 6월에 처음 발행한 최고액권인 5만원권에는 신사임당의 인물초상을 넣었다.

일제 잔재는 지폐에도 남아 있다

한국은행이 그동안 발행해온 지폐에 일제 잔재가 남아 있다는 사실을 아는 사람은 그리 많지 않다. 과거에 발행됐던 지폐 도안의 핵심부문인 인물초상과 한글 문자배열, 형식, 직인 등은 일본 지폐와 매우 흡사했다. 한국은행은 이런 사실을 지폐 도안 확정을 위한 자료수집과 연구 과정에서 밝혀냈다.

2007년 이전에 발행됐던 1만원과 1000원권 앞면에는 맨 위에서부터 아래로 '한국은행권' '만원' '한국은행' 및 총재 직인이 나란히 배열돼 있었다. 이런 배열은 일본 지폐에서도 그대로 나타난다. 5000엔권 앞면에는 맨 위에서부터 '日本銀行券' '五千円' '日本銀行' 및 총재 직인이 배열돼 있다. 해방 이후 발행된 모든 원화 지폐는 일본 지폐와 똑같은 문자배열 구조를 취하고 있다. 이는 한국은행의 전신이 조선은행인 데다 일제 강점기에 일본 지폐를 그대로 받아들여 발행하던 관행이 해방 이후에도 계속됐기 때문이다.

한국은행은 2006년 1월부터 새로 발행한 5000원권에는 '한국은행권'이라는 표기에서 '권'자를 삭제하고 맨 아래 열에 배치된 지폐 발행 주체인 '한국은행'을 '한국은행 총재'로 바꿨다. 문자배열 간격도 위의 두 줄인 '한국은행'과 '오천원'은 붙이고 맨 아래 위치한 '한국은행 총재'는 간격을 벌려 심미적인 효과를 높이는 동시에 일본 지폐와 차별성을 뒀다.

세계 각국의 지폐는 대부분 발권 당국 최고 책임자의 친필서명 또는 직인이 표시된다. 미국 달러화에도 재무장관의 직함과 친필서명이 새겨져 있었다. 새 지폐가 나오기 전에 발행한 한국 지폐에는 발권 주체가 '한국은행 총재'가 아닌 '한국은행'으로 돼 있다.

1983년 6월에 발행된 5000원 지폐.

1984년 11월에 발행된 일본 5000엔 지폐.

앞면 문자열 맨 아래에 '한국은행'이라는 표기와 총재 직인이 찍히기 때문이다. 이는 회사의 대표이사가 서류에 결재하면서 자신의 이름으로 서명하는 것이 아니라 회사명으로 서명 혹은 날인하는 것과 같은 이치다. 이런 형식도 일본 지폐를 그대로 모방한 것이라는 게 한국은행의 설명이다. 이 때문에 한국은행은 2006년부터 새로 발행된 5000원권에 '한국은행 총재'라는 표기와 함께 사각 모양의 직인을 찍는 것으로 도안을 바꿨다.

지폐의 가장자리를 여백으로 남겨 흰 테두리 모양을 한 것도 일본 지폐와 똑같았다. 이에 따라 2006년부터 발행된 5000원권은 흰 테두리 양식에서 탈피해 엔들리스endless 양식을 채택했다. 엔들리스 양식은 지폐 가장자리 부분에 색조와 무늬를 넣어 지폐의 끝부분을 이어 맞추면 문양과 색상이 정확히 일치하도록 해 위·변조를 방지하려는 것이다.

옛 5000원권에 그려진 율곡 이이의 초상은 1983년 지폐 발행 당시 일본에 원판 제작을 의뢰한 것이다. 당시 도안전문가들은 "일본인이 원판을 조각한 탓에 어딘지 모르게 자연스럽지 못한 인상을 풍겼다"고 지적했다. 하지만 2006년부터 발행된 5000원권의 인물 초상은 한국조폐공사의 디자이너가 직접 원판을 제작해 실제 인물에 가깝게 탈바꿈했다. 한국 지폐의 탈脫일본이 이뤄진 것이다.

일본, 조선경제 침략 장본인을 지폐 인물로 선정

일본 지폐는 1000 · 2000 · 5000 · 1만엔 등 4권종 체제이다. 2000엔 지폐는 2000년 7월 이후 새로 발행하지 않은 채 구권舊券을 쓰고 있다. 일본 지폐가 4권종 체제가 된 것은 1958년 1만엔권 지폐가 등장하면서부터다. 일본 지폐에 가장 많이 등장했던 인물은 쇼토쿠聖德 태자° 이다. 1930년 1000엔권에 처음 선보인 그의 인물초상은 1958년에는 1만엔권에까지 등장하며 1984년까지 54년간 일본 지폐에 새겨졌다.

일본 발권 당국이 1984년 새 지폐를 발행했을 때 1만엔 지폐 앞면에는 메이지明治 시대의 사상가 후쿠자와 유키치福澤諭吉, 1000엔 지폐는 근대 소설가 나쓰메 소세키夏目漱石의 인물초상이 새겨졌다. 5000엔 지폐에는 유엔 사무총장을 지낸 니토베 이나조新渡戶稻造의 인물초상이 실렸다.

2004년 일본 발권 당국은 지폐의 인물초상을 20년 만에 바꿨다. 1000엔 지폐는 세균학자 노구치 히데요野口英世로, 5000엔 지폐는 메이지 시대의 여성 소설가 히구치 이치요樋口一葉로 교체했

° 6세기 말에서 7세기 초 활약한 정치인으로, 고대 일본의 정치체제를 확립했다는 평가를 받는다. 백제의 혜총과 고구려의 혜자를 스승으로 받아들여 많은 것을 배웠으며, 19세 때 고모인 스이코 덴노의 섭정으로 등극했다. 해외 문물을 받아들여 아스카 시대를 열었으며, 호류지 · 고류지 · 스텐노지 등 많은 절을 지으며 불교를 부흥시킨 것으로 알려져 있다. 역사학계는 쇼토쿠 태자의 행적이 과장됐다는 주장을 펴기도 한다.

고대 일본의 정치체제를 확립했다는 평가를 받는 쇼토쿠 태자의 인물초상이 그려진 1000엔 지폐.

다. 1만엔권 앞면은 후쿠자와 유키치의 인물초상을 그대로 넣되, 뒷면 도안은 꿩에서 교토 평등원平等院에 있는 봉황 상으로 바꿨다. 2000엔 지폐 앞면에는 인물초상 대신 세계 문화유산으로 지정된 오키나와의 '슈레이몬守札門'이 그려져 있다. 뒷면에는 일본에서 가장 오래된 장편소설인《겐지모노가타리源氏物語》와 관련된 3인의 인물이 새겨져 있다.

일본 발권 당국은 2019년 4월 새로운 지폐 개편안을 발표하면서 2024년부터 시중에 유통될 1만엔과 5000엔, 1000엔 지폐 앞면에 들어가는 인물초상을 모두 바꾸기로 했다. 전후 세대 첫 일왕인 나루히토德仁의 '레이와슈和 시대'에 맞춰 2004년 이후 20년 만에 지폐 인물을 교체하는 것이다.

가장 관심을 끈 것은 1만엔 지폐 인물이다. 현재 1만엔 지폐의 인물초상으로 새겨진 후쿠자와 유키치는 '일본 근대화의 스승'으로 불리며 19세기 후반 메이지유신 당시 개혁과 근대화를 주장했다. 명문 사립 게이오慶應대를 설립한 후쿠자와는 김옥균 · 박영효 등 갑신정변 주역들을 지원하고, '탈아입구론脫亞入歐論(아시아를 탈피해 유럽 문화권에 진입해야 한다는 뜻)'을 주창하며 주변국 침략을 정당화하는 논리를 만들어냈다.

후쿠자와를 밀어내고 1만엔 지폐의 주인공이 된 시부사와 에이이치澁澤榮—는 방직 · 철도 · 비료 · 호텔 등 다양한 분야에서 500개의 회사를 설립하고, 조세 · 화폐 제도 근대화를 추진하면서 증권거래소를 만든 것으로 유명하다. 일본 경제의 기틀을 다진 것으로 알려진 시부사와는 조선경제 침략의 장본인이기도 하다. 시부사와가 설립한 일본 최초의 은행인 제일은행(현재 미즈호은행)은 일본이 한반도에 영향력을 확대하기 시작한 1878년 부산에 지점을 개설했다. 금융 · 화폐 분야에서 온갖 특혜를 받은 그는 사실상 일본 정부의 대리인 역할을 했다. 시부사와는 생전 조선에 진출한 이유에 대해 "일본이 조선을 잃는다면 국력을 유지하기 힘들 것으로 판단했기 때문"이라고 했다.

시부사와는 일제 강점기 때 경성전기 사장을 지내기도 했다. 시부사와의 이 같은 이력만 봐도 조선 경제침략의 선봉장 역할을 했다는 것을 단박에 알 수 있다.

2024년에 발행될 5000엔과 1000엔 지폐에는 근대 여성 교육의 선구자 쓰다 우메코津田梅子와 페스트균을 발견한 기타사토 시바사

부로北里柴三郞의 인물초상을 넣는 것으로 확정됐다. 쓰다 우메코는 1871년 일본 정부가 근대문물을 배우기 위해 서구에 파견한 '이와쿠라 사찰단'의 일원으로 알려져 있다. 쓰다는 일본 최초의 여성 해외 유학생으로, 미국에서 유학한 후인 1900년 '여자 영문학학원(현재 쓰다주쿠 대학)'을 도쿄에 설립했다.

일본 '근대 의학의 아버지'로 불리는 기타사토는 1000엔 지폐의 새 모델이다. 기타사토는 독일 유학 중 파상풍균의 순수 배양에 성공한 뒤 독소를 체내에 주입해 항체를 만드는 혈청 요법을 확립한 것으로 유명하다.

중국 지폐 앞면을 평정한 마오쩌둥

송나라 때 세계 최초의 지폐를 발행한 중국은 화폐 발행과 유통에서는 말 그대로 '앞서가는 나라'였다. 중화인민공화국이 건국되기 이전인 중화민국 시절까지는 중앙정부의 입김이 세지 않아 성省이나 기관에서 독자적으로 지폐를 찍어냈다. 이런 영향으로 다양한 크기와 디자인의 지폐가 발행돼 이를 모으면 백과사전 두께의 '지폐도감'이 만들어질 정도였다.

1949년 중화인민공화국 건국 이후 인민은행이 출범하면서 모든 지폐는 '인민폐人民幣'로 통일됐다. 중국 발권 당국은 지금까지 5차례에 걸쳐 새 인민폐를 발행했다. 1999년 건국 50주년을 기념하기 위해 제5차 인민폐를 발행했고, 2000년에는 20위안, 2001년에는 10위안과 50위안, 2002년에는 5위안 인민폐를 새로 찍었다.

현재 공식적으로 통용되는 중국 지폐는 1·2·5·10·20·50·100 위안 등 모두 7권종이다. 한국과 일본이 4권종의 지폐를 발행한다는 점을 고려하면 중국의 지폐 종류는 많은 편이다.

예전 중국 지폐 앞면에는 사회주의 국가답게 노동자와 농민, 소수민족이 등장했다. 건국 30주년을 맞이해 발행한 지폐에는 만주족·조선족·위구르족 등 여러 소수민족의 인물초상을 새겨넣었다. 중국 발권 당국이 '소수민족 시리즈'라는 별칭이 붙은 지폐를 발행한 것은 그들의 분리독립을 막으려는 의도에서 비롯됐다는 분석도 있다.

1987년 선보인 100위안 지폐에는 마오쩌둥毛澤東과 저우언라이周恩來, 류샤오치劉少奇, 주더朱德 등 개국 공신들이 등장했다. 그러다 중국은 인민폐의 인물초상을 마오쩌둥으로 바꿔나갔다. 인민은행은 2005년 7월 마오 전 주석의 초상화가 새겨진 1위안 지폐를 새로 발행했다. 이로써 마오의 초상은 5·10·20·50·100위안 지폐를 비롯해 1위안 신권에까지 등장하게 됐다. 마오의 초상이 들어가지 않은 지폐는 2위안과 자오角(15원), 펀分(1원 50전) 등 극소수다.

인민폐에 실린 마오는 1949년 건국 당시 중산복中山服(중화민국을 세운 쑨원이 디자인한 옷)을 입은 모습이다. 중국 발권 당국이 위안화에 마오의 인물초상을 새겨넣은 것은 20세기 중국 현대사에 지대한 영향을 끼친 인물이기 때문이다. 마오는 중국대륙을 피로 물들인 문화대혁명으로 인민들에게 깊은 상처를 안겼다. 하지만 수백 년 동안 잠들어 있던 중국 인민들의 혼을 일깨워 혁명의 대열에 동참케 한 것도 마오였다. 이처럼 마오는 14억 중국인들에게 '꿈과 좌절'을 동시에 안겨준 정치지도자였다.

1893년 후난성湖南省 사오산韶山에서 중농의 아들로 태어난 마오는 1911년 쑨원孫文이 이끄는 혁명세력이 청조를 무너뜨린 것을 계기로 혁명사상에 눈떴다. 그는 신해혁명이 일어나자 혁명군에 입대했다가 1912년 제대한 뒤 후난 제1사범학교 재학시절 좌익 서클에 가입했다. 당시 마오는 영국 유학 뒤 중국으로 돌아와 중국의 봉건사상 비판에 주력했던 교사 양창지楊昌濟에게 큰 영향을 받은 것으로 전해진다.

중국 인민을 살리는 유일한 방안은 공산주의뿐이라는 확신을 키운 마오는 1921년 7월 상하이上海에서 열린 중국 공산당 창당대회에서 13명의 발기인 중 한 명으로 참여하면서 혁명가의 길로 들어섰다. 1927년 쑨원 사망과 장제스張介石의 국민당 장악은 마오를 고난 속에 몰아넣었다. 1934년 장제스의 국민당이 공산주의자 궤멸작전을 전개하자 마오는 만 1년 동안 루이진瑞金에서 옌안延安까지 1만 2,500km에 달하는 '대장정'에 오른다. 1935년 1월 중앙정치국 확대회의에서 당권을 장악하는 데 성공한 마오는 2년 뒤인 1937년 일본의 침략이 시작되자 국공합작을 주도해 명실상부한 지도자로 떠오른다.

4만 명에 불과하던 당원이 120만 명으로 불어나면서 공산당은 중국대륙을 서서히 장악해갔다. 마오는 1945년 8월 충칭重慶에서 장제스와 화평건국和平建國 원칙에 합의했으나 실행이 불가해지자 3년간의 내전에 들어가 마침내 국민당을 몰아내고 중국대륙 전체를 석권했다. 미국의 강력한 지원을 받은 국민당은 만연한 부정부패로 자멸해 타이완으로 쫓겨났다.

1949년 10월 1일 중국 전역에 중화인민공화국이 선포되고 마오는 주석에 취임한다. 그해 마오는 "5억 중국 인민이 분연히 일어나 혁명을 이룬 만큼 국가 건설의 과제를 달성하는 데 매진해야 한다"고 선언했다. 1958년 '총노선' '대약진' '인민공사' 등 이른바 삼면홍기三面紅旗 운동을 펼치며 '인민에 의한 대도약'을 굳게 믿었던 마오는 그러나 중국식 집단농장 계획과 산업화 정책의 잇단 실패, 관료주의 만연, 빈부격차 심화 등으로 깊은 좌절에 빠진다. 마오가 주도한 경제 정책 실패로 1959년부터 1961년까지 중국인들은 생활고에 직면했고, 대기근으로 4,000만 명이 죽었다는 기록도 있다.

지식인들에 대한 강한 혐오는 마오를 문화대혁명이란 '집단 환각극'에 빠져들게 했다. 문화대혁명은 1966년 5월 중앙정치국 확대회의에서 중앙문혁소조 설립을 선언한 이른바 '5·16통지'가 발표되며 본격화한다. 언론은 군중의 총궐기를 독려하고 각급 학교에는 봉건 잔재 청산을 선포하는 대자보가 나붙었다. 그해 8월 18일 마오는 톈안먼天安門 광장에서 100만 홍위병을 사열했다. 학생

마오쩌둥의 인물초상이 실려 있는 중국 20위안 지폐.

과 청년들로 구성된 홍위병은 구습성·구사상·구관습·구문화 등 사구타파四舊打破를 외치며 수정주의자 색출에 앞장섰다. 극좌적 야만성을 드러낸 문화대혁명은 류사오치劉少奇, 덩샤오핑鄧小平 등 실권파를 치기 위한 권력투쟁 성격도 있었던 게 사실이다. 그러나 '혁명의 죽음'을 두려워한 마오의 불안감 때문이었다는 분석이 설득력을 얻고 있다.

10년간 중국대륙을 뒤흔들며 최소 60만 명에서 많게는 수백만 명에 이르는 사람들의 목숨을 앗아간 문화대혁명은 1976년 에드가 스노가 '중국의 붉은 별'이라 불렀던 마오 사망 이후에야 끝이 났다. 야오원위안姚文元을 비롯해 무소불위의 권력을 휘둘렀던 장칭江靑, 장춘차오張春橋, 왕훙원王洪文 등 이른바 '4인방'은 체포됐다. 문화대혁명이 마무리된 뒤 마오의 정적政敵이었던 덩샤오핑도 복

중국 지폐 속에 있는 조선족 여성 모델

중국 발권 당국이 1980년 소수민족의 인물초상을 넣어 발행한 2자오 角 지폐 앞면에는 한복 차림의 조선족 여성이 투자土家족 여성과 함께 실려 있다. 2자오 지폐에 있는 조선족 여성은 소춘희蘇春熙 씨로, 베이징北京에 살던 그는 딸 하나를 둔 평범한 50대 주부인 것으로 알려졌다. 소씨가 2자오 지폐의 주인공이 된 것은 1979년이다. 그는 베이징에서 중국 내 소수민족들을 소개하는 '민족문화궁'에서 일하고 있었다. 그해 여름 인민은행 직원이 민족문화궁을 찾아와 소수민족 여성 7~8명의 사진을 촬영했다. 소씨는 인민폐에 얼굴이 실린다고 해서 꽃무늬 한복을 입고 사진을 찍었다고 한다.

중국 2자오 지폐 앞면에 있는 한복 차림의 조선족 여성 모델(오른쪽).

인민은행은 소수민족 여성 중 조선족인 소씨와 투자족 여성만을 지폐 앞면에 실었다. 투자족은 800만 명가량으로 중국 내 56개 민족 중 7위이고, 조선족은 190여만 명에 이른다. 소씨가 지폐 속 조선족 모델이라는 사실이 세상에 알려진 것은 2006년이었다. 그 이후 소씨는 중국 언론에도 자주 소개됐다. 베이징에 있는 중화민족대학을 졸업한 그는 1989년 SK그룹 중국지사에 채용돼 1년간 일하기도 했다. 소씨는 베이징대에서 연수를 받다가 같은 대학 화학과를 졸업한 후이족 출신 사업가를 만나 결혼한 것으로 알려졌다.

권됐다. 마오의 뒤를 이어 집권한 덩사오핑은 "마오 동지를 잊어서는 안 된다. 그를 부정하면 중국 혁명의 역사 자체를 부정하는 것"이라고 했다.

마오 사망 후 문화대혁명을 '사회주의 발전을 파괴한 내란'으로 규정했던 중국 공산당은 이례적으로 결의문을 채택해 마오를 '위대한 혁명가'로 칭하고 '그 위대함이 과오를 보상하고도 남는다'고 선언했다. 이처럼 마오에 대한 역사적 평가는 시대에 따라 달라졌지만 여전히 많은 중국 인민들에게 '마음속의 영웅'으로 남아 있다. 그런 마오의 인물초상이 중국 인민폐 앞면에 새겨진 것은 어찌 보면 당연한 일이다. 하지만 금융계 일각에서는 이제 마오의 그늘에서 벗어나 지폐 인물을 다양화할 필요가 있다는 지적을 제기하기도 한다.

갈라진 반쪽, 북한의 지폐

북한의 지폐는 1·5·10·50·100·200·500·1000·5000원 등 9권종 체제이다. 다른 나라에 비해 권종 수가 많은 편이다. 예전 북한을 방문한 외국인들은 특수화폐인 '외화와 바꾼 돈표'를 사용해야 했다. 일종의 태환권인 '외화와 바꾼 돈표'는 1전, 5전, 10전, 50전, 1원, 5원, 10원, 50원 등 8종이 있었다. 하지만 북한은 '외화와 바꾼 돈표'를 폐지하고, 미국 달러화와 유로화를 공식적인 외국인용 화폐로 지정했다.

북한 1원 지폐 앞면에는 〈꽃파는 처녀〉의 주인공 꽃분이를 형상화한 그림이 실려 있고, 5원 지폐 앞면에는 과학자와 대학생의 모습이 새겨져 있다. 10원 지폐에는 육·해·공군 등 3명의 조선인민군이 함께 있는 장면이 담겼다. 50원 지폐에는 여성 1명과 남성 2명 등 인민 3명의 모습이 3대 혁명기념탑을 배경으로 그려져 있다. 100원 지폐 앞면에는 북한의 국화인 목란이, 200원 지폐에는 천리상이 담겨 있다. 500원 지폐에는 평양 개선문이 새겨져 있고, 1000원 지폐에는 김일성 주석의 부인이자 김정일 국방위원장의 어머니인 김정숙의 생가가 그려져 있다. 2000원 지폐에는 북한 당국이 김정일 국방위원장의 생가라고 주장하는 백두산 밀영密營의 모습이 담겨 있다.

최고액권인 5000원 지폐는 두 종류가 있다. 현재 유통 정지된 5000원 지폐에는 48년간 북한을 통치한 김일성 주석의 인물초상이 들어있고, 2014년부터 발행한 새 5000원 지폐에는 김일성 주석 생가인 만경대의 모습이 그려져 있다. 북한은 그동안 새로운 화폐를 발행할 때마다 고액권에 김일성 주석의 인물초상을 넣었다. 하지만 북한이 최고액권인 5000원 지폐를 발행하면서 김일성의 인물초상을 뺀 것을 놓고 여러 해석이 나왔다. 김정은 국무위원장은 집권 초부터 아버지인 김정일 국방위원장보다 할아버지 김일성 주석 따라하기에 집중했다. 김일성의 걸음걸이, 의상 및 헤어스타일, 심지어 박수치는 모습까지 모방했다. 이 때문에 김정은 국무위원장이 5000원 지폐에서 김일성 주석의 인물초상을 없앤 것을 두고 그가 당 · 정 · 군을 모두 장악하면서 김일성 주석 · 김정일 국방위원장의 그늘에서 벗어나 '홀로서기'에 나선 것 아니냐는 관측이 제기되기도 했다.

일각에서는 북한이 새 화폐를 발행할 때마다 최고액권에 김일성 주석의 인물초상을 도안으로 추가했다는 사실을 고려하면 김일성의 인물초상을 넣은 1만원권을 발행할 가능성이 있다는 얘기도 나오고 있다.

• 북한 양강도 삼지연시 백두산 밀영노동자구의 북쪽에 있는 사적지이다. 북한은 김일성 주석과 김정숙이 백두산 밀영에서 생활하며 항일운동을 하던 도중 김정일 국방위원장이 태어났다고 주장한다. 하지만 소련 측 자료에 따르면 김정일이 실제로 태어난 곳은 연해주이다. 북한은 백두산 밀영을 성역화해 생가를 복원한 뒤 '백두산 밀영 고향집'으로 부른다고 한다.

실패로 귀결된 북한의 화폐개혁

해방 이후 북한에 주둔한 소련군은 조선은행 평양지점에 계산소를 설치·운영했으며, 1946년 1월 조선은행 지점망을 근간으로 조선중앙은행을 설립했다. 당시 북한지역의 화폐로는 조선은행권과 소련군 사령부에서 발행한 군표가 사용됐다. 소련군은 주둔경비를 정부 예산으로 충당하지 않고, 군표 발행으로 해결했다. 1947년 12월에는 군표발행액이 북한지역 화폐 유통량의 90%를 넘어서면서 물가가 급등했다. 이에 북한 주민의 불만이 고조되자 정치적 부담을 느낀 소련군 사령부는 군표의 유통을 중단하되 소련군이 발행한 군표를 새 화폐로 전액 교환해주는 조건으로 화폐개혁을 제안했다.

북한은 1947년 제1차 화폐개혁을 실시했으며, 이후 네 차례 화폐개혁(1949년, 1979년, 1992년, 2009년)을 단행했다. 북한의 화폐개혁은 과도하게 공급된 화폐를 회수함으로써 물가를 안정시키고, 주기적으로 발생하는 시장경제 확산을 억제해 배급경제 체제로 되돌리려는 목적에서 이루어졌다. 하지만 실물경제의 공급능력이 뒷받침되지 않는데도 무리하게 시장경제 활동을 억제함에 따라 국가 경제에는 깊은 주름살이 패이게 됐다.

북한은 2009년 11월 30일 오전 11시부터 전격적인 제5차 화폐개혁을 단행했다. 그해 12월 6일까지 구권 100원을 신권 1원으로 교환하는 게 핵심 골자다. 인플레이션을 막기 위한 수단으로 '화

김일성 주석의 인물초상이 새겨진 북한 5000원 구권 지폐 앞면(위)과 김일성 주석 생가인
만경대의 모습이 그려진 5000원 신권 지폐 앞면.

폐 교환' 자체는 문제가 없었지만, "교환 가능한 금액을 가구당 10만원으로 한정"하고, 나머지 금액은 "은행에 맡겨야 하는" 규정으로 인해 북한 사회는 크게 동요했다.

제5차 화폐개혁 이후 북한 주민들은 화폐를 신뢰하지 않게 됐다. 북한에서 은행에 돈은 맡긴다는 것은 국가에 돈을 바치는 것과 같은 의미다. 2018년 이후 상황이 달라지긴 했으나 북한에 있는 은행들은 예금 인출을 영구적으로 제한했다.

제5차 화폐개혁으로 현금을 많이 가지고 있던 시장 상인들은 막대한 피해를 입었다. 엎친 데 덮친 격으로 외환 거래가 금지되고, 중국으로부터의 밀수입도 사실상 중단됐다. 물가는 폭등세를 보였다. 2009년 11월 쌀값은 kg당 구권 2200원가량이었다. 이에 따라 신권 20원 정도에서 쌀값이 형성되어야 마땅했다. 하지만 2009년 12월 중순에는 50원, 2010년 1월 말에는 600원 수준까지 쌀값이 올랐다. 2개월 만에 물가가 30배나 폭등한 셈이다.

화폐 가치는 폭락했다. 액면가치가 떨어진 북한 지폐는 중국이나 일본, 베트남 등에서 교환되지 않았다. 제5차 화폐개혁 이후 "두만강과 압록강에 주민들이 버린 구권 지폐가 둥둥 떠다닌다" "돈을 마대자루에 담아 쓰레기로 버리거나 심지어 불에 태워 버리기도 한다"는 흉흉한 소문까지 나돌았다.

제5차 화폐개혁 이후 북한 주민들은 "화폐개혁이 아닌 화폐 개악改惡 탓에 재산을 날리고, 삶은 파탄났다"는 불만을 터뜨렸다고 한다. 북한 권력층도 위기의식을 느낄 수밖에 없었다. 북한 당국은 2010년 초 주민들에게 제5차 화폐개혁에 대해 사과하고, 시장을 개방했다. 북한 정권이 제5차 화폐개혁 실패에 대한 책임을 물어 박남기 계획재정부장을 총살했다는 소문이 돌았지만, 훗날 사실이 아닌 것으로 밝혀졌다. 제5차 화폐개혁을 진두지휘한 박남기 계획재정부장은 국가 경제에 막대한 피해를 입혔다는 이유로 2010년 1월 해임된 것으로 알려졌다.

제5차 화폐개혁 이후 북한은 경제 관련법을 대대적으로 정비하고 시장에 대한 국가의 개입을 확대하는 조치를 잇달아 내놨다. 2013년 이후 물가가 안정세로 돌아서면서 북한 화폐의 신용도는 어느 정도 회복되는 기미를 보였다. 김정은 국무위원장은 화폐 발행을 최대한 자제하고, 주민들의 미국 달러화와 중국 위안화 사용을 사실상 묵인하기도 했다.

4장

지폐에
숨겨진 역사와
문화 이야기

지폐 앞면에 새겨져 있는 인물초상

세계 각국에서 통용되는 지폐 앞면에는 그 나라를 대표하는 인물의 초상이 새겨져 있다. 인물초상으로는 정치인이 가장 많고, 문화예술인, 일반 대중 등의 순이다. 지폐 앞면 도안으로 인물초상을 쓰는 이유는 각 나라를 대표하는 상징성이 크기 때문이다. 지폐에 사용된 인물의 위엄과 훌륭한 업적은 지폐의 품위와 신뢰를 높이는 역할을 한다.

각 나라 발권 당국이 인물초상을 지폐 앞면 도안으로 사용하는 것은 위조와 변조를 막으려는 목적도 있다. 인물마다 특징이 다르고, 개성이 뚜렷해 위·변조가 어려운 게 사실이다. 인물초상을 그릴 때 수염을 많이 넣는 것도 이런 연유에서다.

지폐 앞면에 들어갈 인물을 정하는 일은 쉽지 않다. 걸출한 업적은 물론이려니와 품성도 뛰어나야 한다. 한마디로 국민의 신뢰와 존경을 받는 인물이어야 하는 것이다. 영국은 1960년부터

5 · 10 · 20 · 50 · 100파운드 등 모든 지폐의 앞면에 엘리자베스 2세 여왕의 인물초상을 새겨넣은 후 단 한 차례도 바꾸지 않았다. 하지만 뒷면에 들어가는 인물초상은 주기적으로 교체해왔다. 만유인력을 발견한 아이작 뉴턴, 제2차 세계대전을 승리로 이끈 윈스턴 처칠, 《국부론》을 집필한 경제학자 애덤 스미스, 백의의 천사로 불린 플로렌스 나이팅게일, 《종의 기원》을 쓴 생물학자 찰스 다윈, 《오만과 편견》으로 널리 알려진 작가 제인 오스틴 등이 영국 파운드 지폐에 등장했던 인물들이다.

지폐 앞면에 들어가는 인물들은 역사적 검증을 거치는 과정에서 논란의 소지가 없어야 한다. 발권 당국이 여러 요인을 고려해 선정한 인물이라 하더라도 정치적 · 종교적 색채가 강할 경우 지폐를 사용하는 국민이 거부감을 가질 수도 있다. 이에 따라 각국 발권 당국은 국왕과 같은 특별한 인물을 제외하고는 가능한 현존 인물을 피하는 대신 역사적으로 검증받은 인물을 선택한다.

2000년 7월 인도네시아 중앙은행은 수하르토(1921~2008) 대통령의 인물초상이 그려진 5만루피아 지폐를 회수하는 결정을 내렸다. 인도네시아에서 두 번째로 액면 가치가 높은 이 고액권 지폐의 앞면에는 '인도네시아 부흥의 아버지 수하르토'라는 글귀와 함께 환하게 웃는 수하르토의 초상이 새겨 있었다. 중앙은행이 이 지폐를 서둘러 회수한 것은 독재자 수하르토에 대한 국민적 반감이 워낙 컸기 때문이다. 군 출신인 수하르토는 쿠데타를 진압한다는 명분으로 수많은 시민을 학살하고 1968년 대통령에 취임했다.

그는 1975년 티모르를 강제 병합하고, 무리한 근대화 정책을 펴 국가 경제를 도탄에 빠뜨렸다. 32년간 집권하면서 독재와 부정부패를 일삼았던 수하르토는 시민들과 학생들이 중심이 된 대규모 반정부 시위로 물러났다.

2013년까지 리비아에서 사용된 50디나르 지폐 앞면에는 무아마르 알 카다피(1942~2011)의 인물초상이 새겨져 있었다. 카다피는 1969년 쿠데타로 집권해 42년간 장기집권한 통치자였다. 이슬람 근본주의와 사회주의, 범아랍주의를 융합한 아랍공동체 건설을 주장한 그는 석유회사를 비롯한 도로·항만·항공 등 국가 기간시설을 국유화하며 독재 권력을 강화했다. 집권 초기 국가원수·총리·국방장관을 겸임한 카다피는 미국과 영국의 군사기지를 철수시키고, 이탈리아 사람들을 강제추방했다. 카다피가 반체제·테러 단체를 적극 지원하자 미국은 리비아를 테러 지원국으로 지정하고, 경제제재 조치를 단행했다.

2011년 장기집권과 철권통치에 반발해 일어난 반정부 시위로 권좌에서 물러난 카다피는 도피 생활을 하다 시위대에 의해 발각돼 사살됐다. 당시 리비아 국민은 "카다피의 얼굴을 더는 보고 싶지 않다"며 발권 당국에 50디나르 지폐 디자인 변경을 요구했다. 이로써 카다피는 2013년 리비아의 지폐에서도 퇴출당했다. 이처럼 지폐 인물은 선정하기도, 오랫동안 유지하기도 어려운 법이다.

인물초상은 없지만 다양한 구성이 돋보이는 지폐

유로화로 통합되기 전 네덜란드 지폐 앞면에는 인물초상이 들어가지 않았다. 대신 추상적이고도 기하학적인 구성이 돋보이는 그림이 새겨져 있었다. 기존 인물초상 위주의 지폐 도안에서 과감하게 탈피해 실험적인 요소를 가미했다는 평가를 받았다. 1970년대에 발행된 네덜란드 은행권 앞면에는 시인, 화가, 음악가, 철학자 등 문화예술인의 인물초상이 들어갔지만 1982년부터 발행된 지폐에는 인물초상이 모두 빠지고, 기하학적인 구성에다 꽃·등대 등 네덜란드를 상징하는 그림이 새겨졌다. 네덜란드 지폐는 20·25·50·250·1000굴덴 등 5권종이 발행됐다.

네덜란드 지폐는 강렬한 색채로도 유명했다. 각 나라 발권 당국은 색이 바래지 않고 심리적 안정감을 준다는 이유로 은행권에 녹색이나 갈색 계열을 쓰는 반면 네덜란드 지폐는 청색·적색·노랑 등 원색을 사용했다. 특히 50굴덴 지폐에는 네덜란드가 낳은 세계적인 화가 반 고흐의 '열네 송이 해바라기'를 연상케 하는 해바라기가 그려져 고흐의 체취를 간접적으로나마 느끼게 해줬다.

남아프리카공화국의 지폐도 독특하다. 남아공 지폐는 10·20·50·100·200랜드 등 5권종이다. 지폐 앞면에는 특정 인물의 초상 대신 남아프리카 지역에서 서식하는 야생동물들이 새겨져 있다. 10랜드에는 코뿔소, 20랜드에는 코끼리, 50랜드에는 사자, 100랜드에는 물소, 200랜드에는 표범이 각각 등장한다.

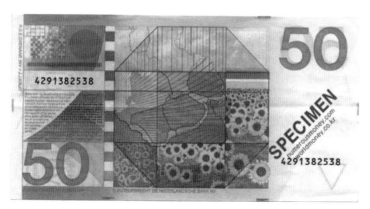

유로화로 통합되기 전 발행됐던 네덜란드 50굴덴 지폐.
네덜란드의 지폐는 화려한 색채가 돋보이는 지폐로 유명했으며, 특히 고흐의 해바라기를
연상시키는 50굴덴 지폐의 인기가 높았다.

러시아의 루블화 앞면에는 인물조각상이 많이 등장한다. 크라스노야르스크의 예니세이 강 다리가 그려진 10루블 지폐를 제외하고는 모든 권종 지폐에 인물조각상이 들어가 있다. 50루블에는 네바 강 로스트랄 등대 기둥의 조각상, 100루블에는 모스크바 볼쇼이 극장 현관의 조각상이 새겨져 있다. 500루블에는 아르항겔스크의 표트르 대제 동상, 1000루블에는 야로슬라블 왕의 동상이 각각 그려져 있다.

지폐에서 묻어나는 문학의 향기

슈무엘 요세프 아그논, 가브리엘라 미스트랄, 시엔키에비치, 부아디수아프 레이몬트….

많은 이들에게 낯선 네 사람의 공통점은? 모두 노벨 문학상을 받은 작가들이다. 이들은 또 이스라엘, 칠레, 폴란드 지폐 앞면에 등장하는 문학계의 거목이기도 하다.

이스라엘은 1992년에 발행한 50셰켈 지폐 앞면에 소설가 슈무엘 요세프 아그논(1888~1970)의 초상을 새겨 넣었다. 아그논은 유대인이 겪었던 신산辛酸한 삶과 시대 상황을 날카로운 지성의 필체로 담아낸 사실주의 소설《버림받은 아내들》《신부의 지참금》《두려움의 나날》등을 발표해 1966년 노벨 문학상을 받았다.

칠레 발권 당국이 1981년부터 발행한 5000페소 지폐에는 1945년 남아메리카 최초로 노벨 문학상을 수상한 여성 시인 가브리엘라 미스트랄(1889~1957)의 초상이 담겨 있다. 그는 풍부한 감성과 자신만의 독특한 언어로 채색된《비탄》《부드러움》《포도 압축기》등의 시집을 남겼다. 외교관으로도 일한 미스트랄은 1951년 칠레 국가문학상을 받았고, 1953년에는 칠레 대표 자격으로 유엔총회에 참석하기도 했다.

폴란드 지폐에는 시엔키에비치(1846~1916)와 부아디수아프 레이몬트(1867~1925), 두 명의 노벨 문학상 수상 작가의 인물초상이 새겨져 있다. 1993년부터 발행된 50만즐로티 지폐에 등장하는 시엔키에비치는 1905년 소설 《쿠오바디스》 《십자군의 기사》 등을 발표하며 노벨 문학상을 거머쥐었다. 100만즐로티에 인물초상이 실렸던 레이몬트는 폴란드 농민들의 삶을 연대기적으로 기술한 장편 4부작 《농민》으로 1924년 노벨 문학상을 받았다. 소년 시절부터 양복점 점원, 유랑극단 단원, 철도 노동자로 일하며 유랑생활을 했던 레이몬트는 생전 폴란드의 국민작가로 불렸다. 그러나 두 종류의 지폐는 폴란드가 1995년 리디노미네이션(화폐 액면 단위 변경)을 시행하면서 화폐 도안을 변경해 지금은 유통되지 않는다.

이들 네 명의 노벨 문학상 수상자가 자국 지폐에 등장한 시기는 공교롭게도 정치적 또는 경제적으로 어렵던 시절이라는 공통점이 있다. 이스라엘은 1980년대 초반 석유파동과 재정적자 누적으로 인플레이션이 최고조에 달하고 실업률이 급격하게 높아지는

유로화로 통합되기 전 발행됐던 아일랜드 10파운드 지폐 앞면에 실린 제임스 조이스의 인물초상.

등 경제위기 상황이었다.

칠레는 피노체트 독재정권 시기(1973~1989)로 중산층이 몰락하고 빈부격차가 심화해 사회 혼란이 극에 달하던 때였다. 폴란드 역시 1989년 공산주의 체제 몰락 이후 시장경제로의 이행 과정에서 극심한 경기침체를 겪을 무렵이었다.

이들 지폐 말고도 여러 나라 지폐의 앞면에는 뚜렷한 문학적 성취를 이룩한 작가들의 인물초상이 새겨져 있다. 유로화로 통합되기 전 아일랜드 10파운드 지폐에는 《율리시즈》의 작가 제임스 조이스(1882~1941)의 초상이 들어있었다. 아일랜드 더블린 출신인 조이스는 마르셀 프루스트와 더불어 20세기 문학계에서 가장 영향력 있는 작가라는 평가를 받았다. 1922년 프랑스 파리에서 출간된 《율리시즈》는 의식의 흐름과 인간 내면의 독백을 종횡으로 구성해 기존 소설형식을 뒤엎은 획기적인 작품으로 전 세계인의 주목을 끌었다.

덴마크 50크로네 지폐에는 영화 〈아웃 오브 아프리카〉의 실제 주인공으로 널리 알려진 아이작 디네센(1885~1962)의 인물초상이 새겨져 있었다. 초자연주의적 분위기의 소설들을 발표한 그는 1914년 사촌인 브로어 블릭센 남작과 결혼한 뒤 아프리카 케냐에서 커피 농장을 경영하기도 했다. 그는 이 시기의 경험을 토대로 쓴 논픽션 《아웃 오브 아프리카》를 발표해 호평을 받았다. 1985년 영화로 만들어진 동명의 작품에서 메릴 스트립이 연기한 여주인공이 바로 디네센이다. 소설집 《일곱 개의 고딕이야기》《겨울이야기》《바베트의 만찬》《마지막 이야기》 등을 잇달아 펴냈던 디네센은 1954년과 1957년 노벨 문학상 후보에 올랐다. 비록 상은 헤밍웨이와 카뮈에게 돌아갔지만, 헤밍웨이는 "디네센이 상을 탔어야 했다"는 수상 소감을 남기며 그의 작품세계에 경의를 표했다. 1962년 수술 후유증에 따른 영양실조로 숨진 디네센은 덴마크의 국민작가로 추앙받고 있다.

지폐에서 들려오는 감미로운 선율

유로화가 등장하기 전까지 유럽 각국의 지폐에서는 예술가의 체취가 묻어났다. 세속적인 욕망을 상징하는 지폐에 예술의 향기를 입혀 아름다움을 추구한 것이다. 유럽 각국의 지폐에 음악가가 들려주는 은은한 선율과 화가들의 강렬한 색채가 녹아든 것은 그런 연유에서다.

유로화로 통합되기 전 오스트리아 5000실링 지폐에는 35세에 세상을 뜬 고전음악의 대가 볼프강 아마데우스 모차르트 (1756~1791)의 인물초상이 새겨져 있었다. 모차르트는 작곡가와 연주가로 큰 명성을 얻었지만 현실 삶은 궁핍과 고난의 연속이었다. 〈피가로의 결혼〉〈돈 조반니〉〈마적〉〈주피터의 교향곡〉 등 600여 개의 명곡을 남긴 그는 교향곡, 협주곡, 실내악 등 다양한 연주 양식을 개척했다. 모차르트의 인물초상이 들어간 5000실링

'고전음악의 대가' 모차르트의 인물초상이 새겨졌던 오스트리아 5000실링 지폐.

지폐는 1990년 유럽은행권 콘테스트에서 가장 아름다운 지폐 디자인상을 받기도 했다.

핀란드 발권 당국은 1991년 100마르카 지폐에 국민악파 음악의 창시자인 시벨리우스(1865~1957)의 인물초상을 넣었다. 다섯 살 때 피아노를 배우고 열한 살 때 처음 작곡한 것으로 알려진 시벨리우스는 핀란드의 신화와 자연, 특히 민족서사시인 〈칼레발라〉를 토대로 한 작품을 잇달아 발표했다. 그의 대표작인 교향시 〈핀란디아〉는 당시 외교적으로 적대관계에 있던 러시아에 대한 국민적 반감을 촉발한다는 이유로 공개적인 장소에서 연주가 금지됐다.

벨기에 200프랑 지폐에서는 색소폰 발명가이자 연주가였던 아돌프 삭스(1814~1894)를 만날 수 있다. 벨기에 디낭 출신으로 '악기 제조의 달인'으로 불렸던 아버지의 가업을 이어받은 삭스는 현악기의 유연성, 목관악기의 다양한 음색, 금관악기의 음량을 겸비한 색소폰을 발명해 전 세계 음악인으로부터 찬사를 받았다.

루마니아의 대표적인 바이올린 연주자 조르주 에네스코(1881~1956)는 바흐의 곡을 해석하는 능력이 가장 탁월하다는 평가를 받았던 음악가이다. 작곡가로서도 명성을 떨친 그는 3개의 바이올린 소나타와 피아노 소나타, 2개의 현악 4중주를 남겼으며, 1936년에는 오페라 〈오이디푸스 왕〉을 만들었다. 루마니아 5만 레우 앞면에서 에네스코를 만날 수 있다.

유로화로 통합되기 전 이탈리아 발권 당국이 1985년 발행한 5000리라 지폐에는 오페라 작곡가 빈첸초 벨리니(1801~1835)의 인물초상이 들어가 있다. 시칠리아의 음악가 집안에서 태어난 벨리니는 〈아델송과 사르비나〉〈해적〉을 발표해 큰 호응을 얻었으며, 최고 걸작으로 꼽히는 〈노르마〉는 제2차 세계대전 후 세계적인 소프라노 마리아 칼라스에 의해 세상에 널리 알려졌다.

프랑스 인상주의 음악가 드뷔시(1862~1918)는 20프랑 지폐에 등장했다. 열한 살 때 파리음악원에 입학해 수업을 받은 드뷔시는 〈목신의 오후에의 전주곡〉을 내놓으면서 일약 프랑스를 대표하는 음악가의 반열에 올랐다. 그가 창안한 인상주의 음악은 선율이나 형식의 정확성 대신 감성을 자극한다는 평가를 받았다.

시선을 매료시키는 강렬한 색채의 지폐

유럽 각국 지폐에는 강렬한 색채와 화풍으로 사람들의 눈과 감성을 사로잡았던 화가들의 예술혼도 담겨 있었다. 이탈리아 10만 리라 지폐 앞면에는 바로크 회화의 거장巨匠 카라바조(1573~1610)의 인물초상이 새겨져 있었다. 르네상스 회화의 고전적 모델을 따르는 대신 엄숙한 종교화에 서민과 빈민을 그려 넣어 교계의 혹독한 비판을 받기도 했던 카라바조는 사실적인 표현과 극단적인 명암이 돋보이는 화풍을 선보였다. 그의 이런 화풍은 스페인의 벨라스케스나 네덜란드의 렘브란트에게 지대한 영향을 미쳤다. 카라바조는 불후의 명작 〈그리스도의 매장〉을 비롯해 〈병든 바쿠스〉 〈의심하는 도마〉 〈과일 바구니를 든 소년〉 등을 남겼다.

유로화로 통합되면서 사라진 벨기에 500프랑 지폐에는 초현실

초현실주의 화가 마그리트의 인물초상이 새겨져 있었던 벨기에 500프랑 지폐.

주의 화가 르네 마그리트(1898~1967)가 등장한다. 미술가로 불리길 거부했던 그는 "나는 '생각하는 사람'이다. 다른 사람이 음악이나 글로 생각을 나누듯이 나는 회화를 통해 사고思考를 교류한다"는 말을 남겼다. 대중의 눈에 띄지 않는 곳에서 은둔자로 살았던 마그리트의 개인적인 성향은 작품 속에 자주 등장하는 중산모를 쓴 남자의 익명성으로 반영됐다. 〈이미지의 배반〉〈사람의 아들〉〈빛의 제국〉 등을 남긴 마그리트에 대해 평론가들은 '삶만큼이나 독특한 화풍을 선보였던 화가'라고 말하고 있다.

벨기에의 100프랑 지폐에는 화가 제임스 앙소르(1860~1949)의 인물초상이 담겨 있다. 앙소르는 해골이나 유령, 기괴한 가면을 자주 등장시켜 세기말의 음울한 정서를 대변했다. 그의 대표작 〈그리스도의 브뤼셀 입성〉은 축제 때 수많은 사람이 가면을 쓴 채 몰려다니는 장면을 묘사했는데, 그 기괴함과 과격성 때문에 작품이 완성된 지 40년 만에야 공개됐다. 앙소르의 작품 속에 자주 등장하는 가면은 인간 내면에 숨겨진 허위의식을 풍자한 것으로 평가된다.

지폐에는 어떤 글귀가 쓰여 있나

세계 각국 지폐에는 '은행권의 명칭' '발행기관' '액면' '제조기관' 등이 표기돼 있다. 일부 국가에선 '위·변조한 자를 처벌한다'는

사회주의 국가 지폐에 인장_{印章}이 찍히지 않는 까닭

지폐 앞면에 서명이나 인장, 지급보장 문구 등을 전혀 넣지 않는 나라도 있다. 러시아나 북한 등이 그런 나라로, 과거 또는 현재 사회주의 체제를 고수했거나 지향하고 있다는 닮은꼴을 지닌다. 이들 국가의 은행권에 서명이나 인장, 지급보장 문구가 없는 까닭은 금융산업이 발달하지 못한 데 1차 원인이 있는 것으로 보인다. 서명이나 인장은 신용사회의 상징이기 때문이다. 상품 공급과 가격을 중앙정부가 통제하는 계획경제로 운영되는 탓도 있다. 계획경제에서 화폐는 자본주의 사회처럼 다양한 역할을 하지 못하고, 물물교환 수단에 그친다. 하지만 사회주의 체제를 고수하다 자본주의를 받아들인 슬로베니아는 1992년 발행된 지폐부터 서명을 넣었다가 2001년부터는 유로화를 사용하고 있다. 러시아나 북한 등 사회주의 체제를 고수하는 나라들도 지폐 앞면에 서명이나 인장을 넣을 날이 머지않은 듯하다.

중앙은행 총재의 서명이나 인장이 찍히지 않은 러시아 1000루블 지폐.

문구나 지급 문구 등을 써넣기도 한다. 캐치프레이즈나 표어를 지폐에 새겨 넣는 나라도 있다. 7세기쯤 회교 국가에선 코란 문구를 지폐에 넣기도 했다.

한국 발권 당국은 지폐에 발행기관, 액면 등 기본적인 사항 외에는 아무런 글귀를 넣지 않는다. 미국의 모든 달러 지폐에는 '우리가 믿는 신 안에서'라는 글귀가 있는데, 신을 추종하듯 화폐를 믿는다는 의미를 담고 있다. 또 '공사公私 간 모든 채무에 유효한 법화'라는 글귀도 들어있다.

유로화를 쓰기 전까지 독일 마르크와 프랑스 프랑에는 '은행권을 위·변조한 사람은 2년 이상의 금고(프랑스는 무기 징역)에 처한다'는 글귀가 새겨져 있었다. 1978년 발행된 북한의 1원짜리 지폐에는 나팔 부는 소년과 무용하는 소녀의 모습 밑에 '세상에 부럼 없어라'라는 글이 쓰여 있었다.

일부 국가에서는 지폐에 '발행 또는 제조일'과 '발행자 서명 또는 직인'이 새겨져 있다. 하지만 한국 지폐는 발행 일자나 제조 일자를 표시하지 않고, 수화에만 제조년도를 표기한다.

대부분의 유럽 국가들은 지폐 발행자 표시를 서명으로 한다. 서명권자가 바뀌면 당연히 서명도 바뀐다. 이에 비해 '도장 문화권' 국가인 한국과 일본, 중국은 인장印章을 찍는다. 한국의 모든 지폐에 한국은행 총재의 직인이 찍힌 것처럼 일본의 엔화 지폐와 중국의 위안화 지폐에는 중앙은행 총재의 직인이 찍혀 있다.

'빅 사이즈' 지폐, '스몰 사이즈' 지폐

지폐 크기는 나라마다 다르다. 싱가포르 지폐의 크기는 가로 18cm, 세로 9cm이다. 주요국 지폐 평균 크기가 가로 14.8cm, 세로 7.05cm인 것을 고려하면, 가로 3.2cm, 세로는 2cm가량 큰 셈이다. 싱가포르 지폐는 세계에서 가장 큰 지폐로 알려져 있다.

한국 지폐 크기는 2006년 1월부터 발행된 5000원권의 경우 기존 지폐(가로 15.6cm, 세로 7.6cm)보다 작아졌다. 1만원권도 과거 가로 16.1cm, 세로 7.6cm에서 가로 14.8cm, 세로 6.9cm로 크기가 줄었다. 1,000원권은 가로 15.1cm, 세로 7.6cm에서 가로 14.8cm, 세로 6.9cm로 작아졌다. 한국은행이 지폐 크기를 줄인 것은 선진국의 지폐보다 커서 지갑 등에 넣기 불편하다는 지적이 있었기 때문이다. 선진국들은 위조지폐 방지를 위해 지폐의 도안과 크기를 6~7년 주기로 교체하고 있다.

그렇다면 세계에서 가장 작은 지폐는? 가로 12cm, 세로 6cm인 폴란드 지폐이다.

그런가 하면 세로형 지폐도 있다. 대다수 국가에선 가로형 지폐를 채택하고 있지만 스위스와 이스라엘에서는 세로형 지폐를 사용한다. 스위스의 세로형 지폐 중 가장 크기가 큰 것은 가로 7.4cm, 세로 18.1cm이며, 가장 작은 것은 가로 7.4cm, 세로 12.6cm이다.

화폐를 악용한 최고 통치자들

한국조폐공사는 1983년 1월 10원짜리 동전을 새로 찍었다. 동전 앞면에 들어간 경주 불국사 다보탑의 본래 모습을 재현하기 위해 '돌사자상'을 새로 새겨넣은 것이다. 그로부터 2년 뒤인 1985년부터 새 10원짜리 동전을 둘러싸고 이상한 소문이 나돌기 시작했다. '돌사자상'을 불상佛像으로 오인한 사람들이 당시 민정당 대통령 후보였던 노태우 씨를 당선시키기 위해 한국조폐공사가 10원짜리 동전에 불상을 넣었다는 루머를 퍼뜨린 것이다. 지금이야 가당치 않은 일로 치부되겠지만 무소불위의 권력을 휘두르던 독재정권 시절에는 '가짜뉴스'가 사실로 받아들여질 여지가 충분했다.

이처럼 최고 통치자와 화폐에 얽힌 일화는 적지 않다. 한국조폐공사는 1956년에 발행한 500환 지폐의 앞면 중앙에 이승만 전 대통령 인물초상을 넣었다. 그러나 2년 뒤 새로 발행한 500환 지폐에는 이 전 대통령의 인물초상이 오른쪽으로 옮겨져 있었다. '용안容顔'을 접히게 해서는 안 된다는 당시 권력층의 주장에 따라 이 전 대통령의 인물초상을 오른쪽으로 옮긴 것이다. 이승만 전 대통령도 "내 얼굴이 어떻게 접힐 수 있느냐"며 역정을 냈다는 후문이다. 그 이후 지폐에 새겨진 이 전 대통령의 인물초상은 모두 앞면 오른쪽에 자리 잡았다. 지폐는 접히고 헤지는 것이 당연한 일이거늘, 권력층의 '과도한 충성'이 어처구니없는 결과를 낳은 것이다.

18세기 프랑스 부르봉 왕조의 왕이었던 루이 16세는 경제난을

이승만 전 대통령의 인물초상이 앞면 오른쪽에 새겨져 있는 100환권 지폐.

극복하기 위해 아시냐라는 새 지폐를 대량으로 발행한 뒤 자신의 인물초상을 넣도록 지시했다. 그러나 물가 폭등에 따른 경제 파탄으로 프랑스 대혁명이 시작됐고, 루이 16세에 대한 체포령이 내려졌다. 마부馬夫로 변장한 루이 16세는 가족들을 이끌고 다른 나라로 탈출을 시도했다. 아이러니하게도 루이 16세를 단두대의 이슬로 사라지게 한 것은 지폐 속에 그려진 그의 인물초상 때문이었다. 시골의 한 농부가 탈출하려는 루이 16세를 알아본 뒤 신고한 것이다. 체포된 루이 16세는 1793년 1월 기요틴guillotine(단두대)*에 오르는 운명에 처한다. 총검을 든 병사들에 겹겹이 에워싸인 그는, 혁명광장 중앙에 높이 치솟은 기요틴을 향해 천천히 걸어갔다. 루이 16세는 꿋꿋하게 행동했다. 무시무시한 기계 아래에서, 스스로

* 프랑스 혁명 당시 죄수의 목을 자르는 형벌을 가할 때 사용한 사형기구. 1789년 국민의회에서 의사 J.I.기요탱의 제안으로 사용하기 시작했다. 프랑스 혁명 당시 많은 사람이 기요틴으로 처형돼 공포의 상징물이 됐다. 독일에서는 '길로틴'이라고 불렀다.

외투를 벗고 손을 묶게끔 팔을 내밀었다. 마침내 삶의 종착지를 향해 마지막 몇 계단을 오르던 순간, 광장을 메운 사람들을 돌아다보며 루이 16세는 목청껏 외쳤다.

"국민이여, 나는 죄 없이 죽는다!"

사형 집행관이 루이 16세의 잘린 목을 쳐들어 군중에게 보였다. "만세!" 소리가 일부 나왔지만, 대부분 고개를 숙인 채 말이 없거나 괴로운 듯 신음을 흘렸다고 한다.

최고액면 지폐, 최저액면 지폐는?

각 나라 발권 당국이 발행한 은행권의 최고 액면은 소득 수준, 지급결제 관행 등에 의해 결정된다. 세계 주요국 지폐의 최고 액면 가치는 최저 1.3달러에서 최고 7400달러까지 다양하다. 여기서 액면가치는 구매력을 기준으로 미국 달러화로 환산한 것이다.

전 세계에서 가장 비싼 지폐는 싱가포르의 1만 싱가포르달러로, 한화로 환산하면 약 880만원에 달한다. 대개 초고액권은 뇌물이나 재산은닉 등 범죄에 악용될 수 있어 각국 중앙은행은 발행하길 꺼린다. 싱가포르는 부패 척결을 성공적으로 이뤄냈다는 점을 널리 알리기 위해 1973년 1만 싱가포르달러를 발행했다고 한다. 15kg짜리 사과박스에 1만원 지폐를 가득 채우면 4억원(4만 장)이 된다. 똑같은 사과 박스에 1만 싱가포르달러를 넣으면 2200억원이 된다. 1만 싱가포르달러는 2014년에 발행이 중단됐다. 주변 국가에서 1만 싱가포르달러를 뇌물로 사용하는 사람들이 늘자 싱가포르 발권 당국에 발행 금지를 요청했기 때문이다. 이 같은 의견을 받아들여 싱가포르 통화청은 2014년 7월, 1만 싱가포르달러를 더이상 발행하지 않기로 했다. 다만 법정통화로서 효력은 인정돼 지금도 시중에 유통되기는 한다.

한국은행에 따르면, 현재 통용되는 최고액 지폐는 1969년 이후로 발행되지 않은 미국의 10만달러(약 1억 1000만원)짜리 지폐이다. 이 지폐는 은행으로 회수되면 다시 유통하지 않기 때문에 실제로 시장에서 거래되지는 않는다. 브루나이의 1만달러(약 700만원)짜리 지폐 역시 한시적으로 발행했을 뿐 액면가치가 너무 큰 탓에 잘 유통되지 않는다.

현재 각 나라에서 통용되는 최고액 지폐는 유로권 500유로, 미국 100달러, 영국 50파운드, 독일 1000마르크, 일본 1만엔, 한국 5만원이다.

지금까지 발행된 전 세계 지폐 중 액면 단위가 가장 큰 것은 독일이 1924년 발행한 100조마르크짜리 지폐였다. 독일은 제1차 세계대전이 끝난 뒤 전쟁배상금을 마련하고 피폐해진 경제를 살리기 위해 돈을 무분별하게 찍어냈다. 이로 인해 독일의 통화량은 급속하게 늘어 최악의 인플레이션이 발생했다. 독일이 100조마르크 지폐를 발행했을 당시 마르크와 달러의 교환비율은 1조마르크 대 1달러였다. 100조 마르크 지폐라고 해야 대략 100달러의 가치에 불과했다.

이 무렵 독일에서는 빵 한 조각이 800억 마르크, 쇠고기 한 조각 9000억 마르크, 맥주 한 잔 2000억 마르크, 빵 1kg 5200억 마르크, 감자 한 개 500억 마르크였다고 한다. 이런 연유로 당시 노동자들은 하루치 임금을 손수레에 가득 싣고 다녔고, 주부들은 장을 보기 위해 가방이나 바구니에 돈을 한가득 넣고 다녔다고 전해진다.

돈의 가치가 이렇게 떨어지다 보니 지폐를 도배지 대용으로 사용하는 일도 있었다. 시장에서 할머니가 돈 바구니를 땅바닥에 내려놓고 잠시 한눈을 파는 사이 도둑이 돈은 놔두고 낡은 바구니만 훔쳐갔다는 일화도 전해진다.

아프리카 짐바브웨 발권 당국은 2009년 숫자 '0'이 14개나 붙은 100조 짐바브웨달러 지폐를 발행했다. 짐바브웨 중앙은행은 100조달러를 약자나 문자가 아닌 숫자 '0' 14개로 썼다. 짐바브웨에는 글을 읽지 못하는 문맹인이 많았기 때문이다. 짐바브웨 발권 당국이 100조달러 지폐를 발행한 것은 인플레이션이 극심했던 탓이 크다. 2008년부터 2009년까지 1년간 짐바브웨의 물가상승률은 897해(垓)%까지 급등했다고 한다. 당시 100억달러로 고작 달걀 3개를

---

* 조(兆)의 1만 배가 경(京)이고, 경(京)의 1만 배가 해(垓)이다. 일반적으로 보기 힘든 수 단위로 보통 1경(京) 이상의 수는 지수로 표기한다. 지나치게 숫자가 커질 경우, 10의 거듭제곱 형태로 표기한다. 지폐 단위로 역사상 가장 큰 수 단위를 사용한 지폐로는 헝가리 발권 당국이 발행했던 1해(垓) 펭괴((pengő) 지폐가 있다. 펭

숫자 '0'이 14개나 붙은 짐바브웨의 100조 달러 지폐.

살 수 있었다. 화폐가치 하락을 견뎌내지 못한 짐바브웨는 2015년 6월 자국 화폐를 폐지한 뒤 미국 달러화를 사용하고 있다.

세계에서 가장 싼 지폐는 이란의 1만 리알로 미국 달러화로 계산하면 1.3달러 수준에 불과하다. 최고액권인 10만 리알은 한화로 환산하면 3000원가량이다. 한때 이란 리알화는 가치가 너무 낮아 국내외 은행이나 환전소에서 취급하지 않았다. 이로 인해 리알화가 생기면 유니세프 기부함에 넣는 사람도 적잖았다.

괴는 1927년 1월부터 1946년 7월까지 헝가리에서 쓰였던 통화이다. 펭괴라는 화폐 단위는 제2차 세계대전 직후 포린트로 교체됐다.

위조지폐와의 전쟁은 끝이 없다

위조지폐는 진짜 화폐와 흡사하게 만든 가짜 화폐를 통칭한다. 각 나라 발권 당국은 위조지폐를 만들어 유통하는 행위를 법으로 엄격하게 금지하고 있다. 자칫 나라 경제를 혼란에 빠뜨릴 수 있기 때문이다.

기술발전 속도가 빨라지면서 위조지폐도 갈수록 정교해지는 추세다. 전문가들도 진짜 화폐와 위조지폐를 단박에 알아볼 수 없을 정도다. 화폐를 만드는 조폐기술은 위조지폐범과의 '두뇌싸움' 과정을 통해 발전한다거나, 조폐의 역사는 '위조지폐범과 벌인 전쟁의 역사'라는 말이 나오는 것은 그런 이유에서다.

한국에서 가장 유명한 대규모 위조지폐 사건으로는 '조선 정판사 위조지폐 사건'이 꼽힌다. 1945년 10월 해방 직후의 혼란기를 틈타 조선공산당이 남한의 경제를 혼란에 빠뜨리고, 당비를 조달할 목적으로 위조지폐를 인쇄하다 적발된 사건이다. 서울 소공동 부근의 인쇄소에서 조선은행권을 인쇄하던 일본인들이 철수하면서 두고 간 100원짜리 인쇄판으로 1200만원어치 위조지폐를 찍어냈다고 한다. 당시 쌀 한 가마가 380원이었다. 조선공산당이 쌀 3만 1578가마를 살 수 있는 금액의 위조지폐를 찍었다고 하니 입이 벌어질 노릇이다.

중국에선 위조지폐가 너무 많아 발권 당국이 골머리를 앓은 적이 있었다. 중국 발권 당국은 위조지폐를 뿌리 뽑기 위해 위조지폐범을 조폐기관 직원으로 특채하기까지 했다. 12세기 영국 헨리 1세는 위조지폐가 급증하자 조폐기관 직원들이 위조지폐 제조에 가담했다는 혐의를 두고 직원 100여 명의 손목을 잘랐다고 한다. 위조지폐가 낳은 '끔찍한 비극'이 아닐 수 없다.

독일 나치는 제2차 세계대전 중 적국敵國인 영국 파운드화 위조지폐를 찍어내기 위해 베를린 근교에 위조지폐 제조공장을 세웠다. 나치가 수용소에 수감된 포로 중 인쇄기술자를 선발해 만든 위조지폐는 정교하기 이를 데 없어 2년 넘게 큰 문제없이(?) 사용됐다. 나치는 5·10·20·50파운드 등 네 종류의 위조지폐를 만들었다. 당시 위조지폐의 총액은 무려 1억 3000만파운드에 달했다고 전해진다. 나치가 만든 위조지폐 때문에 극심한 인플레이션에 시달리던 영국은 새로운 도안의 파운드화를 발행해야만 했다.

한국에서도 위조지폐가 적지 않게 발견되고 있다. 위조지폐 발견 건수는 지폐 100만 장당 0.1장가량으로 영국(70.1장), 멕시코(65.3장), 유로존(47.6)에 견주면 매우 적은 편이긴 하다.

국내에서 위조지폐 발견 건수는 매년 감소 추세를 보인다. 경찰 발표에 따르면 위조지폐 적발 건수는 2014년 2,772건에서 2015년 1,828건으로 줄어든 데 이어 2016년에는 1,811건으로 감소했다. 2017년에는 1,657건, 2018년에는 605건으로 감소했고, 2019년에는 300건으로 줄었다.

위조지폐 범죄의 유형은 다양하다. 2017년 1월 대구에 사는 49세 어머니와 여고생 딸이 5만원권 위조지폐를 만들어 유통한 혐의로 경찰에 적발됐다. 그해 4월에는 울산에 사는 초등학생 2명이 컬러복사기로 위조지폐를 만들어 편의점에서 간식을 사 먹다 경찰에 붙잡혔다.

2020년 8월 광주광역시 서구 양동시장 상인은 손님에게 1만원권 위조지폐 1장을 받아 112에 신고했다. 상인은 전날 받은 돈을 은행에 입금하려다 위조지폐를 발견했다. 같은 달 광주광역시 북구 한 만화방에서도 5만원권 위조지폐가 발견됐다. 경찰에 따르면 만화방에서 발견한 위조지폐는 5만원권 지폐를 컬러프린터로 일반 용지에 인쇄하는 방식으로 위조했다.

대구광역시 동구에선 2021년 4월 복합기로 5만원권 2장을 위조한 뒤 노점상에서 사용한 20대가 경찰에 붙잡혔다. 대구지법은 위조지폐 제조 혐의로 기소된 20대에게 징역 1년 6월을 선고했다.

현행법은 위조지폐를 만들어 유통하면 '무기 또는 2년 이상의 징역형'에 처하도록 규정하고 있다. 하지만 실제로는 엄하게 처벌하는 경우가 드물어 위조지폐 유통 행위가 근절되지 않고 있다는 지적이 많다.

지폐에 들어있는 위조방지 장치

지폐에는 다양한 위조방지 장치가 들어있다. 한국의 1만원권 지폐만 보더라도 '숨은 그림'(앞면 왼쪽, 세종대왕 모습), 만지면 볼록한 촉감이 느껴지는 '요판인쇄'(액면 숫자와 문자), 위쪽 또는 아래쪽에서 비스듬히 기울이면 '10,000'자가 보이는 '잠상'(앞면 오른쪽 끝부분), 보는 각도에 따라 색상이 변하는 '시변각잉크'(앞면 왼쪽 하단 시각장애인용 점자), 위조지폐가 그대로 나타낼 수 없는 아주 작은 글자(앞면 물시계 하단의 28개 '한국은행' 글자) 등 위조방지 장치가 8개나 된다.

그렇다면 어느 나라 지폐의 위조가 가장 어려울까. 위조지폐 감별 전문가들은 갖가지 첨단 위조방지 장치를 갖추고 있는 스위스 지폐를 꼽는다. 스위스 프랑화에는 한국의 1만원짜리 지폐에 들어있는 8가지 위조방지 장치는 물론 투명잉크(보는 방향에 따라 나

위조하기 가장 어려운 지폐로 꼽히는 스위스 프랑화.

진짜 같은 가짜, '슈퍼노트'

슈퍼노트는 미국 100달러짜리 위조지폐를 말한다. 슈퍼 달러로 불리기도 한다. 슈퍼노트는 진짜 화폐와 똑같은 용지를 사용해 위조지폐 감별기로도 구별할 수 없을 만큼 정교하게 만들어졌다. 1989년 필리핀 마닐라에 있는 은행에서 처음 발견됐다.

슈퍼노트는 일련번호에 따라 '슈퍼K' '슈퍼X' 등의 유형이 있다. 미국은 슈퍼노트 제조국가로 북한을 의심해왔다. 북한 인사들이 슈퍼노트를 보유하거나 사용하려다가 적발된 사례가 있기 때문이다. 하지만 북한이 슈퍼노트를 제조했다는 명확한 증거는 없다. 일각에서는 중국 전직 군부 인사들이 제조했다거나 미국 CIA가 의회 승인을 받지 않고 비밀 용도로 사용하기 위해 제조했다는 설도 있다. 미국은 1996년 슈퍼노트가 많이 발견되자 68년 만에 100달러 지폐의 도안을 변경했다. 2017년에는 KEB하나은행이 전 세계적으로 한 번도 신고된 적 없는 신종 초정밀 100달러짜리 슈퍼노트 한 장을 발견했다. 이 슈퍼노트는 2006년 판으로 1996년이나 2001년, 2003년 판보다 숫자 모양과 인물 초상이 더 정교하고, 숨겨진 그림도 거의 완벽하게 재현됐다. KEB하나은행이 발견한 슈퍼노트 역시 누가 만들어 유통하려고 했는지 아직도 명확하게 밝혀지지 않았다.

타나거나 사라지며 자외선을 비춰 보면 선명하게 드러남), 미세구멍(보는 각도를 달리하면 보임), 금속코팅(지폐를 움직일 때 반짝이며 천연색 복사물에는 나타나지 않음) 등 육안으로도 확인할 수 있는 14개의 위조방지 장치가 들어있다. 이에 따라 스위스 프랑화는 가짜를 만들어 낼 수 없는 '난공불락의 지폐'로 인식되고 있다.

발권 당국의 실수로 만들어진 '오폐誤幣'

미국 발권 당국은 1960년대부터 1달러짜리 지폐를 주화로 바꾸려는 노력을 기울여왔다. 1달러 지폐의 수명이 고작 1년 6개월인 반면 주화는 반영구적이어서 지폐를 주화로 교체하면 연간 4억달러를 절감할 수 있기 때문이다. 또 식음료 자동판매기 상인들은 "지폐는 시간이 지나면 훼손돼 인식 오류가 빈번하게 발생하는 등 연간 1억 5000만달러가량 손해를 보고 있어 주화로 교체해야 한다"는 주장을 폈다. 이에 따라 발권 당국은 지금까지 세 차례에 걸쳐 1달러짜리 주화를 발행했다.

첫 번째 1달러 주화는 1971년 제34대 대통령 아이젠하워의 인물초상을 넣은 것으로 발행됐으나 '실패작'으로 끝났다. 당시 발행된 1달러짜리 주화는 너무 크고 무거워(지름 38.1mm, 중량 22.7g) 시민들이 사용을 기피하는 바람에 제대로 유통되지 않았다.

두 번째 1달러 주화는 8년 뒤인 1979년 여성 참정권 확보에 힘쓴 여성 운동가 수잔 앤서니의 인물초상을 넣어 발행됐다. 그러나 이 인물 도안은 시민들의 호응을 얻지 못한 데다 25센트 주화와 모양이 비슷해 혼동의 여지가 있다는 지적이 끊임없이 제기돼 결국 발행이 중단됐다.

미국 발권 당국은 두 차례에 걸친 실패를 거울삼아 철저한 계획을 수립한 뒤 2000년 세 번째 1달러 주화를 발행했다. 시민들을 대상으로 의견수렴 절차를 거쳐 세 번째로 발행한 1달러 주화의 앞면에는 미국 서부 지역 탐험가들을 안내했던 인디언 소녀 사카자웨어의 모습을, 뒷면에는 미국을 상징하는 독수리를 새겨 넣었다.

《어린왕자》의 작가 생텍쥐페리의 초상화가 그려진 프랑스 50프랑 지폐.

하지만 심혈을 기울여 만든 세 번째 1달러 주화도 '성공작'은 되지 못했다. 주화를 너무 예쁘게 만드는 바람에 소장용으로 간직하려는 사람들이 많아 제대로 통용되지 않은 것이다. 이런 연유로 미국 발권 당국은 2002년부터 가급적 1달러짜리 주화를 찍어내지 않으려 하고 있다.

미국처럼 각 나라 발권 당국은 새로운 화폐를 발행하면서 심심찮게 실수를 범한다. 프랑스 발권 당국은 1993년 10월《어린 왕자》의 작가 생텍쥐페리의 인물초상이 새겨진 50프랑짜리 지폐를 발행하면서 앙투안 생텍쥐페리Antoine de Saint-ExuPery의 스펠링을 엉터리로 인쇄했다. 발권 당국이 이 사실을 알게 된 때는 이미 한화로 300억원어치나 발행된 시점이었다. 아카데미 프랑세즈는 1994년 2월 이 사실을 발견하고는 "생텍쥐페리 이름의 E자 위에 쓸데없는 악상(액센트) 표시가 들어가 문화민족의 자존심에 먹칠을 했다"고 격렬히 비난했다.

필리핀에서도 2004년 11월 아로요 대통령의 인물초상이 들어간 100페소 지폐를 발행하면서 엄청난 실수를 저질렀다. 아로요의 이름 표기를 'Arroyo'가 아닌 'Arrovo'로 잘못 인쇄한 것이다. 이로 인해 발권 당국은 호된 곤욕을 치렀다.

호주 발권당권은 2018년 10월 위조방지를 위해 새로운 50달러 지폐 4600만 장을 발행해 시중에 유통했다. 하지만 새 50달러 지폐는 틀린 철자가 인쇄된 '오폐'였다. 호주 발권당권은 이런 사실을 7개월간 까맣게 모르고 있다가 시민 제보로 알게 됐다. 2019년

5월 〈BBC 뉴스〉는 "호주 발권당국이 새 50달러 지폐 뒷면에 '책임감'을 뜻하는 'responsibility'에 i를 하나 뺀 채 'responsibilty'로 인쇄하는 '부끄러운 실수'를 했다"고 보도했다. 익명의 청취자가 호주 라디오 방송국에 새 지폐 뒷면에 'responsibility'라는 철자가 3번이나 잘못 표기됐다고 제보했다.

호주 발권당국은 언론 보도 뒤 새 지폐에 틀린 철자가 있다는 사실을 확인했다고 한다. 하지만 새 50달러 지폐를 회수하지 않고, 앞으로 발행할 지폐에는 틀린 철자를 바로잡겠다고 밝혔다.

한국에서도 1989년 1월 경회루가 그려진 뒷면만 인쇄되고, 앞면은 인쇄되지 않은 1만원짜리 지폐가 발견됐다. 그러나 이 지폐가 위조지폐였는지 아니면 한국조폐공사가 잘못 인쇄한 '오폐_{誤幣}'였는지는 명확하게 밝혀지지 않았다.

지폐의 수명은 얼마나 되나

한국은행이 발행한 지폐는 짧게는 5년에서 길게는 15년까지 사용된 후 폐기된다. 지폐의 수명은 한국은행에서 처음 발행한 뒤 시중에 유통되다가 더이상 사용되기 어려워 다시 한국은행 창구로 돌아올 때까지의 기간으로, 평균적인 사용 기간을 의미한다. 다만 한국은행이 새 돈으로 보관 중인 기간이나 시중에 유통되다가 한국은행으로 되돌아온 뒤 폐기될 때까지의 기간은 제외된다. 지폐

지폐는 종이로 만든 돈이 아니다

지폐는 종이로 만든 돈이라는 의미다. 일반 종이는 천연펄프로 만들지만 지폐의 주재료는 면cotton이다. 면은 촉감이 부드러우면서도 질기며 쉽게 더러워지지도 않는다. 잉크도 잘 스며들어 인쇄 상태가 좋은 편이다. 이에 따라 한국은 물론 많은 나라에서 순면(면 100%) 용지로 지폐를 만들고 있다. 미국·영국 등은 면에다 아마Linen를 섞기도 하고, 일본에서는 면에 삼, 펄프 등을 혼합하기도 한다.

그러나 호주 지폐는 1988년 이후 플라스틱 재질의 폴리머Polymer를 쓰고 있다. 호주에서 처음 개발한 폴리머 지폐는 내구성이 뛰어난 데다 다양한 위조방지 장치를 적용할 수 있다는 장점을 지닌다. 이런 장점으로 인해 수년 전부터 많은 나라에서 폴리머 소재 지폐를 발행하고 있다.

그렇다면 앞으로 각 나라 지폐 소재가 모두 폴리머로 바뀔 것인가? 딱히 그렇지만은 않을 듯하다. 기존 면 소재 지폐에 적용할 수 있는 첨단 위조방지 장치가 속속 개발되고 있기 때문이다. 화폐전문가들은 면과 폴리머, 두 소재 중 어느 쪽이 우수하다고 단정 짓기 어렵다는 의견을 내놓고 있다.

가 새로 만들어져 폐기될 때까지의 기간을 '유통수명'이라고 한다. 지폐의 수명은 물리적 강도 등 지폐의 내구성, 국민들의 화폐사용 습관, 지급 결제 사용빈도 등에 의해 좌우된다.

지폐의 유통수명은 갈수록 길어지는 추세다. 예를 들어 1만원 지폐의 평균 유통수명은 2000년에 4년이었으나 2005년에는 5년, 2020년에는 10년 1개월로 길어졌다.

지폐의 유통수명은 권종 별로 다르다. 한국은행이 은행권을 권종 별로 표본 조사해 유통수명을 추정한 결과, 5만원권이 14년 6개월, 1만원권이 10년 1개월, 5000원권과 1000원권은 5년인 것으로 나타났다. 저액권(1000원권)은 물품·서비스 구입과 거스름돈 용도로 자주 사용돼 상대적으로 수명이 짧은 것으로 조사됐다.

주요 7개국의 최고액권 유통수명을 보면 영국 41년, 호주 27년 6개월, 미국 23년 11개월, 스위스 20년으로 한국(5만원권)보다 훨씬 길었다. 가치저장 수단으로 주로 활용되는 선진국의 최고액권 지폐와 달리 한국의 5만원권은 상거래와 경조금, 용돈 등 개인 간 거래에서 널리 사용되기 때문이다. 또 미국(100달러), 영국(50파운드), 스위스(1000프랑)의 최고액권 구매력이 한국보다 높다는 점도 고려해야 한다. 중간액면(1만원권)의 유통수명은 영국, 호주 다음으로, 최저액면(1000원권) 수명은 미국, 호주 다음으로 길었다.

한국은행에 따르면 매년 국내에서 폐기되는 지폐는 연간 4억 7,000만 장으로 금액으로 따지면 4조 3000억원에 육박한다. 이로 인해 매년 지폐를 새로 만드는 데 쓰는 비용은 1000억원가량으로 추산된다. 국민이 낸 아까운 세금이 돈을 만드는 데 쓰이는 것이다. 그런 측면에서 지폐를 깨끗하게 사용해 평균 수명을 늘리는 것이 나라 살림에 도움을 주는 길이다.

5장

화폐제도와
패권주의

국제 화폐의 기준, 기축통화

기축통화Key Currency는 국제 무역거래나 금융 거래를 할 때 기본이 되는 화폐를 일컫는다. 현재 국제적으로 널리 쓰이는 화폐는 유로화, 영국 파운드화, 일본 엔화, 중국 위안화 등이 있지만 으뜸은 미국 달러화다. 그래서 미국 달러화를 기축통화로 지칭하고 있다.

세계 외환 거래의 85%는 달러로 이뤄진다. 전 세계에서 발행되는 해외채권의 50% 이상이 달러 표시 채권이다. 각국 중앙은행은 외환 보유액의 60% 이상을 미국 달러 표시 자산으로 운용히고 있다. 세계 경제가 위기를 맞아 기축통화인 미국 달러화가 신뢰를 잃고 가치가 하락한다면 다른 나라의 화폐는 더욱 심각한 가치하락을 겪게 된다.

세계 최초의 기축통화는 고대 그리스 은화 '드라크마'로 알려져 있다. 기원전 6세기 그리스 경제를 부흥시키기 위해 아테네와 페르시아 간 무역 증대 방안을 모색하던 정치가 솔론은 양국의 화폐

통합이 무엇보다 시급하다고 판단했다. 아테네 드라크마와 페르시아 은화 가치를 같게 만들어 서로 자유롭게 교환할 경우 교역이 늘 거라 여긴 솔론은 페르시아 은화와 가치를 맞추기 위해 드라크마의 은 함유량을 줄였다. 의도는 성공했다. 이로써 당시 최대 무역국인 페르시아와 교역이 증대되었을 뿐 아니라 아테네 은화가 지중해 교역에서 가장 널리 유통되는 기축통화로 자리잡았다.

아테네는 그리스 화폐주조의 중심지로 부상했다. 기원전 483년에 발견된 라우리움 은광은 국부를 늘리고 아테네 해군력을 증강해 페르시아군을 무너뜨리는 발판이 됐다. 나아가 민주주의라는 새로운 정치시스템을 탄생시키는 계기를 마련해주었다.

아테네는 주변 도시국가들의 화폐와 도량형을 표준화하기 위해 기원전 449년 통화법령을 반포했다. 그 이후 교환에 드는 거래비용이 획기적으로 줄어들었다.

기축통화의 위력은 대단했다. 지중해 상권이 페니키아와 히브리왕국으로부터 아테네로 넘어왔다. 해상무역뿐 아니라 지중해 경제권의 중심축이 아테네로 옮겨진 것이다.

기원전 5세기 펠로폰네소스 전쟁은 아테네와 스파르타가 그리스 지배권을 놓고 다툰 패권전쟁이었다. 27년간 이어진 전쟁에서 아테네는 전쟁비용을 충당하기 위해 통화량을 편법으로 늘렸다. 금화 주조에 구리를 섞은 것이다. 처음에는 시민들이 이 사실을 알지 못했다. 하지만 구리의 양이 점차 늘어나면서 본래의 금화는 시장에서 자취를 감추었다. 악화가 양화를 구축한 것이다. 시

세계 최초의 기축통화였던 고대 그리스의 드라크마 은화.

장에 급속하게 풀린 '동화銅貨가 된 금화金貨'는 푸대접을 받고, 인 플레이션이 발생해 아테네 통화시장은 붕괴했다. 통화시장 붕괴로 아테네는 용병들로 구성된 전투부대에 전쟁비용을 보낼 수 없게 됐고, 스파르타에 패퇴하고 말았다. 마케도니아의 알렉산더 왕에게 지배권을 내준 아테네는 끝내 신흥 로마에 정복되었고, 고대 그리스 시대는 막을 내렸다.

강대국의 흥망성쇠에 따라 국제통화도 변천 과정을 겪었다. 13세기 이탈리아가 국제 교역의 중심지로 떠오르면서 도시국가에서 만든 제노인, 플로린, 두카트 등이 국제 무역에서 사용됐다. 15세기 신대륙 발견 이후에는 스페인의 은화 실버에잇이 유럽, 아메리카, 아시아 등지에서 기축통화의 역할을 했다. 17~18세기에는 네덜란드가 무역과 금융의 강국으로 부상하면서 길더가 국제적으로 널리 사용됐다. 길더는 2002년까지 통용되다가 유통 정지됐다.

영국 파운드화, 명실상부한 기축통화 시대를 열다

19세기 빅토리아 여왕 시대에 무역 · 경제 · 금융의 중심지로 떠오른 영국은 파운드화의 국제화를 추진한다. 다른 나라와 무역거래에서 파운드화를 본격적으로 사용하기 시작한 것이다. 파운드화에 대한 신뢰도는 점차 높아져 1899~1913년 각국의 외환보유액에서 파운드화가 차지하는 비중이 4배 이상 커졌다. 파운드화는 전 세계 외환보유액의 40%를 차지할 정도였다. 19세기 말부터 영국 파운드화가 명실상부한 기축통화로 자리매김한 것이다.

영국 중앙은행인 영란은행은 파운드화의 가치를 안정적으로 관리하는 것을 최우선의 과제로 삼았다. 20세기 초반까지 영란은행은 전 세계 통화정책을 좌지우지하는 세계의 중앙은행이었다. 영국의 대표적인 경제학자 케인스는 영란은행을 '국제 금융 오케스트라의 지휘자'로 지칭한 바 있다.

하지만 동맹국인 프랑스를 돕기 위해 1914년 독일에 전쟁을 선포한 영국은 4년간 계속된 제1차 세계대전 이후 무너진 산업기반과 급감한 무역, 넘치는 실업자 등 산적한 문제를 해결해야 할 상황에 내몰렸다. 제1차 세계대전을 치르면서 금본위제는 국제적으로 붕괴했다. 영국은 전쟁 자금을 마련하기 위해 지폐 발행을 남발했고, 이로 인해 파운드화에 대한 국제적 신뢰는 급격하게 추락하고 말았다.

제1차 세계대전이 끝난 뒤 기축통화 지위를 잃은 영국 파운드화.

금본위제와 브레턴우즈 체제

금본위제金本位制는 화폐의 가치를 금의 가치와 연계하는 제도다. 예를 들어 순금 1온스는 39달러라는 식으로 금이 화폐 가치의 척도가 되는 것을 말한다. 만약 은이 화폐 가치의 척도로 기능한다면 은본위제가 되는 것이다. 금본위제는 은행이 화폐를 함부로 발행해 나라 경제를 어지럽히는 일을 막기 위해 도입됐다.

금본위제를 처음 도입한 나라는 영국이다. 영국은 나폴레옹 전쟁(1797~1816) 이후인 1816년 영란은행이 발행한 은행권의 금 태환성(금이 다른 통화나 재화 또는 용역의 대가로 교환되는 것)을 명문화하면서 세계 최초로 금본위제를 확립했다. 산업혁명 이후 영국

영국 주식회사 제도의 근간을 흔든 '남해회사 버블사건'

18세기 영국의 경제성장기에 주식 투기로 생긴 버블(거품)이 꺼지면서 국가 경제에 치명타를 가한 사건이 발생한다. 이른바 '남해회사The South Sea Company 버블사건'이다.

1711년 런던에서 설립된 남해회사는 주식을 발행해 얻은 자금으로 국채를 인수하고, 그 대가로 정부로부터 남미의 남해안과 아프리카 각지의 무역특권을 인정받았다.

당시 영국 정부의 국채는 영란은행과 동인도 회사가 다량 소유하고, 나머지는 시장에서 유통되고 있었다. 시장에서 유통되던 나머지 국채를 매입하는 것이 남해회사의 설립 목적이기도 했다. 당시 영국 정부는 프랑스 루이 14세의 세력 확장을 막기 위해 참전한 스페인 왕위계승 전쟁(1701~1713)에서 패배하면서 진 빚을 갚느라 재정상태가 엉망이었다.

남해회사는 국채 인수자금을 확보하기 위해 총리·장관 등에게 뇌물을 제공했고, 신주 발행가격을 결정할 수 있는 권리를 얻게 됐다. 국채를 인수하는 대신 남해회사가 주식을 자유롭게 발행한다는 내용의 안건이 의회를 통과하자 남해회사의 주가는 폭등하기 시작했다. 남해회사의 주가 상승을 기대한 투기꾼들도 기승을 부렸다. 연 6%의 수익률을 보장하는 100파운드 주식에 1000파운드 이상의 가격이 매겨졌다. 회사 주가는 6개월 만에 10배 넘게 치솟았다. 이 과정에서 남해회사는 막대한 수익을 챙겼다.

남해회사의 성공담이 알려지면서 190개가 넘는 '거품회사Bubble Company가 설립돼 투기 광풍을 부채질했다. 하지만 정작 남해회사의 경영실적은 형편없었다. 남해회사의 주가는 1720년 8월부터 곤두박질치기 시작했다. 4개월 만에 주가가 1050파운드에서 125파운드로 폭락했다. 남해회사의 뒤를 이어 설립된 거품회사들은 잇달아 도산했다. 그해 12월 말, 남해회사의 주식에 낀 거품은 완전히 꺼졌다. 투자자들은 막대한 손실을 감수해야 했다.

남해회사 투자에는 물리학자 아이작 뉴턴도 가세했다. 돈을 벌겠다는 욕심에 투자 대열에 줄을 선 것이다. 다른 투자자들과 마찬가지로 뉴턴 역시 참담한 실패를 맛봤다. 뉴턴은 큰 손실을 본 뒤 "나는 천체의 운동을 계산할 수 있었으나 인간의 광기는 계산할 수 없었다"는 말을 남겼다.

'남해회사 버블사건' 이후 영국에서는 주식회사에 대한 이미지가 극도로 나빠졌다. 영국 의회는 '버블법The Bubble Act'를 제정해 7명 이상의 출자자로 이뤄진 주식회사는 의회의 승인 또는 국왕의 허락을 받도록 했다. 특히 공공의 목적이 아니면 주식회사 설립을 일절 허가하지 않았다. 버블법이 폐지된 것은 1세기 이후인 1825년이었다.

당시는 산업혁명이 발아하던 시기였다. 영국의 산업혁명은 주식회사 설립이 불가능한 상태에서 시작된 것이다. 만일 '남해회사 버블사건'이 발생하지 않았다면 주식시장은 산업혁명 시기에 주된 역할을 했을 게 분명하다.

파운드화가 기축통화로 자리잡으면서 독일·프랑스·이탈리아 등도 잇달아 금본위제를 채택한다. 미국도 금본위제를 도입했다.

제1차 세계대전 이전까지 지배적인 경제이론은 자유방임주의였으며, 금융 체제는 금본위제였다. 영국을 비롯한 서구 열강은 식민지에서 원료를 얻어 제조한 상품을 주로 자기들끼리, 일부는 다시 식민지로 수출하는 방식으로 부를 축적했다. 하지만 각국의 화폐 단위가 달랐기에 보편적 기준이 없으면 누가 이익이고 손해인지 가늠할 수 없게 된다. 그때 기준 역할을 한 것이 금이었다.

그러던 중 제1차 세계대전이 터지면서 자유방임주의와 금본위제는 중지될 수밖에 없었다. 전쟁의 규모가 상상을 뛰어넘으면서 각국은 물자를 동원하고 생산을 계획하는 전시경제 체제로 들어갔다. 전쟁비용 부담이 눈덩이처럼 불어나면서 지불수단으로 쓸 금도 바닥나 버렸다. 1930년대 주요국들은 금본위제에 등을 돌리고, 화폐를 마구 찍어냈다.

각국은 자국 화폐를 평가절하하고, 산업을 보호하는 무역규제 조치를 잇달아 내놨다. 사실상의 무역봉쇄 조치를 단행한 것이다. 그러자 생활필수품마저 국경을 넘기 어려워지고, 대부분 국가의 경제와 민생은 파탄 직전으로 내몰렸다.

제2차 세계대전이 끝날 무렵인 1944년 7월, 44개 연합국은 미국 뉴햄프셔주 브레턴우즈에서 '브레턴우즈 협정'Bretton Woods Agreements을 체결한다. 협정의 골자는 '① 국제통화기금IMF과 국제부흥개발은행IBRD을 창설한다 ② 금 1온스를 35달러로 고정하고, 다른 나라의 통화는 달러에 고정한다 ③ 고정환율제를 시행하되 회원국은 상하 1% 범위에서 환율을 바꿀 수 있으며, 국제수지의 근본적인 불균형이 있는 경우에 한해 예외적으로 IMF의 승인 아래 상하 10% 안팎의 변동을 허용받을 수 있다' 등이었다. 금에 일정 환율로 고정된 달러를 기축통화로 삼는 '금환본위제金換本位制'를 수립한 것이다.

달러는 금과 마찬가지가 됐다. 원하는 대로 달러를 금과 교환해준다는 의미이기도 했다. 당시 미국이 세계 산업생산량의 절반을 담당하고, 세계 금 보유고의 3분의 2를 확보할 만큼 막강한 경제력을 자랑했기 때문에 가능한 체제였다. 브레턴우즈 체제는 1947년 미국 등 23개국이 스위스의 제네바에서 '관세 및 무역에 대한 일반협정GATT'을 맺고 자유 무역주의 원칙을 더욱 강화함으로써 완성됐다.

하지만 브레턴우즈 체제는 견고하지 못했다. 불안한 기초 위에 출발한 협정이었기 때문이다. 브레턴우즈 협정에 따라 달러와 금이 똑같아지지 미국은 달러를 찍어내기만 하면 금을 얼마든지 확보할 수 있을 것처럼 여겨졌다. 하지만 금 가격은 1달러당 35온스

전후 국제경제 질서를 설계하고 '미국의 시대'를 연 협정으로 국제통화기금(IMF)과 국제부흥개발은행(IBRD) 협정의 총칭이다. 1944년 7월 작성된 브레턴우즈 협정 전문(前文)에는 44개국이 국제금융 질서 확립을 위해 힘써야 한다는 취지가 드러나 있다. "이제 각국은 국제 금융 거래 문제에 대해 서로 조언을 구하고, 동의를 얻어야 한다. 세계 번영에 해롭다고 의견이 일치된 행위는 불법화해야 한다. 단기 수지 불균형 문제가 발생했을 때는 이를 해결할 수 있도록 서로 도와야 한다."

로 고정돼 있었다. 이에 따라 달러를 마구 찍어냈다가는 금에 대한 달러의 실질가치가 명목 가치보다 낮아져 경제위기를 초래할 우려가 컸다.

더구나 국제시장에서 금이 귀해져 실질가치가 올라간다면 미국은 자국의 금을 방출해 수지를 맞추어야 했다. 이는 미국이 막강한 자금력을 갖추어야만 가능한 일이었다. 1950년대까지는 미국의 산업 역량이 월등했기 때문에 그럭저럭 가능했다. 하지만 1960년대 이후 미국이 베트남 전쟁과 복지사업 증대로 재정 지출을 크게 늘린 데다 유럽과 일본 등의 경제가 살아나면서 더이상 미국 상품이 세계를 압도할 수 없게 됐다.

설상가상 영국·프랑스·독일·이탈리아 등이 미국 정부에 금 태환을 요구하면서 미국의 금 보유량은 대폭 줄었다. 1971년 8월 15일 리처드 닉슨 미국 대통령은 긴급 TV 기자회견을 열어 "달러와 금의 태환을 정지한다"고 선언했다. 이를 '닉슨 쇼크'라고 한다. 달러는 불환지폐로 변했고, 전 세계 화폐는 각국 중앙은행에 의해 가치를 보증받아야 했다. 국제 외환시장의 고정환율제는 변동환율제로 바뀌었다. 브레턴우즈 체제가 종말을 고한 것이다. 협정 체결 이후 27년 만이다. 브레턴우즈 체제 붕괴 이후 전 세계의 화폐는 금으로부터 해방돼 자유를 얻었다.

과학자 뉴턴, 금본위제 전환에 밑돌을 놓다

르네상스 시대인 13세기 이탈리아 베네치아에서는 순도 98.6%의 금으로 만든 동전인 '두카트Ducat'가 유통됐다. 두카트는 오늘날의 달러화처럼 기축통화 역할을 했다. 세계 곳곳을 누볐던 베네치아 상인들은 이슬람과 유럽의 국가들과 두카트로 거래하며 부를 쌓고 식민지를 건설했다. 셰익스피어의 《베니스의 상인》에 나오는 주인공 안토니오가 친구의 결혼 자금을 위해 고리대금업자 샤일록에게 빌린 화폐가 바로 두카트였다.

금이나 은으로 화폐 가치를 나타내는 복본위제複本位制는 교환비율이 복잡하다는 이유로 19세기에 접어들면서 대다수 국가에서 사라졌다. 영국은 복본위제에서 금본위제로 전환했다. 영국이 금본위제로 화폐개혁을 단행한 데는 미적분법을 창시하고, 만유인력의 법칙을 발견한 과학자 아이작 뉴턴(1642~1727)의 역할이 컸다.

케임브리지대 교수였던 뉴턴은 1696년 절친한 친구이자 당시 재무장관이었던 찰스 몬터규의 권유로 왕립 주조국 감독관으로 부임했다. 1699년에는 조폐국장에 임명됐다. 뉴턴이 케임브리지대에서 과학 연구에 몰두한 기간이 대략 30년이고, 금융전문가로 활동한 기간이 30년이다. 뉴턴은 지금으로 치면 중앙은행 금융통화위원회 위원으로 일하며, 당시 영국 금융계에서 상당한 영향력을 발휘했다.

당시 금은복본위제를 사용하던 영국 정부는 1717년 뉴턴에게

영국의 금본위제 확립에 기여한
과학자 아이작 뉴턴.

금화와 은화의 가치를 책정하고 교환비율을 정하는 막중한 임무를 맡겼다. 뉴턴은 유럽과 중국, 일본 등의 금과 은 가격을 비교·분석한 뒤 정확하고 객관적인 교환비율을 정했지만, 시장에서 금 가격은 내리고, 은 가격은 올랐다. 뉴턴이 정한 교환비율이 금화에는 유리하고, 은화에는 불리하게 되는 결과를 낳은 것이다. 이로 인해 영국 상인들은 외국에서 더 높은 가격을 받게 된 은화를 녹여 은괴로 만들어 수출했다. 영국의 은화는 고갈되고, 자연스레 금화만 유통됐다. 뉴턴이 이런 결과를 의도한 것인지는 확인할 수 없지만, 금이 지급결제 수단으로 자리 잡는 계기가 된 것만은 확실하다. 1816년 영란은행이 발행하는 지폐의 가치를 일정량의 금에 연동시키면서 금본위제가 확립됐다.

영국이 복본위제에서 금본위제로 대전환하게 된 배경에는 뉴턴의 지대한 역할이 숨어 있는 셈이다. 영국 왕실 조폐국장으로 일하면서 뉴턴이 받은 연봉은 2000파운드로 알려졌다. 당시 그리니치 천문대를 건설하는 데 500파운드가량 들었다는 사실을 감안하면 뉴턴의 연봉이 어느 정도였는지 가늠할 수 있다. 뉴턴은 1705년 영국 여왕으로부터 귀족 칭호와 함께 아이작이라는 기사 작위도 받았다.

뉴턴은 동전 옆면의 톱니 모양 무늬를 발명한 것으로도 유명하다. 조폐국장으로 일할 당시 그는 위조 주화를 방지하기 위해 복잡한 톱니 모양 무늬를 고안한 것으로 알려져 있다. 위대한 과학자의 범상치 않은 발명이었다. 뉴턴은 과학자로 명성을 쌓았을뿐 아니라 금융전문가로 큰 성과를 거뒀다.

플라자 합의, 미국 달러화를 구하다

국제 금융시장에서 미국 달러화 체제를 유지하기 위해 시행된 국제협력의 대표적인 사례가 1985년에 이뤄진 '플라자 합의'다. 1980년대 미국 로널드 레이건 행정부는 '강한 미국, 강한 달러' 정책을 표방하면서 대규모 감세와 군사비 증액 등을 추진했다. 이런 정책은 쌍둥이 적자●로 이어졌다. 당시 미국 정부는 적자 규모를

●　　수출보다 수입이 더 많을 때 생기는 경상수지 적자와 세금 수입보다 재정 지출이 더 많을 때 생기는 재정수지 적자가 동시에 발생하는 현상이다. 경상수지와 재정수지의 적자가 계속되면 정부는 국채 발행과 외국자본 유입 등을 통해 이를 메워야 한다.

금본위제 전환을 비판한 동화 《오즈의 마법사》

신문발행인이자 동화작가였던 라이먼 프랭크 바움(1856~1919)이 1900년에 펴낸 동화 《오즈의 마법사》는 미국 정부가 은본위제를 폐기하고 금본위제를 채택하려는 움직임에 반발하는 내용이 담겨 있다. 바움은 《오즈의 마법사》를 통해 은본위제를 옹호하는 자신의 정치적 관점을 드러냈다.

《오즈의 마법사》의 주인공 도로시는 평범한 미국 시민을 상징한다. 허수아비는 가난한 농민, 양철 나무꾼은 노동자, 겁쟁이 사자는 '은의 자유화'를 대선 공약으로 내걸고 1896년 민주당 대통령 후보로 출마했으나 공화당의 맥킨리 후보에 패배한 브라이언을 의미한다. 그런가 하면 도로시를 날려버린 회오리바람은 금은복본위제에 대한 갈등을 암시하고, 동쪽 마녀는 금본위제를 밀어붙인 당시의 미국 대통령 그로버 클리블랜드(1837~1908)를 상징한다. 그로버 클리블랜드는 남북전쟁 이후 민주당 후보로는 처음으로 대통령에 당선된 정치인이다. 백악관을 떠난 뒤 4년 만에 재선된 최초의 대통령이기도 하다.

《오즈의 마법사》에 나오는 동쪽과 서쪽의 나쁜 마녀는 당시 복본위제를 반대하는 정치세력을 뜻한다. 착한 도로시는 나쁜 마녀들은 물리친다. 마법사가 도로시가 신고 있던 은 구두야말로 소원을 이뤄주는 신통한 물건이라고 말하는 장면은 은본위제가 최적의 통화제도라는 것을 암시한다.

금본위제 전환을 비판하는 내용을 담고 있는 라이먼 프랭크 바움의 동화 《오즈의 마법사》.

이 동화의 최초 제목은 '금의 마법사'를 의미하는 《온스의 마법사 Wizard of Ounce》였다고 한다. 하지만 책을 출간할 때는 제목을 《오즈의 마법사The Wizard of OZ》로 바꿨는데 'OZ'는 금은의 무게를 재는 '온스ounce'의 약자이다.

줄이고 인플레이션을 막기 위해 고금리 정책을 썼다. 하지만 고금리 정책으로 인해 시중 자금이 금융기관에 대량 유입되고, 달러 가치가 높아지면서 경상수지 적자 폭이 커지는 악순환에 빠졌다.

미국은 1985년 뉴욕에 있는 플라자 호텔에서 G5(미국·영국·독일·프랑스·일본) 재무장관·중앙은행 총재 회의를 개최했다. 회의에서 미국은 G5 국가가 달러 가치를 떨어뜨리기 위해 상호 협력한다는 합의를 이끌어냈다. 이를 '플라자 합의'라고 한다. 플라자 합의 이후 미국 달러화는 독일 마르크화와 일본 엔화에 비해 가치가 40%나 떨어졌다. 미국 제조업체들은 달러 가치하락에 따른 가격 경쟁력을 무기로 1990년대 해외 시장을 장악할 수 있었다. 이에 따라 미국의 재정적자와 무역적자 규모도 큰 폭으로 줄었다.

플라자 합의 이후 미국 경제는 회복세를 보인 반면 일본은 엔화 가치 상승으로 수출이 급격하게 줄어들고, 내수경기가 침체해 큰 어려움을 겪었다. 1995년 4월 G7 재무장관·중앙은행 총재 회의에서 엔화 가치 하락을 유도한 합의가 있었는데 이를 '역플라자 합의'라고 한다.

미국 달러화는 2008년 글로벌 금융위기 때 기축통화로서의 위상이 크게 흔들렸지만 이를 대체할 기축통화는 없는 아직 실정이다. 한때 미국 달러화를 위협했던 일본 엔화와 유로화가 기축통화가 될 가능성은 낮은 편이다. 미국과 함께 G2 반열에 오른 중국의 위안화도 기축통화로 인정받기에는 부족한 점이 많다. 이

에 따라 미국 달러화는 상당 기간 기축통화 지위를 유지할 것으로
전망된다.

유로화, 화폐가 이룩한 유럽통합

1990년대 이후 유럽 각국에서는 자국의 이익만을 추구하는 미국
에 대항하려는 움직임이 거세졌다. 유럽시장 통합과 사람·물자
의 자유로운 이동을 목표로 1993년 출범한 유럽연합EU은 회원국
간 환차손을 없애고 재정적 안정을 꾀한다는 취지 아래 유로화를
발행하기로 결정한다. 유로화는 2002년 1월 1일부터 유럽경제통
화동맹EMU, European Economic and Monetary Union 역내 12개 국가에서
현금을 포함한 모든 거래에 사용되는 단일 통화를 말한다.

유럽연합의 헌법과도 같은 마스트리히트 조약은 유로화를 'EU
단일화폐'로 규정하고 있다. 초기 유로화는 독일, 오스트리아, 벨
기에, 스페인, 핀란드, 프랑스, 아일랜드, 이탈리아, 룩셈부르크,
네덜란드, 포르투갈, 그리스 등 유럽연합에 가입한 12개국에서 사
용했다. 유로화 사용 국가는 갈수록 늘어 2021년 현재 19개국이
되었다. 하지만 영국, 스웨덴, 덴마크, 불가리아, 크로아티아, 스
위스, 체코, 헝가리, 폴란드, 루마니아 등은 유로화가 아닌 기존
자국 화폐를 사용하고 있다.

유로화는 유럽중앙은행의 인가를 받아 각국 중앙은행이 발행

'유럽의 금융지배자'로 군림한 로스차일드 가문

유럽의 금융발전 과정을 거론하면서 로스차일드Rothschild 가문을 빼놓을 수 없다. 신성로마제국의 자유도시 프랑크푸르트의 게토 ghetto(유대인 거주 지역)에서 대대로 상업에 종사하던 유대인 가문이었다. 마이어 암셀 로스차일드(1744~1812)는 1764년 프랑크푸르트 상회를 개설해 옛날 돈과 골동품 등을 거래하던 상인이었다. 그는 가게 앞에 '붉은 문패'를 걸어 놓았다. 로스차일드는 중세 독일어로는 '로트쉴트'로 '붉은 문패'라는 뜻이다.

로스차일드는 어떤 과정을 거쳐 유럽에서 가장 영향력이 있는 금융 가문으로 성장했을까. 암셀은 독일 헤센의 영주이자 광적인 동전 수집가인 빌헬름 9세의 눈에 들어 금융업에 발을 들여놓는다. 1789년 빌헬름 9세에게 정식으로 대부업을 승인받은 로스차일드 가문은 프랑스 혁명과 나폴레옹 전쟁 과정에서 막대한 부를 축적했다. 특히 나폴레옹의 베를린칙령 이후 가격이 폭등한 영국의 면제품 등을 몰래 들여와 팔면서 큰 이익을 남겼다.

암셀은 다섯 아들을 런던, 프랑크푸르트, 파리, 빈, 나폴리로 보내 금융으로 유럽을 제패하는 가문이 되겠다는 야심을 품는다. 로스차일드 가문은 유럽 여러 국가와 왕실의 공채公債 발행과 재산 관리를 맡으면서 사업을 유럽 전역으로 확대했다. 유럽 각국의 정치와 경제에 막대한 영향력을 지닌 금융재벌로 부상한 것이다. 1822년에는 암셀의 다섯 아들이 오스트리아 황제인 프란츠 2세에게 남작 작위를 받기도 했다.

로스차일드 가문을 상징하는 문장.

로스차일드 가문은 독일·오스트리아·프랑스 등의 철도산업에 투자해 큰 수익을 거뒀다. 수에즈 운하와 이집트 철도 건설 등과 같은 사회간접자본SOC 투자에도 적극 참여했다. 특히 전시戰時 공채 발행으로 전쟁이나 식민지 침탈에 필요한 자금을 유럽 각국에 제공하면서 금융의 지배자로 군림했다. 한때 영국 증권거래소의 상장 채권 62%를 소유했던 로스차일드는 채권으로 막대한 부를 축적한 금융 가문으로도 유명하다.

하지만 로스차일드 가문은 19세기 후반 유럽 각국에서 민족주의가 고양되고, 반유대주의가 확산하면서 정치·경제적 위상이 급격하게 위축됐다. 정보기술IT의 발달과 금융자본의 세계화도 로스차일드 가문이 쇠락하는 데 영향을 미쳤다는 분석도 있다. 로스차일드 가문은 철저하게 '비밀주의'를 고수해오고 있다. 투자 내역을 공개하지 않고, 영업보고서도 발행하지 않는다. 가문 중심의 배타적 경영 방침을 보여주는 단면이다.

한다. 유로화 단위는 1995년 EU의 오랜 논의와 숙고 끝에 유로EURO로 결정했다. 일부 국가는 'ECU'를 제안했으나 옛 프랑스 돈의 단위와 흡사하다는 이유로 채택되지 않았다. 하나의 유럽을 지향하기 위해 새 지폐를 사용하는 것이므로 특정 국가의 이미지를 떠올리게 해서는 안 된다는 주장이 제기됐기 때문이다.

유로화는 5·10·20·50·100·200·500유로 등 7권종 체제이다. 유로화에는 유럽중앙은행ECB 총재의 서명이 들어있다. 2020년부터는 크리스틴 리가르드 총재의 서명이 새겨져 있다. 모든 권종의 유로화 앞면에는 문과 창문이 들어간다. '유럽의 열린 마음'을 강조하기 위해서다. 5유로 지폐에는 그리스·로마 건축양식의 문, 10유로 지폐에는 로마네스크 건축양식의 문, 20유로 지폐에는 고딕 건축양식의 창문, 50유로 지폐에는 르네상스 건축양식의 문, 100유로 지폐에는 바로크 건축양식의 문, 200유로 지폐에는

머지않아 유통 정지될 가능성이 큰 500유로 지폐.

철과 유리 건축양식의 문, 500유로 지폐에는 포스트모던한 20세기 건축양식의 문이 그려져 있다.

유로화의 모든 권종 뒷면에는 다리와 유럽 지도가 그려져 있다. 다리는 유럽을 비롯해 전 세계인 간 '의사소통 또는 관계'를 의미한다. 유로화 앞·뒷면에 새겨진 그림들은 특정 국가의 장소나 유물이 아닌 유럽 역사와 문화를 상징한다.

유럽중앙은행은 2016년 2월 유로화 최고액권인 500유로 지폐를 유통 정지시키는 방안을 추진하겠다고 발표했다. 고액권이 돈세탁을 통해 테러 자금 등으로 악용되는 것을 막기 위해서다. 하지만 일부선 마이너스 금리 시대에 예금자가 은행에서 고액권을 뽑아 쌓아두는 것을 막기 위해 500유로 지폐를 없애려는 게 아니냐는 지적도 나온다. 유럽중앙은행은 200유로 지폐의 신권 발행 중단도 검토하기로 했다. 500유로와 200유로 지폐가 발행정지되면 유로화는 7권종에서 5권종으로 줄어든다. 이미 독일과 오스트리아 중앙은행은 2019년 4월 26일부터 500유로 지폐를 쓰지 않겠다고 밝힌 바 있다.

유로화가 촉발한 그리스 경제위기

유로존은 '유로화'라는 단일화폐가 유럽 국가를 하나의 단단한 경제공동체로 묶어줄 것으로 기대했다. 유로화 사용 초기에는 긍정적인 효과도 나타났다. 유로존 국가들의 무역 규모를 늘리는 데 일조한 것이다. 2008년 글로벌 금융위기가 닥쳤을 때도 유로존에 가입하지 않은 아이슬란드는 큰 타격을 입은 데 반해 유로존에 가입한 국가들은 튼실한 금융 인프라를 갖추지 못했음에도 큰 문제 없이 지나갈 수 있었다.

하지만 2010년 유로존 재정위기가 불거지면서 그리스가 경제위기에 봉착했다. 그리스는 독일·프랑스 등과 비교했을 때 경제 기반이 허술했음에도, 유로화를 도입하면서 국제적인 신용을 얻었다. 그리스는 유로화의 신용을 활용해 과도한 국채를 발행했고, 연간 재정적자 규모가 눈덩이처럼 불어나 국가 파산 상황에 내몰리고 말았다. 수출 경쟁력 등 경제 펀더멘털(기초체력)이 각기 다른 유럽 지역 국가에 유로화라는 단일화폐를 사용하고 동일한 기준금리와 환율을 적용했을 때 나타날 수 있는 부작용이 고스란히 표출된 것이다. 유로존 출범 이후 경쟁력이 떨어지는 남유럽 국가들의 경상수지 적자 폭은 커졌지만, 독일 등은 무역수지 흑자가 급증하며 수혜를 톡톡히 입은 것이 이를 단적으로 방증한다.

그리스뿐만 아니라 포르투갈, 아일랜드, 스페인 등 이른바 '피그스PIGS 국가°'들이 심각한 재정난을 겪었다. 2010년 기준 PIGS

° 2010년대 초부터 경제위기를 겪었던 포르투갈(Portugal), 이탈리아(Italy), 그리스(Greece), 스페인(Spain) 등 남유럽 4개 국가의 머리글자에서 따온 용어. 2008년 7월 미국 시사주간지 〈뉴스위크〉가 "왜 돼지들(PIGS)은 날지 못하나(Why PIGS

국가의 국내총생산GDP 대비 재정적자 비율은 그리스 13.6%, 스페인 11.2%, 포르투갈 9.4%, 이탈리아 5.3%에 달했다.

유로존에서 탈퇴하는 '그렉시트Greece+Exit' 우려가 고조되기도 했던 그리스는 2010년과 2012년, 두 차례에 걸쳐 유럽중앙은행 ECB과 국제통화기금IMF으로부터 각각 730억유로와 1580억유로의 구제금융을 지원받았다. 하지만 2차 구제금융 종료 이후 유동성 부족으로 IMF에 16억유로를 상환하지 못해 '디폴트(채무불이행)' 상황으로 내몰렸다. 분분한 논란 속에서 그리스는 2015년 7월 유럽안정화기구ESM로부터 860억유로 규모의 3차 구제금융을 지원받았다.

그리스는 여전히 경제위기 상황에서 벗어나지 못하고 있다. 경제성장률이 2019년 플러스로 전환되고, 실업률도 떨어지는 등 경제지표가 호전될 기미를 보였지만 2020년 전 세계를 강타한 코로나-19로 마이너스 성장률을 기록했다.

그리스는 유로화라는 단일화폐를 사용한 대가를 혹독하게 치르고 있는 것일까? 그리스 정부의 방만한 재정 운용과 산업경쟁력 하락, 허술한 금융시스템 등이 경제위기를 자초한 주요 원인이다. 하지만 성급한 유로화 도입도 경제위기를 불러오는 데 적잖은 영향을 미쳤음은 분명해 보인다.

can't fly)"라는 기사를 통해 처음으로 PIGS라는 용어를 만들어냈다. 그 이후 유로존 경제위기가 불거지자 언론들이 PIGS에 아일랜드(Ireland)를 포함하면서 PIIGS라는 용어를 쓰기도 했다.

통화동맹의 공동화폐,
유로화가 처음은 아니다

다수의 국가가 특정 화폐를 공동사용하기로 합의하고, 금융통화 정책에 대해서도 협력 관계를 맺는 것을 '통화동맹通貨同盟·Currency Union'이라고 한다. 그런 측면에서 유로화는 유럽 지역 국가들이 통화동맹을 맺고 발행하는 공동화폐로 볼 수 있다. 통화동맹은 기원전부터 근대에 이르기까지 여러 차례 있었다.

기원전 2세기부터 소아시아(현재 터키 지역)의 여러 도시에서 시스토포리Cistophori라는 '협약은화協約銀貨'를 유통한 것이 통화동맹의 효시로 알려져 있다. 중세에는 1225년 뤼베크와 함부르크의 통화동맹, 1240년 독일 남부지역 보덴호 연안 도시 간의 통화동맹이 있었다.

근대에는 남부 독일의 제국帝國들이 1837년 프로이센 마르크를 공동화폐로 채택한 '남독일 통화동맹', 독일과 오스트리아가 1857년에 맺은 '빈 통화동맹', 금은복본위제金銀複本位制 유지를 목적으로 프랑스 · 벨기에 · 이탈리아 · 스위스 등 4개국이 1865년에 체결한 '라틴 통화동맹', 스웨덴 · 노르웨이 · 덴마크 등 3개국이 1873년 크로네를 공동화폐로 채택한 '스칸디나비아 통화동맹' 등이 있었다.

제2차 세계대전이 끝나자 프랑스 식민지였던 아프리카 국가들은 1945년 통화동맹을 맺고 공동화폐인 '세파CFA 프랑'을 탄생시켰다. 세파는 '아프리카 금융공동체'를 뜻한다. 이들 국가는 1960

년 프랑스로부터 독립했으나 지금도 공동화폐를 사용하고 있다. 세파 프랑은 권역별로 2종류가 유통되고 있다. 가봉 · 콩고 · 카메룬 · 중앙아프리카공화국 · 적도기니 · 차드 등 중앙아프리카 6개 국가에서 유통되는 중앙아프리카은행권과 베냉 · 부르키나파소 · 기니비사우 · 코트디부아르 · 말리 · 니제르 · 세네갈 · 토고 등 서아프리카 지역 8개국에서 사용하는 서아프리카중앙은행권이 그것이다.

동카리브해에 있는 8개 섬나라들이 공동화폐로 쓰고 있는 동카리브달러.

동카리브 해에 있는 8개 섬나라들은 1965년 통화동맹을 맺고 동카리브중앙은행이 발행하는 동카리브달러를 공동화폐로 사용한다. 동카리브달러를 쓰는 나라들은 1976년부터 '미국 1달러=2.7동카리브달러'의 고정환율제를 시행하고 있다. 동카리브달러는 앤티가 바부다, 도미니카 연방, 그레나다, 세인트키츠네비스, 세인트루시아, 세인트빈센트그레나딘 등 1970~1980년대 영국에서 독립한 6개 나라가 사용하고 있다. 영국령인 앵귈라와 몬트세랫도 동카리브달러를 공동화폐로 쓰고 있다. 다만 영국령인 버진아일랜드는 미국 달러화를 사용한다.

리디노미네이션의 빛과 그림자

한 나라에서 통용되는 화폐에 대해 실질가치는 그대로 두고, 액면가를 동일한 비율로 낮추는 조치를 리디노미네이션re-denomination(화폐 액면 단위변경)이라고 한다. 예를 들어 액면가 1000원짜리 화폐를 1원으로 변경하는 방식이다. 증권시장에 상장된 기업이 주식 가치를 액면분할*하는 것과 흡사한 개념이다.

리디노미네이션은 인플레이션이 발생하거나 경제 규모가 확대돼 거래가격이 높아져 계산상의 불편이 발생하는 문제점을 해결하기 위해 도입되곤 한다. 한국에서는 1953년 2월과 1962년 6월 신·구 화폐의 환가비율換價比率을 각각 100 대 1과 10 대 1로 정하는 리디노미네이션을 단행했다.

제1차 리디노미네이션은 한국전쟁 막바지이던 1953년 2월 15일 '대통령 긴급명령 제13호'를 공표해 시행됐다. 한국전쟁으로 생산 활동이 위축된 데다 군사비 지출 등으로 인플레이션 압력이 커지고, 통화의 대외가치가 폭락한 데 따른 조치였다. 당시 화폐 액면가를 100대 1로 절하하고, 화폐 단위를 원에서 환으로 변경

---

* 주식의 액면가를 일정한 분할비율로 나눠 주식 수를 늘리는 것을 말한다. 예컨대 액면가 5000원짜리 1주를 둘로 나눠 2500원짜리 2주로 만드는 식이다. 액면분할은 주식 가격이 너무 비싸 매매가 어려워질 경우 이를 잘게 쪼개 소액 매매가 가능하도록 하기 위해 시행한다. 삼성전자는 2018년 1주를 50주로 쪼개는 액면분할을 단행했다. 당시 1주당 265만원가량이었는데 액면분할 이후 1주당 5만 3000원에 거래를 시작했다.

하는 조치를 단행했다. 이에 따라 100원이 1환이 됐다.

제2차 리디노미네이션은 박정희 군사정권 시절인 1962년 6월 10일 '긴급통화조치법'에 의해 시행됐다. 구권舊券화폐의 유통과 거래를 금지하고, 화폐 액면가를 10분의 1로 조정한 새로운 '원' 표시 화폐를 발행한 것이다. 이런 조치로 10환이 1원이 됐다. 박정희 군사정부는 토요일 밤 10시에 리디노미네이션을 기습적으로 발표했다. 당시 천병규 재무장관은 "기밀을 누설하면 총살형도 감수한다"는 선서까지 하고 준비팀을 지휘했다고 한다. 새로운 '원' 화폐는 보안을 유지해가며 영국 화폐 제작사에 주문한 뒤 부산으로 반입돼 '폭발물' 딱지가 붙은 채 보관됐다.

전격적으로 단행된 제2차 리디노미네이션으로 시민들은 크게 동요했다. 애초 목표했던 지하자금 회수율도 낮아지면서 불안감을 증폭시켰다는 비판을 받기도 했다. 박정희 군사정부의 화폐개혁 조치가 큰 성과를 거두지 못한 것이다.

2000년대 이후에도 정치권과 금융계에서 리디노미네이션을 단행해야 한다는 얘기가 심심찮게 흘러나왔다. 하지만 리디노미네이션을 단행하려면 까다로운 절차를 거쳐야 한다. "대한민국 화폐 단위는 '원'이며, 1원은 100전으로 분할된다"고 규정한 한국은행법부터 바꿔야 한다. 새 화폐 도안 결정, 새 화폐 제작, 현금자동입출금기ATM 교체 등 여러 준비단계를 거쳐야 하기에 적어도 4~5년, 길게는 8년 이상 걸린다는 게 전문가들의 설명이다. 게다가 국민 생활과 경제에 미치는 파급 효과가 워낙 커 리디노미네이션을 단행한다는 것은 결코 쉬운 일이 아니다.

　일부 국가에서는 안정적인 경제성장을 꾀하고, 자국 통화의 위상을 높이기 위해 리디노미네이션을 실시하기도 한다. 프랑스는 1960년대 자국 통화가치를 높이기 위해 100대 1의 리디노미네이션을 단행했다. 터키는 2005년 1월 화폐 단위를 100만분의 1로 낮추면서 통화 명칭을 '리라'에서 '신新리라'로 바꿨다. 헝가리는 제2차 세계대전이 끝난 옛 화폐에서 0을 무려 30개나 없앤 새로운 화폐를 발행했다. 이는 지금까지도 세계 최고기록으로 남아 있다.

큰 후유증 남긴 베네수엘라의 화폐개혁

베네수엘라 정부는 2018년 8월 물가상승률이 8만%에 달하는 초인플레이션을 잡기 위해 기존 통화가치를 95~96% 평가절하한 새 화폐를 발행했다. 리디노미네이션을 단행한 것이다. 새 화폐인 '볼리바르소베라노'는 기존 볼리바르를 10만대 1로 액면 절하한 것이다.

혼란에 빠진 시민들은 은행에 맡긴 돈을 찾기 위해 현금자동입출금기ATM 앞에 줄을 섰다. 상점은 값이 더 오르기 전에 생활필수품을 사려는 사람들로 북새통을 이뤘다. 시장 불안으로 수많은 기업과 상점들이 문을 닫았다. 베네수엘라 야당은 정부의 리디노미네이션 단행에 반발해 총파업을 선언했다. 화폐 가치 폭락에 분노한 시민들은 100볼리바르 지폐를 쓰레기통에 버리기도 했다.

한때 베네수엘라는 '석유 부국'으로 불렸다. 하지만 니콜라스 마두로 대통령이 집권한 2013년 4월 이후 무분별한 경제 운용과 국제유가 하락으로 국가 경제가 사실상 붕괴했다. 2020년에는 물가상승률이 2400%를 웃돌아 간단한 장을 보려 해도 현금을 가방에 가득 챙겨가야 할 정도가 됐다. 이에 따라 베네수엘라에서는 자국 화폐보다 미국 달러화가 거래에 널리 쓰이고 있다.

베네수엘라 정부는 살인적인 물가상승이 이어지자 10만 볼리바르를 최저 단위로 하는 고액권 지폐 발행을 검토하기도 했다. 10만 볼리바르는 베네수엘라에서 발행된 지폐 중 최고 액면가이지만 달러 환산 가치는 0.23달러(약 270원)에 불과하다.

6장

돈의
끝없는 진화

신용카드, 실수가 만들어낸 플라스틱 머니

1950년대 중반까지만 해도 화폐는 지폐와 동전이 전부였다. 사람들은 지폐와 동전으로 물건을 사고, 월급을 받고, 저축을 했다. 하지만 '플라스틱 머니'로 불리는 신용카드가 나오면서 상황이 달라졌다. 신용카드는 지폐와 동전을 대신하며 급속도로 퍼져나갔다.

1950년 미국의 사업가 프랭크 맥나마라는 뉴욕 맨해튼에 있는 고급 음식점으로 귀한 손님을 초대했다. 저녁 식사를 마친 뒤 맥나마라는 계산대에 가서 음식값을 치르려 했다. 그런데 지갑이 없었다. 양복을 바꿔 입으면서 지갑을 챙기지 않은 것이다. 맥나마라는 집에 전화를 걸어 아내에게 돈을 갖고 나오라고 해 음식값을 치를 수 있었다.

맥나마라는 변호사 친구인 랄프 슈나이더와 함께 음식이나 물건을 산 후 나중에 대금을 지불하는 방법을 연구한 끝에 플라스틱 카드를 생각해냈다. 두 사람은 플라스틱 카드를 만드는 회사

'플라스틱 머니' 시대를
연 신용카드.

를 설립한 뒤 회원을 모집했다. 처음 카드 회원은 친지와 친구 등 200명가량으로, 이들에게는 '저녁 식사를 하는 사람'이란 뜻의 '다이너스 카드Diners Card'가 제공되었다. 이 카드를 지닌 사람들은 음식점에 가서 "앞으로는 식사한 뒤 카드 전표에 사인을 하고 나중에 한꺼번에 지불하겠다"고 했다. 음식점도 그들의 신용을 믿고 흔쾌히 제안을 받아들였다.

다이너스 카드 가맹 음식점은 처음 14곳에서 시간이 지날수록 늘어났다. 이게 현재 시티그룹 소유인 다이너스 카드의 효시다. 지갑을 갖고 오지 않은 맥나마라의 실수가 세계 최초의 신용카드를 발명하는 계기가 된 셈이다. 신용카드는 20세기 최고 발명품 중 하나로 꼽힐 만큼 일상생활의 혁신을 가져왔다.

다이너스 카드가 보급되고 몇 년 후인 1958년 뱅크오브아메리카BOA는 최초의 대중적인 신용카드를 발급했다. 뱅크오브아메리카 카드는 나중에 비자VISA 시스템으로 발전했고, 1966년에는 신용카드를 발급하는 은행 그룹이 마스터 카드Master Card를 설립했다.

한국에서 처음 선보인 신용카드는 플라스틱 표면에 회원의 이름과 회원번호 등 정보를 양각陽刻한 형태였다. 신세계 백화점은 1969년 카드 표면에 글자와 그림을 볼록하게 새긴 '신세계 백화점 카드'를 발급했다. 이 카드는 회사와 관련 있는 일부 사람에게만 소량 발급됐고, 사용처도 신세계 백화점으로 한정됐기에 현재의 신용카드와는 큰 차이가 있다. 그럼에도 카드 소지자에게 외상으로 물건과 서비스를 팔고 나중에 돈을 지불받았던 만큼 국내 최초의 신용카드로 인정받고 있다.

동전이나 지폐 대신 신용카드를 사용하기 시작하면서 인류는 신용사회로 가는 문을 활짝 열었다. 신용Credit이란 단어는 '믿음' 또는 '신뢰'를 의미하는 라틴어 '크레도Credo'에서 유래했다. 3000년 전 이집트 사람들은 이미 신용으로 물품을 구매했다. 신용은 일반적으로 사람을 신뢰한다는 뜻으로 인간관계를 원활하게 이어주는 기본이 된다. 경제용어로서 '신용'은 상품이나 물품을 매매하고 거래할 때 그 대가를 지급하거나 금전을 대차한다는 뜻이다. 신용은 국가의 발전과 더불어 급속히 확대돼 현대사회에서 경제활동의 중요한 요소로 자리매김했다.

온라인 세상의 결제수단, 전자화폐

지폐와 동전은 사람들의 손에서 손으로 돌고 돌았다. 하지만 지폐와 동전처럼 실체를 지닌 화폐는 신용카드나 현금카드, 교통카드 등 이른바 '플라스틱 머니'의 보조수단이 된 지 오래다. 이제 돈은 계좌에서 계좌로 이동하고 있다. 현금 없이도 하루종일 불편하지 않은 세상이 도래한 것이다.

한국은행에 따르면 국내에서 이용 비율이 가장 높은 지급수단은 신용카드다. 2019년 기준 신용카드 이용률은 43.7%로 현금 이용률(26.4%)의 2배가량이다.

정보통신 기술의 발달에 따라 등장한 것이 전자화폐다. 전자화폐는 지폐나 주화를 대체하는 새로운 개념의 결제수단으로 1990년대 중반 유럽중앙은행ECB, 국제결제은행BIS 등에서 사용하기 시작한 용어다. 컴퓨터로만 확인이 가능해 '디지털 캐시' '사이버 캐시' 'E-캐시' 등으로 부르기도 한다. 지폐나 주화의 본질적 속성은 그대로 갖고 있지만 금액 정보는 디지털화된다. 영국에서 1995년 개발된 몬덱스 카드가 전자화폐의 효시다.

전자화폐는 시공간의 제약을 받지 않는다. 이용자에 대한 자격 제한이 없어 경제적 신용도가 낮은 미성년자도 소액결제 등에 편리하게 사용하고 있다. 전자화폐는 화폐적 가치가 어떻게 저장되었는가에 따라 IC카드형과 네트워크형으로 나뉜다. IC카드형 전자화폐는 '전자지갑형 전자화폐'로 불린다. IC카드에 전자적 방법

스마트폰 사용 인구가 늘어나면서 전자화폐 이용률도 갈수록 높아지고 있다.

으로 은행 예금의 일부를 옮겨 단말기 등으로 현금처럼 지급하기 때문이다. 이런 IC카드형 전자화폐는 네트워크형과 호환되지 않으면 전자상거래에서는 쓸 수 없다.

네트워크형 전자화폐는 가상은행이나 인터넷과 연결된 고객의 컴퓨터에 저장했다가 필요할 때 공중통신망을 통해 대금결제에 사용하는 형태의 지급결제 방식이다. 한국에서는 1999년 아이캐시가 처음 선보인 이후 한국형 전자화폐인 'K캐시'를 비롯해 비자캐시, 모바일 전자화폐인 '주머니' 등이 널리 사용됐다.

현재 가장 대중화된 형태의 전자화폐는 교통카드이다. 스마트폰 대중화로 모바일에 전자화폐 기능을 설치하는 사람들이 늘면서 모바일 전자화폐 시장도 커지고 있다.

인터넷 쇼핑용으로도 많이 사용되는 전자화폐는 정보유출 위험이 상존하는 데다 보안성에 대한 신뢰가 부족해 주로 소액거래에만 쓰인다. 그러나 최근 들어 생체인식 기술을 적용한 전자카드가 개발되는 등 보안이 한층 강화돼 사용범위가 넓어지고 있다.

인공지능AI이 만들어낸 안면인식 화폐

실물화폐를 대체하는 전자카드는 다양한 형태로 진화를 거듭하고 있다. 생체인식 기술을 적용한 전자카드에 이어 최근에는 안면인식 결제시대가 열렸다. 얼굴 인식을 통해 미리 등록한 지역화폐나 신용카드로 결제를 진행하는 방식이다. 인공지능AI과 블록체인 기술이 융합돼 탄생한 서비스라고 할 수 있다.

LG CNS는 2020년 9월부터 서울 강서구 마곡 LG사이언스파크 본사 식당의 1개 배식코너에서 '안면인식 커뮤니티 화폐'를 시범 운영하고 있다. 이 시스템은 소비자가 키오스크(무인 단말기)에 설치된 얼굴 인식 카메라 앞에 서기만 하면 '결제가 완료됐습니다'는 안내 문구와 함께 구매가 종료된다. 휴대전화 앱을 켜서 정보무늬QR코드를 스캔하거나 신용카드를 꺼낼 필요가 없다. 마스크를 쓴 상태에서도 얼굴 인식이 가능하다.

시스템 작동 원리는 간단하다. 얼굴 인식 카메라가 원적외선 스캔과 3차원(3D) 카메라로 소비자 얼굴의 특징을 뽑아낸다. 이

정보는 실시간으로 클라우드 서버로 전송되고, 사전에 등록한 소비자의 얼굴 정보와 일치하는지를 AI가 판단한다. 얼굴 정보가 일치하면 클라우드 내에서 연동된 개인의 '마곡 커뮤니티 화폐' 계좌에서 돈이 빠져나가 식당 계좌로 들어간다.

마곡 커뮤니티 화폐는 LG CNS 직원들이 자신의 월급에서 충전해 쓰는 일종의 지역화폐. 실생활에서 쓰는 돈과 같은 가치를 지닌다. 거래에서 카드 수수료가 발생하지 않기 때문에 수수료만큼의 할인 혜택을 받는다. 개인 계좌에서 충전·출금되거나 식당과 회사가 정산하는 마곡 커뮤니티 화폐는 모두 LG CNS의 블록체인인 '모나체인'에서 구동된다.

LG CNS 건물 3층에는 안면인식 결제로 운영되는 GS 편의점도 있다. 구매한 물건을 계산대에 올려두면 가격이 자동으로 계산되고 얼굴로 인식된 직원의 계좌에서 돈이 빠져나가는 방식이다. 일반인을 대상으로 한 안면인식 결제도 운영되고 있다. LG CNS는 신한카드와 손잡고 한양대 서울캠퍼스에 '신한 페이스페이'를 내놨다. 여기선 안면인식으로 신원 확인을 한 뒤 신한카드로 결제가 진행된다.

한국정보보호산업협회는 국내 안면인식 결제시장 규모가 2020년 기준으로 1514억원에 이를 것으로 추산했다. 미국 시장조사업체 '마켓앤드마켓'은 안면인식 결제 세계시장 규모가 2024년 70억 달러에 이를 것으로 전망했다.

지역화폐, 인간의 얼굴을 한 대안화폐

지역화폐는 특정 지역에서만 사용되는 일종의 대안화폐다. 예를 들어 서울이나 경기 수원, 전남 순천 등 특정 지역에 있는 사람들이 물건을 사거나 서비스를 거래할 때 쓰는 화폐인 것이다.

지역화폐는 1983년 캐나다 밴쿠버의 코목스 밸리에서 처음 사용됐다. 당시 이 지역은 공군기지 이전과 목재산업 부진으로 극심한 경기침체를 겪었다. 실업률이 18%에 달해 현금이 없는 실업자들은 생활이 어려워졌다. 그러자 컴퓨터 프로그래머였던 마이클 린턴이 '녹색달러'라는 지역화폐를 만들어 주민들 사이에 노동과 물품을 교환하게 하고, 거래 내역을 컴퓨터에 기록했다. 녹색달러는 코목스 밸리 주민들에게 공생의 길을 제시해준 지역화폐로 자리매김했다.

캐나다 브리티시 컬럼비아주에 속해 있는 솔트스프링 섬에서도 지역화폐가 사용되고 있다. 지역 주민들은 지역화폐를 2년간 솔트스프링 지역에서만 쓰고, 2년이 지나야 캐나다달러로 교환할 수 있도록 했다. 솔트스프링에서 통용되는 지역화폐는 1·2·5·10·20·50·100달러 등 7종류의 지폐와 50달러 은화가 있다.

지역화폐가 가장 활발하게 쓰이는 나라는 호주이다. 호주 카툼바 지역에선 '에코Eco'라는 지역화폐가 통용되고 있다. 시행 2년 만에 1,200명이 넘는 회원이 한 달에 800차례 이상 지역화폐를 사용했다고 한다.

일본 도쿄의 다카다노바바 지역 상점에선 '아톰 통화'가 쓰이고 있다. 만화 주인공 아톰이 그려진 지역화폐로 유명하다. '아톰 통화'는 쇼핑백을 반납하는 고객 등에게 비용 일부를 돌려줄 때도 사용된다.

영국의 '브리스틀파운드'는 가장 넓은 공간에서 유통되는 지역화폐다. 시 당국에서는 연간 5만파운드의 지원금을 내놓고, 시장은 봉급 일부를 지역화폐로 받는다.

사용하지 않고 오래 갖고 있으면 손해를 보는 지역화폐도 있다. 독일 뮌헨에서 유통되는 '킴가우어'는 3개월마다 가치가 2%씩 줄어든다. '갖고 있을수록 손해를 보는 돈'인 셈이다. 지역 경제를 활성화하려면 화폐를 적극적으로 쓰라는 의미가 담긴 것이다.

빈곤층을 구제하고 가난한 도시를 살려낸, 구세주와도 같은 지폐화폐도 있다. 빈곤층이 모여 사는 브라질의 콘준토 파우메이라스 지역에서는 돈이 마을 안에서 순환하게 할 목적으로 지역화폐 '파우마'를 사용한다. 브라질 공식 화폐인 헤알을 지역은행인 파우마스에서 지역화폐로 바꿔주고 있다. 파우마 덕분에 지역 내 소비 비중이 치솟기도 했다.

미국 뉴욕주 북부 이타카 시에서는 어떤 종류 일이든 1시간 동안 했다면 '1시간짜리 지역화폐'를 받아 생활협동조합 매장에서 물품을 살 수 있다. 노동시간을 돈으로 환산하는 '시간 화폐'인 셈이다.

브라질의 파우마스 은행이 발행하는 지역화폐 '파우마'.

　성공한 지역화폐로는 1930년대 처음 나와 90년 가까이 유통되고 있는 스위스의 '비르WIR'가 꼽힌다. WIR은 독일어로 '우리'라는 뜻이다. 1934년 금융위기로 손해를 본 기업인들이 중소기업을 위한 신용시스템을 만든 것이 그 시초다. 일반 상업은행들과 달리 WIR은행은 경기침체기에 중소기업 대출을 늘리고, 상황이 나아지면 대출금을 회수한다. 어려울 때 서로 돕는 금융안전망을 구축해놓은 것이다. 스위스 중소기업 5만 개가 WIR에 가입했다. 1999년부터 지역화폐를 제공하기 시작했고, 2000년에는 협동조합으로 전환했다. 지폐 없이 전자화폐로만 통용된다. 소비자들은 WIR 지역가맹점에 카드로 대금을 지불할 수 있다.

　이처럼 지역화폐는 특정 지역에 사는 사람들의 상생을 위해 만

지역화폐 · 온누리상품권 · 제로페이

한국 정부는 2009년 7월 전통시장 활성화를 위해 온누리상품권을 발행했다. 온누리상품권은 모바일과 종이 형태로 돼 있고, 5~10% 할인해 살 수 있다는 점에서 지역화폐와 비슷하다. 하지만 중앙정부(중소벤처기업부)가 주도하고 전국에서 사용 가능하다는 점에서 지역화폐와 다르다. 할인 혜택이 큰 만큼 일부 상인과 상품권 브로커들이 수천만원어치 상품권을 대거 매입한 뒤 은행에서 현금으로 바꾸는, 이른바 '상품권 깡' 등의 부작용도 발생하고 있다.

제로페이는 2018년 12월 서울시와 중소벤처기업부가 소상공인의 카드 수수료 부담을 낮추기 위해 도입됐다. 소비자가 스마트폰으로 상품에 있는 QR코드를 찍으면 소비자 계좌에서 판매자 계좌로 돈이 이체되는 방식이다.

제로페이는 전국 가맹점에서 사용 가능하며, 가맹점 매출액에 따른 수수료가 0~0.5%로 신용카드보다 저렴하다. 제로페이는 소상공인에게 혜택이 돌아간다는 점에서 온누리상품권 · 지역화폐와 비슷하지만, QR코드에 기반한 결제수단이라는 것이 다르다. 서울시는 제로페이 이용률을 높이기 위해 대대적으로 홍보를 펼쳤지만 소비자들의 호응은 예상보다 미미한 편이다.

들어진 화폐라고 할 수 있다. 지역경제를 활성화하고, 주민들을 하나로 묶어주는 역할을 하는 것이다.

벨기에의 금융학자 베르나르 리에테르는 "지역화폐는 경쟁보다는 협동으로 굴러가기 때문에 '인간의 얼굴을 한 돈'"이라고 평가한 바 있다. 귀담아들어야 할 얘기다.

진화를 거듭하는 한국의 지역화폐

한국에서 지역화폐의 개념은 1996년 계간지 〈녹색평론〉을 통해 처음 알려졌다. 그 이후 1998년 3월 '미래를 내다보는 사람들의 모임'(미내사)이 '미래 화폐'를 만들었다.

가장 대표적인 지역화폐로는 대전 한밭레츠가 운영하는 '두루'가 꼽힌다. 두루는 노동이나 물품을 다른 회원과 거래할 때 쓰인다. 회원은 1,000가구가량이다. 각 가구의 연간 거래량은 50만 두루를 웃돈다. 농산물 거래가 가장 많고, 약국·미용실·중고물품 거래에서도 두루가 쓰인다.

회원이 물품이나 서비스를 일정액의 두루로 판매하면 계좌에 그만큼의 액수가 '플러스'로 기록된다. 반대로 구입하는 회원의 계좌에는 같은 액수가 '마이너스' 기록으로 남는다. 두루에는 마이너스 한도가 없다.

서울 19개 구에서는 'e품앗이'라는 제도를 통해 지역화폐를 쓰

대전 한밭레츠가 발행하고 있는 지역화폐 '두루'.

고 있다. 은평구(화폐 명 '문')의 회원이 가장 많다. 성남시는 2006년부터 지역화폐 '성남사랑상품권'을 발행하고 있다. 성남사랑상품권은 서점과 안경점, 학원, 이·미용실, 커피숍, 약국, 슈퍼마켓, 음심점, 카센터 등에서 사용할 수 있다. 법정화폐 못지않게 사용처가 많다.

　지자체들은 골목상권과 지역경제를 활성화하기 위해 지역화폐를 적극 활용한다. 지역화폐를 발행하는 지방정부는 2018년 66곳에서 2020년 말 229곳으로 늘어났다. 종이 화폐가 가장 많고, 카드, 모바일 방식도 늘어나는 추세다. 지역화폐는 소비 촉진을 위해 유효기간(5년)을 둔다.

시간이 지나면 가치가 떨어지는 '소멸성 지역화폐'

찰스 아이젠스타인 미국 고다드대 교수는 2015년에 퍼낸 《신성한 경제학의 시대》에서 시간이 지날수록 가치가 떨어지는 '소멸 화폐' 개념을 소개했다. 아이젠스타인은 빵처럼 시간이 지날수록 가치가 떨어지는 화폐를 만들어 유통하면 한계에 다다른 자본주의 체제의 모순을 극복할 수 있을 것이라고 주장했다. '소멸 화폐'를 도입하면 부의 축적이 되레 짐이 될 수밖에 없어 개인이나 기업이 돈으로부터 자유로워질 수 있다는 것이다.

소멸 화폐의 개념을 제안한 것은 아이젠스타인이 처음은 아니다. 벨기에 출신 독일 경제학자이자 '자유화폐론'의 창안자로 알려진 실비오 게젤(1862~1930)은 돈을 강제적으로 순환시키고 부의 집중을 막기 위해 '소멸 화폐'를 고안했다. 게젤은 화폐 가치 일부에 해당하는 비용의 스탬프를 첨부하는 방식을 제시했다. 예컨대 1달러짜리 소멸 지폐가 있고, 유효 기간은 1년이라고 가정해보자. 지폐 뒷면에는 52개의 네모 칸이 인쇄돼 있다. 네모 칸 안에는 매주 토요일에 해당하는 날짜가 적혀 있다. 지폐 주인은 해당 날짜에 1센트짜리 스탬프를 사서 붙여야 돈을 쓸 수 있다. 1달러짜리 소멸 지폐를 한 달간 보관하고 있다가 쓰려면 4장의 스탬프를 붙여야 한다. 오래 보관할수록 돈의 가치가 떨어지니 빨리 사용할수록 이득이다. 게젤은 "늙거나 부패하지 않는 돈은 무한대의 축적을 통해 자본주의를 병들게 한다"며 '늙는 화폐(aging money)' 도입 필요성을 역설했다.

오스트리아 서부의 소도시 뵈르글은 1932년 게젤이 제안한 '소멸 화폐' 발행을 실행에 옮겼다. '노동 증명서'라는 이름의 지역 화폐를 발행해 유통한 것이다. 뵈르글 시는 1000실링짜리 지역 화폐인 '노동 증명서'를 발행해 시간이 지날수록 가치를 떨어뜨렸다. 감가율은 한 달에 1%로, 액면가 1000실링짜리 노동 증명서를 발행일로부터 1개월 뒤에 사용하면 990실링의 가치만 인정했다. 주민들은 지역 화폐를 가급적 이른 시일 내에 쓰려 했다. 자연스레 소비가 늘고 생산을 자극했다. 세수가 전년의 5배 넘게 늘어난 뵈르글 시는 도로를 건설하고, 다리를 놓았으며, 낡은 주택을 허물고 새로 지었다. '노동 증명서' 발행으로 지역 경제 활성화를 꾀했던 뵈르글의 '실험'은 1년 만에 끝났다. 지역 화폐 부작용을 우려한 중앙정부가 '노동 증명서' 발행을 금지시켰기 때문이다. 그 이후 뵈르글의 지역 경제는 활기를 잃고 침체에 빠졌다.

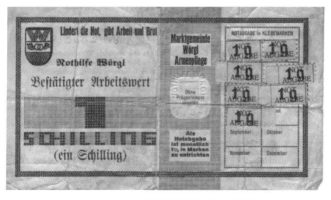

오스트리아 뵈르글 시가 발행했던 소멸성 지역화폐 '노동 증명서'.

중앙정부가 재정을 투입한 것도 지역화폐 활성화에 큰 기여를 했다. 행정안전부는 지역화폐 판매액의 4%를 국비로 지원하고 있다.

경기 안양시는 2018년 1월 지역화폐 '안양사랑상품권'을 발행했다. 상품권은 5000원권과 1만원권 등 2종이다. 주민들은 월 30만 원까지 6% 할인된 가격에 현금으로 살 수 있다.

경기 시흥시가 2018년 9월 발행한 지역화폐 '시루'는 종이와 모바일 두 종류다. 농협에서 파는 종이 시루는 상품권처럼 사용할 수 있고, 모바일은 앱을 깔고 계좌를 연결하면 거래가 가능하다. 시루를 사용할 수 있는 가맹점은 백화점·대형마트 등을 제외한 5,000여 곳에 달한다.

인천시는 2018년 7월 국내 지자체 중에서는 처음으로 IC카드 형태의 지역 전자상품권인 '인천e음 카드'를 선보였다. 발행 당시엔 '인처너INCHONer 카드'로 불렸지만 이용 활성화를 위한 시민선호도 조사를 거쳐 '인천e음 카드'로 이름을 바꿨다.

블록체인에 기반을 둔 디지털 화폐로 전환하거나 이를 추진하는 지자체도 늘고 있다. 서울 노원구는 지역화폐 '노원NW'을 운영하고 있다. '돈이 없어도 살 수 있다NO-WON'는 의미로 지역 내 자원봉사나 기부 등 사회적 가치를 실현하면 저절로 적립되고, 이를 가맹점에서 사용할 수 있다.

강원 태백시는 2020년 4월 지역화폐인 '탄탄페이'를 출시했다. 폐광지역인 태백에서 나오는 석탄의 '탄'과 돈을 뜻하는 영어 단어 '페이Pay'를 결합한 탄탄페이는 쓰면 쓸수록 태백 경제가 '탄탄'해진다는 의미도 담고 있다. 충전형 선불카드 형태로 발행된 탄탄페이는 캐시백형 인센티브 지급이 특징이다.

강원 영월군은 2019년 11월 카드형 지역화폐인 '영월별빛고운카드'를 선보였다. 2017년 광역지자체 가운데 처음으로 지역화폐 '강원상품권'을 도입한 강원도는 2020년 5월 기존 종이상품권을 모바일상품권으로도 발행했다. 모바일상품권은 신용·체크카드와 달리 결제 수수료가 없다. 금융기관을 방문하지 않고 환전할 수 있다는 장점도 있다.

대전시는 지역화폐인 '온통대전' 발행으로 '대박'을 쳤다. 온통대전은 2020년 5월 출시된 지 일주일 만에 62억원어치가 팔리며 큰 호응을 얻었다. 온통대전은 대전시가 지역 자본 유출을 막고 소상공인·자영업자 등을 지원하기 위해 발행했다.

경남 창원시는 2021년 3·1절을 앞두고 창원 출신 독립운동가의 얼굴을 새긴 지역화폐 '누비전'을 선보였다. 전국 지역화폐 중독립운동가 인물초상을 앞면에 새긴 것은 처음이다. 누비전에는 건국훈장 독립장을 받은 이교재 선생과 주기철 목사, 건국훈장 애국장을 받은 명도석·김진훈 선생, 배중세 지사 등 5명의 인물초상이 새겨져 있다.

이처럼 지자체가 발행하는 지역화폐는 진화를 거듭하면서 지역공동체의 상생을 위한 대안화폐로 자리 잡아가고 있다.

미국 테니노의 나무로 만든 지역화폐

미국 워싱턴주의 인구 2000명 남짓한 소도시 테니노 시는 주민들에게 매달 300달러의 지역화폐를 무상으로 나눠준다. 기본소득 성격을 지니는 지역화폐인 셈이다. 테니노에서만 사용이 가능하고, 술이나 담배, 마리화나(대마초) 구매에는 사용할 수 없다.

테니노 시가 발행하는 지역화폐는 카드나 현금 형태가 아니라 오래된 나무딱지로 만들어졌다. 얇게 깎은 단풍나무가 지역화폐의 재료이다. 테니노 시는 1930년대 대공황 시절 경제적 어려움을 겪는 지역 주민들을 지원하기 위해 나무로 된 화폐를 발행한 적이 있다. 2020년 코로나–19 확산으로 지역 주민들이 어려움을 겪자 90년 전과 비슷한 형태의 지역화폐를 발행한 것이다. 테니노 시가 발행한 25센트짜리 지역화폐에는 미국 초대 대통령 조지 워싱턴의 인물초상이 새겨져 있

미국 워싱턴주 테니노 시가 나무로 만든 25달러짜리 지역화폐.

다. '코로나-19 구제covid-19 relief'라는 캐치프레이즈 옆에는 라틴어 문장이 쓰여 있다. 'Habemus autem sub potestate(우리는 극복해낼 것이다)'.

테니노 시는 "나무로 만든 지역화폐는 직접적이고 정량화할 수 있는 경제적 측면도 있지만, 희망을 창조하는 무형의 정신도 있다"고 강조했다. 웅숭깊은 발행 취지가 담긴 지역화폐라 할 만하다.

지역화폐 발행을 둘러싼 논쟁

지역화폐의 활용도가 높아지면서 부작용도 만만찮은 게 현실이다. 종이로 발행한 지역화폐는 불법 현금화 거래인 속칭 '깡'이 손쉽게 이뤄질 수 있다. 특정 관광지에서만 사용 가능한 지역화폐는 다 쓰지 못하면 애물단지가 된다. 발행 비용이 과다하게 들거나 가맹점 확산에 실패하면서 '실험'에 그친 지역화폐도 있다.

한국에서는 2020년 9월 지역화폐의 효용성을 두고 뜨거운 논쟁이 벌어졌다. 발단은 국책연구기관인 조세재정연구원(조세연)이 내놓은 〈지역화폐의 도입이 지역경제에 미친 영향〉 보고서였다. 조세연은 보고서에서 "지역화폐는 다양한 손실과 비용을 초래하면서 경제적 효과를 반감시키는 부작용이 나타나고, 지역 내 부가가치 증가 효과도 미미하다"고 분석했다.

보고서는 "특정 지역 내에서만 사용하는 지역화폐는 일종의 보호무역 조치처럼 인접한 다른 지역의 소매업 매출을 감소시키는 역효과를 초래한다"고 지적했다. 나아가 "특정 지자체의 지역화폐 발행은 인접한 지자체의 지역화폐 발행을 유도하는 효과가 있는데, 결국 모든 지역에서 지역화폐를 발행하게 되면 매출 증가 효과는 줄고 발행 비용만 순효과로 남게 된다"고 주장했다. 아울러 지역화폐가 온누리상품권 등 다른 상품권이나 현금을 단순 대체하는 경우에는 소형 마트의 매출을 늘리는 효과도 기대할 수 없다고 지적했다. 보조금 지급으로 인한 손실과 지역화폐 운영을 위한 비용을 합친 경제적 순손실이 한해 2260억원에 달한다고 보고서는 분석했다.

조세연이 내놓은 보고서 내용이 언론을 통해 알려지자 이재명 경기도지사와 여권은 즉각 반론을 제기하고 나섰다. 이 지사는 "지역화폐 발행은 이제 전국적인 정책이 되었고, 문재인 정부의 공약이자 역점시책 사업의 하나로 영세 중소상공인의 매출 지원을 통해 골목과 지방경제를 활성화시키고 있다"며 "지역 기준으로 볼 때 전체 매출이 동일할 수는 있어도, 유통 대기업과 카드사 매출이 줄고 중소상공인 매출이 늘어나는 것은 명백한 팩트"라고 주장했다. 그는 또 "지역화폐는 저축을 할 수 없고 반드시 소비해야 하므로 승수효과가 크다"고 강조했다.

이 지사는 "국책연구기관이 특정 집단의 이익을 옹호하고 정치에 개입하는 것이라면 보호해야 할 학자도, 연구도 아니며 청산해야 할 적폐일 뿐"이라고 격하게 비난했다. 김태년 더불어민주당

원내대표는 "지역화폐는 지역 경제에 효자 노릇을 하고 있다"며 이 지사와 같은 입장을 견지했다.

논란이 확산되자 김유찬 조세연 원장은 "지역화폐가 골목상권을 살리기 위한 좋은 취지와 장점이 있지만, 비용이 많이 수반되고 효과가 제약되는 측면이 있어 이를 데이터로 살펴본 것"이라며 "연구 내용을 수용하는 입장에서 달리 볼 수도 있지만 다양한 대안을 두고 정책 결정을 하는 것이 낫다는 차원에서 이해하면 좋겠다"며 한발 물러섰다.

지역경제 활성화를 위해 통용되는 지역화폐가 단점보다는 장점이 훨씬 많은 대안 화폐임은 분명하다. 하지만 지역화폐를 운영·관리하는 비용이 발생하고, 이는 결국 국민이 낸 세금으로 부담해야 하기 때문에 실속이 없다는 비판의 목소리도 나온다. 그렇더라도 지역화폐의 효용성을 비용 발생 측면에서만 가늠해서는 안 된다. 국민 세금으로 발행하는 법정화폐도 막대한 관리·운용 비용이 든다. 부작용을 최소화하면서 지역경제를 살리는 쪽으로 지역화폐를 정착시키려는 지혜가 필요하다.

7장

다가오는
현금 종말 시대

현금 없는 사회는 가능한가?

'현금 없는 사회Cashless Society'는 지속 가능할까? 이런 질문을 받는다면 누구나 당혹스러울 것이다. 화폐는 일상생활에 없어서는 안될 경제적 가치이자 결제수단이기 때문이다. 현금 없는 사회란 지폐나 동전이 아닌 디지털 정보를 거래 당사자 간에 교환하는 것을 일컫는다. 디지털 정보는 신용카드나 직불카드, 계좌 간 자금 이체 등의 수단으로 교환되며, 은행과 같은 금융회사가 제공한다. 현금 없는 사회가 가능한 것은 은행이 거래자의 신용정보를 구축해 지급결제 및 청산에 대한 정보를 다른 은행과 공유하기 때문이다. 이런 중앙집중시스템이 은행의 공신력과 법적 구속력으로 뒷받침돼 사람들은 안심하고 금융 거래를 한다.

정보기술의 비약적인 발전 덕에 사람들은 현금 없이도 큰 불편을 느끼지 않는다. 국가 차원에서 현금 없는 사회를 처음으로 논의한 것은 이스라엘이다. 이스라엘은 2014년 '현금 없는 국가 추진위원회'를 구성했다. 국민이 현금을 사용하지 않아도 큰 불편을 겪지 않고, 경제 시스템도 정상적으로도 유지될 수 있는지를 점검해보자는 취지에서 위원회를 꾸린 것이다.

프랑스는 2015년 9월 이후 1000유로가 넘는 현금 거래를 할 수 없도록 하는 법을 제정했다. 독일처럼 현금을 선호하는 나라에서도 현금결제 상한선을 5000유로로 정해두고 있다.

중국 최대의 전자상거래업체 알리바바의 창업자인 마윈˙은 "조만간 현금 없는 사회가 도래할 것"이라고 예측했다. 모바일 결제가 활발하게 이뤄지는 중국은 동네 시장에서도 알리페이, 유니온페이, 위챗페이 등으로 물건값을 지불하고 있다.

스칸디나비아 국가들은 현금 없는 사회를 향한 질주를 시작했다. 스웨덴·노르웨이·덴마크 등에선 현금 사용률이 급격하게 낮아지는 추세다. 현금을 없애려는 노력을 기울인 결과, 덴마크 국민 580만 명 중 280만 명이 상점이나 다른 사람에게 지급결제

˙ 마윈은 1964년 중국 저장성 항저우에서 태어나 대학 입시에서 3차례 낙방한 끝에 항저우 사범대학에 진학했다. 대학 졸업 후 영어 강사로 일하다 미국 여행을 다녀온 뒤 인터넷이 세상을 바꿀 것이라 확신하고 1999년 8800만원으로 알리바바를 설립했다. 그 이후 전자상거래 사이트 타오바오, 온라인 결제 시스템 알리페이, 온라인 쇼핑 사이트 T몰 등을 잇달아 창업했다. 알리바바는 2014년 미국 증시에 상장하면서 아마존·구글 등과 어깨를 나란히 하는 글로벌 IT 기업으로 도약했다. 마윈은 55세 생일이자 알리바바 그룹 창립 20주년인 2019년 9월 경영 일선에서 물러났다. 중국 당국과 불편한 관계를 유지하던 마윈은 2020년 10월 이후 한동안 공개석상에 나서지 않아 '실종설'까지 나돌았다. 마윈은 현재 알리바바의 최대 주주로 실질적인 지배력을 행사하고 있다.

현금 없는 나라, 스웨덴의 질주

스웨덴은 '현금 없는 사회'를 이끄는 선도적인 나라다. 현금결제 비중이 2%가량에 불과하다. '전자 크로나e-Krona'라는 화폐를 스마트폰으로 거래하는 결제방식이 주류를 이룬다. 전자 크로나는 법정화폐인 크로나와 1대1로 교환할 수 있다. 전통적인 법정화폐가 디지털로 대체되고 있는 것이다.

스웨덴 은행들의 지점에는 현금과 현금자동입출금기ATM가 없다. 소비자들은 본인 계좌에서 직접 대금을 치른다. 교회에서 신자들은 현금 대신 모바일 결제 앱인 '스위시Swish'나 신용카드로 헌금을 한다. 2013년 스톡홀름의 한 은행에 강도가 들었는데 현금이 없어 빈손으로 나왔다는 일화도 있다.

스웨덴 중앙은행인 릭스은행은 2013년 말 고액권 지폐인 1000크로나(미국 달러화로 115달러)의 유통을 정지시켰다. 금융전문가들은 2030년쯤에는 스웨덴에서 현금이 사라질 것이라고 전망한다.

가 가능한 모바일 결제 앱을 갖고 있다. 덴마크 중앙은행은 2017년 1월부터 동전과 지폐 발행을 중단했다. 필요한 화폐는 위탁 생산하고 장기적으로 전자화폐인 'e크로네'를 도입하기로 했다. 덴마크에서는 심지어 노숙인들도 모바일로 기부를 받는다고 한다.

반면 일본은 아직까지도 현금 사용률이 높다. 신용카드 사용이 조금씩 늘고는 있지만, 일본인들은 여전히 현금 거래를 선호한다.

일본 정부가 신용카드 사용을 장려하고, 현금 사용 비중을 낮추려 유도하는 상황에서도 국민 대다수가 현금으로 경제활동을 하고 있다.

왜 현금 없는 사회를 지향하는가?

많은 나라가 '현금 없는 사회'를 추진하는 가장 큰 이유는 지폐나 동전의 발행 비용이 많이 들기 때문이다. 한국만 해도 연간 동전 발행 비용이 1000억원이 넘는다. 그런데 회수되는 동전은 130억원어치에 불과하다. 동전 100개를 발행했다면 13개만 회수되는 셈이다. 지폐 환수율도 60%가량에 그치고 있다. 지폐 100장을 발행하면 60장만 돌아오는 것이다.

현금 거래에는 비용이 많이 발생한다. 나라별로 차이가 나지만 현금 거래로 발생하는 직접적 비용만 국내총생산GDP의 1~2%에 이른다고 한다. 현금 없는 사회에선 매년 그만큼 경제가 더 성장한다고 볼 수 있다.

현금이 사라지면 음성적인 돈 거래도 위축된다. 흔히 말하는 지하경제 규모가 줄어드는 것이다. 경제협력개발기구OECD에 따르면 2007년 기준으로 스위스의 지하경제 규모는 GDP의 8.1%로 가장 작고, 미국이 8.2%로 뒤를 이었다. 한국은 GDP의 25.6%로 스페인(28.8%), 그리스(26.5%)보다는 적지만 스페인(22.2%)과 포르투갈(23.%)보다 그 규모가 크다. 지하경제 규모를 줄이면 그만큼 세금이 많이 걷혀 나라 살림이 풍족해진다.

범죄가 줄어들 가능성도 크다. 범죄 행위에는 현금이 많이 쓰인다. 현금 사용을 제한한다고 해서 범죄와 테러가 완전히 뿌리 뽑히지는 않겠지만 심각한 타격을 줄 수 있다. 전 세계 테러단체들은 신상정보가 드러날 가능성이 큰 은행 계좌이체나 신용카드 사용 대신 현금 거래만 하고 있다.

현금 없는 사회로 나아가려면 무엇보다 핀테크 발전이 필수적이다. 핀테크란 금융financial과 기술technology 합성어로 모바일을 통한 결제, 송금, 대출, 자산 관리, 크라우드펀딩 등 각종 금융서비스와 관련된 기술을 말한다. 금융 창구에서 이뤄지는 업무가 인터넷뱅킹, 모바일뱅킹, 현금자동입출금기ATM 등 전자 금융서비스로 대체되는 것이 여기에 포함된다. 전통적인 금융 업무보다 비용이 적게 들고 개인별 맞춤 업무를 볼 수 있는 등 양질의 서비스를 제공한다는 장점이 있다.

현금 없는 사회가 되면 중앙은행의 화폐 정책 효과도 뚜렷하게 나타날 것으로 전망된다. 예를 들어 2008년 글로벌 금융위기가 발생한 이후 유럽 국가와 일본은 마이너스 금리 정책을 폈다. 마이너스 금리 정책은 적잖은 위험을 동반한다. 기업과 개인이 현금을 금고에 넣어두는 방식으로 저항할 수 있기 때문이다. 이렇게 되면 화폐는 사라지고, 경제는 더욱 침체해 과감한 정책을 펴기가 쉽지 않다.

하지만 현금이 존재하지 않는다면 마이너스 금리에도 불구하고, 개인과 기업은 은행을 외면하기 어려워진다. 나아가 국가는 모든 거래를 온라인을 통해 실시간으로 파악할 수 있게 된다. 지금도 신용카드 거래내역을 통해 소비자들이 어떤 물건을 샀는지, 어떤 서비스를 받았는지를 한눈에 파악할 수 있다. 이런 거래내역은 경기를 측정하는 보조지표로 사용된다.

현금 없는 사회의 부작용

현금 없는 사회에 장점만 있는 것은 아니다. 노인이나 어린아이들처럼 현금 말고 다른 지불수단이 없는 계층에게 현금 없는 사회는 큰 불편함을 안긴다. 은행 계좌를 만들 수 없거나 인터넷을 사용할 수 없는 빈곤층도 어려움을 겪는다. 여러 결제수단 중 어떤 것을 고를지는 개인의 판단에 맡겨야 하는데 현금이 사라지면 선택의 폭이 줄어드는 결과를 낳을 수밖에 없다.

현금이 사라지고 전자화폐나 모바일로 결제가 이뤄지면 사생활이 적나라하게 노출될 수도 있다. 개인의 결제행위가 모두 기록으로 남아서 프라이버시 침해가 빈번하게 발생할 가능성이 커진다. 결제 기록은 범죄 예방에는 도움이 될 수 있지만, 개인들이 숨기고 싶은 거래도 있을 터이므로 프라이버시 보호와 관련한 법률이 제정되어야 한다. 그뿐 아니다. 현금을 보유하려는 사람이 해외 계좌 등으로 돈을 옮겨놓는 자본유출이 일어날 공산이 크다.

빛이 있으면 그늘이 있듯, 현금 없는 사회는 장점만큼이나 부작용도 만만치 않다. 그렇다고 해도 현금 없는 사회가 피할 수 없는 우리의 미래라는 것만은 분명해 보인다.

한국에서도 현금 없는 사회가 가능할까?

한국은행은 2017년 4월 '동전 없는 사회Coinless Society' 프로젝트를 시작했다. 2020년까지 동전 유통을 없애겠다는 목표로 추진한 사업이다. 동전 없는 사회는 현금 없는 사회의 전 단계이다. 한국은행은 전국 2만 3000여 개 편의점과 대형마트에서 현금으로 물건을 살 때 거스름돈을 동전으로 받는 대신 교통카드나 멤버십카드, 휴대전화 등에 적립할 수 있게 했다. 나아가 약국·슈퍼마켓 등으로 적용대상을 넓혀 동전 없는 사회를 정착시킨다는 계획이었다.

한국은행의 야심찬 계획은 실현되지 못했다. 2020년까지 동전 유통을 없애지 못했기 때문이다. 물론 신용카드와 전자카드 이용률이 높아지면서 일반 소비자들이 동전을 사용하는 빈도가 크게 줄긴 했다. 하지만 동전 유통을 없앨 정도까지 진행되지는 않았다.

한국은행은 동전 없는 사회가 되면 연간 1000억원에 달하는 동전 제작비용을 아낄 수 있을 것으로 추정했다. 실제로 10원짜리 동전을 만들기 위해 매년 30원이 든다. 배보다 배꼽이 더 큰 셈이다. 하지만 적립·선불카드 사용이 어려운 전통시장이나 동전 사용이 많은 오락실·코인노래방 등은 영업에 타격을 입는 등 부작용도 예상된다.

한국은행은 현금 없는 사회의 도래에 대비하고 있지만 정작 국민의 절반가량은 이를 반대하는 것으로 나타났다. 한국은행이 2020년 일반인 1,000명과 화폐 전문 취급자 500명을 대상으로 설문 조사한 결과 응답자의 64%가 현금 없는 사회가 바람직하지 않다는 의견을 보였다. 특히 60대 이상 고령자와 월평균 소득 200만 원 미만 저소득층, 중학교 졸업 이하 저학력자의 반대 의견이 높았다.

스웨덴·덴마크 등에 견주면 한국은 현금 없는 사회로의 진입이 다소 늦은 편이다. 하지만 신용카드 이용률이 갈수록 높아지고, 디지털 금융 발전 속도가 빠르다는 점을 고려하면 현금 없는 사회가 조만간 도래할 것으로 전망된다.

8장

4차
산업혁명 시대의
암호화폐

디지털 세상의 암호화폐

21세기는 '암호화폐의 시대'다. 암호화폐는 실체가 없어 만질 수도 없고, 보이지도 않는 화폐이다. 가상현실virtual reality*과 마찬가지로 실제로 존재하지는 않지만 화폐처럼 통용되는 것이다.

신석기 시대 때부터 사용되기 시작한 화폐는 형체를 갖고 있었다. 화폐를 대신했던 쌀이나 소금, 조개껍질 등 물품화폐는 물론 동전과 지폐도 형체가 있다. 반면 암호화폐는 온라인에서 만들어져 유통된다. 형체는 없지만, 일반 화폐와 달리 국경을 넘어 전 세계 어디에서나 쓸 수 있다. 온라인 게임에서 아이템을 살 때 사용

---

* 컴퓨터가 만들어 놓은 가상의 세계에서 사람이 실제와 같은 체험을 할 수 있도록 하는 최첨단 기술이다. 인공현실(artificial reality), 사이버공간(cyber space), 가상세계(virtual worlds)라고도 한다. 가상현실과 현실 세계에 가상정보를 더해 보여주는 증강현실(augmented reality)을 혼합한 기술은 혼합현실(mixed reality)이라고 한다. 가상현실과 증강현실, 혼합현실은 실제로 존재하지 않은 현실을 구현해 사람이 이를 인지할 수 있도록 하는 기술이라는 공통점을 지닌다.

하는 '사이버 머니'와 비슷하다. 하지만 암호화폐는 발행하는 주체가 없다. 조폐 당국에서 만드는 것도 아니고, 은행이나 기업, 공공기관에서 발행하지도 않는다.

암호화폐는 환전이 필요 없어 송금 또한 편리하다. 법정화폐와 달리 한 나라의 정치·안보·경제 이슈나 통화정책에 휘둘리지도 않는다. 실물은 없지만, 결제기능을 갖고 있으며, 주식처럼 거래소에서 사고팔 수도 있다. 그런 연유로 '현금 없는 사회'의 상징물로 여겨지기도 한다.

최초의 암호화폐 '비트코인'

암호화폐는 미국에서 발생한 금융위기가 전 세계로 번지던 2009년 처음 등장했다. 그해 1월 사토시 나카모토라는 가명假名을 쓰던 컴퓨터 프로그래머는 최초의 암호화폐 '비트코인Bitcoin을 개발하는 데 성공했다. 사토시 나카모토는 2008년 10월 31일 〈비트코인: P2P 전자화폐 시스템〉이란 제목의 9쪽짜리 논문을 인터넷에 공개했다. 당시는 미국 부동산 가격이 폭락하고, 서브프라임 모기지(비우량 주택담보대출) 거품이 터지면서 세계 금융시장이 붕괴할지 모른다는 공포가 피어오르던 시기였다. 미국발 금융위기로 기존 금융권에 대한 불신이 극에 달하던 때이기도 했다. 거대 투자은행의 탐욕과 중앙은행의 무력함이 빚어낸 금융위기는 역설적으

Bitcoin: A Peer-to-Peer Electronic Cash System

Satoshi Nakamoto
satoshin@gmx.com
www.bitcoin.org

Abstract. A purely peer-to-peer version of electronic cash would allow online payments to be sent directly from one party to another without going through a financial institution. Digital signatures provide part of the solution, but the main benefits are lost if a trusted third party is still required to prevent double-spending. We propose a solution to the double-spending problem using a peer-to-peer network. The network timestamps transactions by hashing them into an ongoing chain of hash-based proof-of-work, forming a record that cannot be changed without redoing the proof-of-work. The longest chain not only serves as proof of the sequence of events witnessed, but proof that it came from the largest pool of CPU power. As long as a majority of CPU power is controlled by nodes that are not cooperating to attack the network, they'll generate the longest chain and outpace attackers. The network itself requires minimal structure. Messages are broadcast on a best effort basis, and nodes can leave and rejoin the network at will, accepting the longest proof-of-work chain as proof of what happened while they were gone.

사토시 나카모토라는 가명을 쓰는 컴퓨터 프로그래머가 2008년 인터넷에 공개한 논문.

로 암호화폐에 대한 열광을 불러오는 불씨로 작용했다. 비트코인은 거래를 중계하는 은행 없이도 실질적인 금융거래를 할 수 있는 최초의 시스템이었기 때문이다.

비트코인은 '아나키즘anarchism(무정부주의)*' 화폐'라고도 불린다. 국가나 정부에 귀속되지 않은 화폐이기 때문이다. 인터넷을 폐쇄하지 않는 한 어떤 정부나 기관도 비트코인 발행을 막을 수 없다.

* 국가권력을 부정하고, 개인의 절대적 자유가 행해지는 사회를 실현하려는 사상 조류이다. 아나키즘의 비판 대상에는 국가권력과 자본, 종교 등이 포함되며, 정치적 지배는 물론 모든 영역의 통제를 부정하고 의문을 제기한다. 19세기 노동운동에서 태동한 아나키즘은 남유럽과 북미 지역으로 확산했다.

정부의 발권 독점과 통제에서 벗어난 민간화폐인 것이다. 게다가 비트코인은 한번 기록된 내용은 지우거나 변경할 수 없다. 컴퓨터에 저장한 파일이나 이미지는 수정이 가능하다. 하지만 비트코인은 여러 명이 나눠 저장하는 특성상 한번 기록한 걸 수정하는 게 불가능하다. 원본만 존재하는 비트코인은 이중 지불이 불가능해 가치저장 수단으로 인정받을 수 있다. 무엇보다 비트코인의 가장 큰 특징은 거래를 관리하고 통제하는 권력을 우회하고 무력화해 개인이 자유롭게 사용할 수 있다는 점이다.

비트코인은 컴퓨터에서 정보의 기본단위인 비트bit와 동전coin의 합성어이다. 사토시 나카모토는 비트코인을 개발하게 된 동기를 이렇게 밝혔다.

그동안 법정화폐는 중앙은행이 가치를 떨어뜨리지 않을 것이라는 신뢰를 토대로 유통됐다. 하지만 법정화폐의 역사는 이런 믿음을 저버리는 사례들로 가득 차 있다. 특히 은행은 고객이 맡긴 돈을 함부로 대출하고, 가치를 떨어뜨렸다. 이제 금융기관이나 중앙집중식 통제 없이 전자화폐(비트코인)를 발행해 사용해야 할 때다. (…) 전자화폐는 금융기관을 거치지 않고 한 집단에서 다른 곳으로 직접 온라인을 통해 지불할 수 있을 것이다.

기존 법정화폐에 대한 신뢰가 깨지면서 환율이나 금리, 부동산 가격 등에 영향받지 않는 새로운 개념의 암호화폐인 비트코인을 개발하게 됐다는 것이다.

비트코인 개발자인 사토시 나카모토에 대해서는 알려진 것이 거의 없다. 자신이 비트코인 웹사이트에 '37세 남자, 일본 거주'라고 기재해 놓았으나 현재까지 명확한 사실은 확인되지 않았다. 미국에 사토시 나카모토라는 이름의 대학교수가 있긴 하지만 비트코인과는 전혀 관련이 없는 것으로 밝혀졌다.

비트코인 개발자가 한 명이 아니라 여러 명으로 이뤄진 그룹일수 있다는 추론이 제기되기도 했다. 비트코인 재단의 브록 피어스 회장은 언론 인터뷰에서 "여러 사람이 비트코인 탄생에 기여했고, 사토시라고 부를 수 있는 주요 인물만 해도 대여섯 명은 된다"며 "비트코인 관련 논문의 대표집필자였던 사토시는 이미 사망했다"고 밝혔다. 사토시 나카모토는 1인이 아닌 복수의 인물이며, 논문의 대표집필자는 세상을 떠났다는 것이다.

수많은 언론이 비트코인 개발자를 추적했지만 헛수고였다. 한때는 호주의 컴퓨터 공학자 크레이그 스티븐 라이트가 비트코인 개발자라고 알려졌다. 호주 브리즈번 출신으로 퀸즐랜드 대학을 나온 라이트는 10년 넘는 디지털 포렌식 경력을 보유하고, 20년 동안 정보기술IT 관련 일을 한 것으로 알려졌다. 하지만 라이트가 비트코인을 개발했다는 확실한 증거는 없는 것으로 드러났다.

2019년 8월에는 자신의 웹사이트를 통해 사토시 나카모토를 자칭한 인물이 나타났다. 제임스 비랄 칼리드 칸은 파키스탄 출신의 컴퓨터 과학자로 영국에 거주하고 있다. 그는 자신이 비트코인의

가상화폐 · 가상통화 · 암호화폐 · 가상자산

가상화폐, 가상통화, 암호화폐, 가상자산…. 사토시 나카모토가 개발한 비트코인이 처음 선보였을 당시 금융계와 언론이 지칭한 용어들이다. 비트코인은 기존 화폐와 달리 실물이 존재하지 않는다는 측면에서 가상화폐Virtual Currency로 부르는 게 일반적이었다. 한때 일부 거래소들은 '디지털 자산'으로 지칭하겠다고 밝히기도 했다.

언론에서는 가상화폐, 암호화폐, 가상통화 등을 혼용해서 쓴다. 하지만 정부는 암호화폐를 법정화폐로 인정하지 않고 있다. 화폐라는 말 자체를 쓰지 않는 게 옳다는 입장이다.

외국에서는 암호화폐Crypto Currency로 지칭한다. 화폐의 발행과 거래, 보안 등이 암호화 방식을 토대로 이뤄지기 때문이다. 일부 언론은 가상화폐 대신 암호화폐로 표기하고 있다.

한국은행은 2016년까지 보고서나 논문 등에 '디지털 통화'라고 표기하다가 2017년 2월부터 '가상통화'로 지칭했다. 화폐와 통화는 큰 차이가 없다. 다만 화폐는 실물 또는 실체가 있는 교환 · 지급 · 유통수단이라는 의미를 담고 있다. '돈'에 가까운 구체적인 개념이다. 이와 달리 통화는 화폐를 포함해 유통 · 지급수단 전반을 지칭하는 추상적인 개념이다.

한국 정부는 2021년부터 '가상자산Virtual Asset'이란 용어를 쓰기 시작했다. 주요 20개국G20에서도 처음엔 암호화폐라는 용어를 쓰다가 가상자산이란 용어로 통일했다고 한다. 정부가 가상자산으로 지칭하기로 한 것은 법정화폐처럼 교환 · 지급 · 유통수단으로 인정할 수 없기 때문이다.

일부 금융전문가와 투자자들은 '코인'으로 부른다. 비트코인·리플·이더리움 등 암호화폐가 동전과 흡사하기 때문이다. 정부와 언론, 학계에서 공감하는 용어가 정립되지 않고 있다는 것은 암호화폐에 대해 혼란스러워하는 한국사회의 인식을 반영한다.

개념과 구조를 설계했으며, 핵심 개발자는 2014년 루게릭병으로 사망한 할 피니라고 밝혔다. 하지만 금융계에선 그의 주장이 신빙성 없다고 판단한다. 비트코인 개발자의 실체는 여전히 베일에 싸여 있다.

비트코인은 어떻게 만드나?

비트코인을 만드는 과정은 금광에서 금을 캐는 것과 비슷하다. 그래서 비트코인을 만드는 것을 '채굴Mining', 개발자를 '광부Miner'로 지칭한다. 금광에서 금을 캘 때는 수많은 장비가 필요하지만 비트코인은 최고 사양의 컴퓨터만 있으면 누구나 캘 수 있다. 특히 비트코인 시스템은 누구든 공짜로 가져다 사용 또는 변형할 수 있는 오픈 소스open source 방식으로 돼 있다.

하지만 비트코인을 채굴하는 것은 결코 쉬운 일이 아니다. 마치 어려운 수학 문제를 푸는 과정과 흡사하다. 간단하게 설명하면

10분에 한 번씩 바뀌는 64자리 숫자·알파벳 조합을 맞추면 보상으로 비트코인이 주어지는 방식이다. 64자리 중 뒷자리 45개는 비트코인이 전송됐던 과거 기록을 암호화해 담고 있지만, 앞자리 19개는 난수표를 통해 얻어지는 무작위 값이다.

비트코인을 채굴하려는 사람은 앞자리 19개 숫자를 맞춰야 한다. 어려운 수학 문제를 풀어야 하기에 일반인이 쓰는 컴퓨터로는 채굴에 성공하기 어렵다. 성능이 좋은 컴퓨터를 적게는 수십 대, 많게는 수백 대 연결해야 비트코인을 채굴할 수 있다.

채굴기구에는 일반 컴퓨터처럼 메인보드와 메모리카드, 하드디스크 등이 달려 있다. 다만 특이한 점은 고성능 그래픽 카드가 6개가량 꽂혀 있다는 것이다. 비트코인을 채굴하려면 복잡한 계산을 반복적으로 해야 하는데, 이 작업을 컴퓨터의 중앙처리장치CPU보다 그래픽 카드의 그래픽처리장치GPU가 훨씬 효율적으로 수행하기 때문이다. 그래픽 카드란 컴퓨터에서 처리되는 과정을 모니터 화면으로 볼 수 있게 해주는 장치다. 용량이 크고 속도가 빠를수록 고해상도이며, 고도로 복잡한 연산처리가 가능하다.

비트코인 가격이 오르면 채굴에 나서는 개인과 기업이 많아지고, 그래픽 카드 가격이 폭등하는 연쇄작용이 일어나곤 한다. 실제로 2017년 비트코인 투기 열풍이 불자 그래픽 카드 가격이 2배가량 급등했다.

한국에서도 비트코인 채굴 열풍이 불면서 그래픽 카드 가격이 치솟았다. 2017년 초 국내 컴퓨터 부품 시장은 그래픽 카드 품절

사토시 나카모토가 개발한 최초의 암호화폐 '비트코인'.

대란을 겪었다. 암호화폐 가격이 4년 만에 폭등세를 보인 2021년 2월에도 고급 사양의 그래픽 카드 가격은 90만원대에서 200만원대로 급등했다.

비트코인을 채굴할 수 있는 확률은 갈수록 낮아지고 있다. 64자리 숫자와 알파벳 조합을 맞출 때 보상으로 주어지는 비트코인은 2020년 이후 6.25개로 줄었다. 2009년부터 2012년까지는 50개, 이후 4년간은 25개가 주어졌다. 2017년부터는 12.5개로 줄어든 바 있다.

비트코인 채굴량은 제한돼 있다. 2040년까지 2,100만 개까지만 캘 수 있도록 설계돼 있다. 2020년 말 기준 비트코인은 1,860만 개가 채굴됐다. 이제 비트코인을 채굴할 수 있는 기회가 얼마 남지 않은 셈이다.

수요와 공급의 원칙에 따라 채굴할 수 있는 비트코인이 줄어들수록 보상으로 주어지는 비트코인은 적어지고, 가격은 오를 수밖에 없다.

환경오염 유발하는 비트코인 채굴

비트코인 채굴은 비싼 전기료와 컴퓨터의 발열을 수반한다. 이 때문에 채굴업자들은 전기요금이 저렴하고 기후가 선선한 곳에 '채굴공장'을 세운다. 비트코인 채굴의 65%가량은 중국에서 이뤄진 것으로 알려졌다. 전기요금이 싼 데다 비트코인을 채굴하려는 사람이 많기 때문이다.

비트코인 채굴이 이산화탄소 발생을 유발하는 것은 석탄 발전소가 많은 중국에서 작업이 주로 이뤄지는 탓이 크다. 중국의 비트코인 채굴공장은 신장 위구르 자치구*(43%)와 쓰촨성(27%)에 몰

* 중국 북서쪽에 있는 자치구이다. 중국 전체 면적의 17%를 차지하는 넓은 지역으로 동아시아와 이슬람 세계를 연결하는 교두보 역할을 했고, 10세기쯤부터 이슬람교가 전해졌다. 중국은 수백 년에 걸쳐 신장 자치구에 영향력을 행사하기 위해 점령과 전쟁을 반복했다. 18세기 청나라에 의해 병합됐지만 중국 중심지와 멀리 떨어져 있어 영향력에서 벗어났다. 중국은 1949년 신장 자치구에 군대를 보내 점령했다. 이때 '신장 위구르 자치구'라는 이름이 붙여졌다. 1997년 2월 신장 위구르 자치구에서 대규모 폭동이 일어났을 정도로 반중 정서가 깊은 지역이다. 위구르족 1,100만여 명은 이슬람교를 믿는 중앙아시아 튀르크계 민족으로, 중국과는 다른 언어와

려 있다. 중국의 에너지원별 전력생산 비중은 석탄이 58%로 가장 많고, 석유가 20%를 차지한다. 비트코인 채굴이 많아질수록 환경오염을 심화시키는 셈이다. 환경전문가들은 비트코인 채굴이 기후위기 대응에 역행하는 일이라고 비판의 목소리를 내고 있다.

비트코인 채굴 작업에는 엄청난 전기가 소모된다. 비트코인을 '전기 먹는 하마'에 비유하는 것도 그런 이유에서다. 환경·사회·지배구조ESG˙를 주요 투자기준으로 삼는 기관투자가들은 미국 전기차 업체 테슬라처럼 비트코인을 대규모로 사들이는 기업에 비판적이다.

미국 뱅크오브아메리카BOA는 2021년 3월에 내놓은 보고서 〈비트코인의 더러운 작은 비밀들〉에서 "비트코인 시스템 유지와 거래에 소모되는 한해 전력량은 인구 1,700만 명인 네덜란드 전체 사용량(2020년 12만 4.47TWh)에 맞먹는다"고 분석했다. 보고서에 따르면 비트코인이 유발하는 한해 이산화탄소 발생량은 그리스

문자를 쓴다. 중국 내 소수민족 중 독립 성향이 가장 강해 정부와 끊임없이 충돌해왔다. 중국은 위구르족을 강제로 동화시키기 위해 2018년부터 집단 수용시설을 만들었다. 중국은 대외적으로 '직업교육 시설'이라고 선전하고 있으나 미국과 유럽연합(EU) 등은 "인권탄압이 벌어지는 강제수용소"라고 비판하고 있다.

˙   환경(environment)·사회(social)·지배구조(governance)의 약자이다. 친환경, 사회적 책임 경영, 지배구조 개선 등이 선행되어야 기업이 지속 가능한 발전을 이룰 수 있다는 개념이다. ESG는 개별 기업을 넘어 자본시장과 국가경영의 성패를 가를 핵심 키워드로 부상하고 있다. 한국거래소 산하 한국기업지배구조원은 매년 국내 기업을 대상으로 ESG 평가작업을 시행하고 있다. ESG 등급을 S, A+, A, B+, B, C, D 등 7등급으로 나눠 매기고 있다. 금융위원회는 2025년부터 자산 2조원 이상 상장기업의 ESG 공시를 의무화하기로 했다.

코인과 토큰

이더리움·리움 등과 같이 자체 블록
체인 프로토콜인 메인넷을 보유하고
있는 것을 코인이라고 한다. 토큰은
다른 블록체인 플랫폼에서 파생돼 만
들어진 것이다. 대부분의 코인은 토큰 상태에서 시작해 코인으로 발
전해 간다고 보면 된다.

알트코인

비트코인을 제외한 모든 코인을 일컫는다. 대체alternative와 코인coin
의 합성어이다. 한국에선 '잡雜코인'이란 용어를 사용한다. 알트코인
중에서도 이더리움·리플 등 이름있는 소수 코인들을 '메이저 알트코
인'이라고 부르기도 한다.

스테이블 코인

법정화폐 가치와 1대1로 연동되는 디지털 화폐이다. 가격 변동이 심하지 않고 안정적이라는 장점을 지닌다. 미국 달러화와의 연동성이 높아 암호화폐 거래소에서 다른 암호화폐를 구입할 때 사용하는 디지털 기축통화 구실을 한다. 페이스북이 발행을 추진하고 있는 디지털 화폐인 '리브라(디엠으로 개명)'가 대표적인 스테이블 코인이다.

에어드랍

말 그대로 '공중에서 떨어뜨리거나 뿌린다'는 뜻이다. 특정 코인을 보유한 비율에 따라 무상으로 지급하는 것을 말한다. 주식시장의 무상증자와 비슷한 개념이다.

전체 배출량 수준인 6,000만t에 이른다. 한해 2억 명의 승객을 수송하는 세계 최대 항공사 아메리칸항공보다 많은 양이다.

보고서는 또 "비트코인의 구조적 결함 때문에 2018년 2,000만t 수준이던 이산화탄소 배출량이 2년 새 3배 수준으로 늘었다"고 지적했다. 비트코인에 투자되는 돈이 10억달러 늘 때마다 내연기관 자동차 120만 대 분량의 이산화탄소가 더 발생한다는 것이다.

4차 산업혁명 시대의 핵심기술, 블록체인

2009년 1월 3일은 최초의 암호화폐인 비트코인의 탄생일이자 블록체인이란 신기술이 세상에 모습을 드러낸 날이기도 하다. "암호화폐의 역사가 곧 블록체인의 역사"라고 하는 것도 그런 연유에서다.

블록체인은 여러 개의 블록이 모여 정보의 사슬Chain을 이룬다는 뜻이다. 블록은 거래 정보가 든 '장부의 조각'으로 볼 수 있다. 블록체인은 위조나 변조를 할 수 없어 암호화폐를 믿고 거래할 수 있는 플랫폼을 제공한다. 금융회사들은 중앙집중형 서버에 거래기록을 보관한다. 원장元帳이라는 형태로 기록을 남기는 것이다. 원장이 분산돼 있다고 해서 '분산원장'으로 불리는 블록체인은 거래에 참여하는 모든 사용자에게 거래내역을 전송해주며 거래 때마다 이를 대조해 데이터 위조를 막는 방식을 사용한다.

블록체인 기술을 적용한 비트코인은 누구나 열람할 수 있는 장

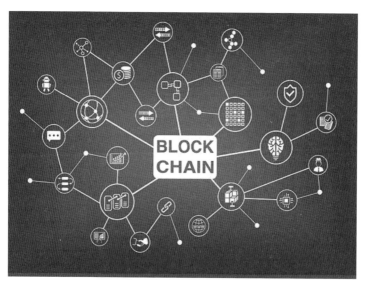

여러 가지 정보의 사슬로 이뤄져 있는 블록체인을 형상화한 이미지.

부에 거래내역을 투명하게 기록한다. 비트코인을 사용하는 여러 컴퓨터가 10분에 한 번씩 이 기록을 검증해 해킹을 막는다. 블록 체인은 신용 기반이 아니라 네트워크 시스템으로 작동한다. 이런 특성 때문에 보안에 강하다는 평가를 받고 있다.

블록체인 기술을 활용하면 금융거래를 포함한 각종 거래나 계약시스템을 구축할 때 정부 또는 제3자의 공인·중개·보증·공증을 받는 절차가 필요 없다. 블록은 장부를 의미하는데 체인Chain이라는 용어를 쓰는 것은 장부는 계속 만들어질 것이고, 이럴 경우 장부의 버전을 관리하는 일이 중요하기 때문이다. 장부가 물리적인 책으로 만들어졌다면 페이지 순서대로 묶어놓으면 되겠지만 인터넷상의 장부는 그렇게 할 수 없다. 물론 장부마다 생성된 날짜를 기록해놓을 수는 있겠지만 인터넷 구성원 모두가 공동으로 사용하기 때문이다. 그래서 해시 체인Hash Chain*이라는 기술을 이용해 장부를 사슬을 엮듯이 연결해 놓는 것이다.

블록체인에는 서로 간의 계약을 프로그램 코드 형태로 저장했다가 조건을 충족하면 실행하는 '스마트 콘트랙트Smart Contract' 기능도 있다. 예를 들어 내일 프로야구 한화와 삼성의 경기가 열린다고 가정해보자. 한화가 이기면 갑이 을에게 1만원을 주기로 했다. 이를 스마트 콘트랙트 코드로 블록체인에 저장하면 다음 날 한화가 이겼을 때 상호 합의한 계약에 따라 1만원이 갑의 계좌에서 을의 계좌로 자동이체된다. 이처럼 블록체인에는 규칙과 신뢰가 보장된다. 블록체인을 '가치의 인터넷Internet of value'으로 부르는 이유이다.

위·변조가 불가능한 블록체인 기술은 사회 전반으로 확산하고 있다. 농축산물 유통시스템에 블록체인 기술을 적용해 원산지 허위 표시를 막고, 중고 명품이나 자동차 부품, 의약품의 정품 인증 관리에도 블록체인 기술이 쓰인다. 세계 각국 정부와 기업들은 코로나-19 백신 접종을 증명하는 '백신 여권'을 블록체인 기술로 개

---

* 비트코인의 익명성과 투명성, 신뢰성 등을 보장하는 블록체인 기술의 핵심 개념이다. 원래의 정보를 잘게 나누어 이전 상태를 전혀 알 수 없는 새로운 값을 표현해낸 것을 해시값(Hash Value)이라고 한다. 이전 정보는 되돌릴 수 없고, 단방향 알고리즘으로 돼 있어 신뢰성을 보장해준다.

발하고 있다.

　미래학자 돈 탭스콧은 《블록체인 혁명》에서 "블록체인이 세계 경제의 변혁을 주도할 것이다. 2025년에는 블록체인 플랫폼이 전세계 국내총생산GDP의 10%를 차지하게 될 것"이라는 전망을 내놨다. 그는 "블록체인은 4차 산업혁명을 주도할 핵심기술"이라고 했다.

　암호화폐가 미래의 대안화폐로 주목받기 시작하면서 블록체인 기술에 대한 투자도 늘고 있다. 2014년 3000만달러에 그치던 블록체인 기술에 대한 투자는 2018년 3억 2000만달러로 10배 넘게 증가했다.

자고 나면 생겨나는 암호화폐

비트코인과 함께 주목받은 암호화폐는 '이더리움Ethereum'이다. 러시아 이민자 출신 캐나다인 비탈릭 부테린이 2014년 개발한 암호화폐다. 비트코인보다 기술적으로 진보한 형태라는 평가를 받기도 한다.

비탈릭 부테린이 개발한 암화화폐 '이더리움'.

　이더리움은 기존 비트코인에

'스마트 콘트랙트' 기능을 추가했다. 미리 설정해둔 조건이 달성되면 자동으로 거래가 진행되기 때문에 계약 불이행 가능성을 근본적으로 차단한다. 이더리움은 특정 목적에 따라 블록체인을 구성한 것이 아니라 1개의 블록체인에서 다양한 프로그램이나 분산형 애플리케이션을 가동해 계약이 가능하도록 만들어졌다.

이더리움과 같은 '알트코인'은 비트코인의 단점과 한계를 보완한 암호화폐다. 하지만 비트코인의 핵심 기술인 블록체인을 적용하고 있다는 점에서 그 뿌리는 같다고 할 수 있다.

아시아 지역에서 많이 거래되는 암호화폐로는 리플이 대표적이다. 2004년 리플 페이Ripple Pay라는 이름으로 은행 간 실시간 자금 송금을 위한 서비스로 개발됐다. 리플은 금융거래를 목적으로 개발됐기 때문에 다른 암호화폐처럼 채굴 방식을 사용하지 않는다. 발행주체인 리플랩스가 중앙 운영 주체로서 리플을 발행·유통한다. 이 때문에 리플은 거래를 통해서만 얻을 수 있다. 리플은 실시간 일괄 정산시스템과 환전·송금 네트워크를 갖추고 있다.

리플 프로토콜은 오픈소스로 개방돼 있어 누구든지 개발에 참

주로 아시아 지역에서 사고 팔리는 암호화폐 '리플'.

여할 수 있으며, 참가자들이 합의한 내용을 토대로 거래가 승인되도록 설계돼 있다. 대신 수량이 1,000억 개로 한정돼 있어 매달 10억 개만 시장에 풀린다. 현재 리플은 400억 개가량 유통되고 있다. 시장에서는 'XRP'라는 명칭으로 거래되고 있다.

코인 생성 주기를 단축해 대량 결제를 빠르게 처리할 수 있는 '라이트코인', 익명성을 높인 '다크코인', 빅데이터 기술을 결합한 인터넷은행 전용 화폐 '폴리비우스', 개인정보 보호에 강한 '모네로'와 'Z캐시', 자선단체에 송금하기 적합한 '스텔라'처럼 독특한 이름에다 기능도 다양한 암호화폐가 속속 등장했다.

비트코인이 처음 선보인 이후 전 세계에서 거래 중인 암호화폐는 2021년 5월 말 현재 1만 개를 넘어섰다. 간단한 프로그래밍으로 만들어 낼 수 있어 계속 늘어나는 중이다. 암호화폐는 대부분 비트코인과 이더리움을 복제하는 방식으로 만들어진다. 블록체인 송금 시스템을 완전히 갖춘 기존 암호화폐에 일부 기능을 덧붙여 다른 이름으로 내놓는 것이다. 프로그램 코드 몇 줄이면 곧바로 발행이 가능한 암호화폐도 있다.

투자자들이 암호화폐의 옥석玉石을 가릴 수 있는 유일한 방법은 발행업체가 발행하는 '백서白書'를 꼼꼼히 살펴보는 것뿐이다. 백서는 암호화폐의 용도, 발행량, 기술적 배경 등을 설명한 문서를 일컫는다. 하지만 허울 좋은 단어를 짜깁기해 내놓은 백서가 적지 않아 투자자들의 주의가 요구된다.

암호화폐의 난립은 19세기 초 미국 달러화가 무차별적으로 발

하드포크hard fork

기존 블록체인과 호환되지 않는 새로운 블록체인에서 다른 종류의 암호화폐를 만드는 것을 '하드포크hard fork'라고 한다. 암호화폐의 오류나 한계를 바로잡기 위해 실행하는 일종의 '업그레이드'라고 보면 된다.

비트코인은 채굴자가 증가하고, 거래가 늘면서 속도가 느려지는 문제가 생겼다. 이에 따라 업그레이드를 실행하는데 하드포크를 하면 기존 암호화폐 시스템과는 호환되지 않기 때문에 결과적으로 새로운 암호화폐가 만들어진다. 비트코인의 새끼 격인 '비트코인 캐시'는 하드포크를 시행한 결과물이다.

하드포크를 실행하면 기존에 비트코인을 보유하던 사람들은 배당 개념으로 새로운 코인을 받는다. 예를 들어 10비트코인을 갖고 있던 사람은 10비트코인 캐시를 받게 되는 식이다.

행됐던 것을 떠올리게 한다. 당시 미국에서는 법정화폐를 발행하는 중앙은행 없이 연방정부의 허가에 따라 은행들이 자체적으로 달러화를 찍어냈다. 남북전쟁 직전인 1859년에만 1만 여종의 달러화가 유통됐다. 달러화의 양산은 자유방임 시대를 배경으로 촉발됐다. 하지만 암호화폐의 난립은 탈중앙과 분권, 초연결 시대의 산물이라고 할 수 있다.

엘살바도르의 '비트코인 법정화폐 실험'

중앙아메리카의 작은 나라 엘살바도르는 세계 최빈국 중의 하나다. 인구 650만 명, 한국의 20%에 불과한 영토, 국민의 30%가 넘는 빈곤층, 1980년대 군부 쿠데타와 내전을 거치며 현대사의 아픈 상처를 품고 있는 나라가 엘살바도르이다. 로마사톨릭교회 오스카 로메로(1917~1980) 대주교가 군부 폭정에 항거하다 암살당하는 비극을 그린 영화 〈로메로〉로 기억되는 나라이기도 하다.

그런 엘살바도르 정부가 2021년 6월 비트코인을 법정화폐로 채택했다. 비트코인이 선보인 이후 세계에서 처음 있는 일이다. 나이브 부켈레 엘살바도르 대통령은 비트코인을 법정화폐로 지정하는 법안을 의회에 제출했다. 의회는 74%의 찬성률로 법안을 통과시켰다.

엘살바도르는 미국 지원을 받는 보수 우파 정권과 쿠바 지원을 받는 좌파 세력 민족해방전선FMLN이 1980년부터 12년간 내전을 벌여 주요 산업 기반이 무너졌다. 이 과정에서 수많은 국민이 해외로 도피했고, 내전 이후에는 빈약한 제조업과 커피·설탕 등의 수출에 의존하는 경제구조 탓에 1인당 국내총생산GDP이 4,200 달러에 불과하다.

엘살바도르는 국민 70%가 은행 계좌나 신용카드를 보유하고 있지 않아 경제활동이 주로 현금 거래로 이뤄진다. 국민 대다수는 미국 등 해외에서 불법 체류 중인 가족들이 보내오는 돈에 의존해

살아간다. 엘살바도르 정부가 비트코인을 법정화폐로 채택한 데에는 해외 이주 노동자들의 국내 송금을 원활하게 하려는 취지도 있다.

엘살바도르는 국내총생산에서 이주 노동자의 송금액이 20%를 차지할 정도로 큰 비중을 차지한다. 하지만 이주 노동자들은 해외 은행에 10%에 달하는 송금 수수료를 지불해왔다. 비트코인은 수수료 없이 실시간 송금이 가능하다는 장점을 지니고 있다. 미국 달러화를 2001년부터 공식 화폐로 사용해왔지만 외국 자본 유치 효과가 미미했던 점도 비트코인 도입을 추진한 배경이 됐다.

엘살바도르 정부는 2021년 3월 암호화폐 서비스업체 '스트라이크'와 손잡고 소도시 엘존테를 '비트코인 마을'로 지정하는 실험에 착수했다. 엘존테 마을 주민들은 스마트폰 앱을 활용해 현금을 비트코인으로 전환했다. 버스를 타거나 상점에서 물건을 살 때 비트코인으로 결제했다.

비트코인이 엘살바도르에서 법정화폐 역할을 할 수 있을지는 미지수다. 비트코인의 가격 변동 폭이 워낙 크기 때문이다. 비트코인을 법정화폐로 인정한 것은 '깜짝 쇼'를 즐기는 부켈레 대통령의 정치적 마케팅 성격이 짙다는 분석도 있다. 2019년 부패 척결과 범죄감소, 경제 활성화 등을 공약으로 내걸고 당선된 부켈레 대통령은 당선 이후 파격적인 행보를 보여왔다. 2020년 초 국회가 치안예산 편성을 머뭇거리자 자동소총으로 무장한 군인들을 거느리고 국회에 난입하는가 하면, 그해 4월에는 범죄 조직간 싸움이 격화하자 죄수 수백 명의 웃통을 벗긴 사진을 공개하기도 했다. 비트코인의 법정화폐 결정 과정에서도 충분한 사회적 논의를 거치지 않은 것으로 알려졌다.

국제통화기금은 "엘살바도르가 비트코인을 법정화폐로 채택하는 것은 많은 거시경제·금융·법적 이슈를 제기한다"고 우려했고, 세계은행은 비트코인의 법정화폐 채택을 위한 엘살바도르의 기술 지원 요청을 거부했다.

국민 70%가 은행 계좌조차 없는 엘살바도르에서 복잡한 개념의 비트코인 활용도가 얼마나 될지 의문이라는 지적도 나온다. 하지만 분명한 것은 엘살바도르가 비트코인의 법정화폐 실험국가가 됐다는 사실이다. 비트코인이 엘살바도르 경제를 살리는 구세주가 될 것인지에 대해 전 세계인의 관심이 쏠리고 있다. 엘살바도르는 스페인어로 '구세주'라는 뜻이다.

결제수단으로 활용되는 암호화폐

비트코인은 처음 선보였을 당시 많은 나라에서 결제·송금 수단인 '화폐'로 인정받기보다는 '일반상품'으로 여겨졌다. 비트코인이 처음 결제수단으로 쓰인 것은 2010년 5월 미국 플로리다에서다. 컴퓨터 프로그래머 라슬로 해니에츠는 비트코인 온라인 모임에 "피자 라지 두 판에 1만 비트코인을 지급하겠다"는 글을 올렸다. 이 글을 본 사람이 피자를 신용카드로 결제해주고, 비트코인을 받았다고 한다. 당시 해니에츠가 피자 두 판 값으로 지불한 비트코인 1만 개의 가치는 41달러에 불과했다. 요즘 비트코인 1개 가격이 4000만~7000만원대에 거래되는 것을 고려하면 엄청나게 싼 가격에 피자 두 판 값을 지불한 셈이다.

상품과 화폐라는 이중적 성격을 지닌 비트코인은 전 세계에 급속도로 확산됐다. 2017년 4월 일본은 자금결제법을 개정해 비트코인을 통화로 인정했다. 미국 재무부는 비트코인 사용이 정당한 금융 행위라는 결정을 내렸다. 미국 버몬트 주는 2017년 5월 송금법에 암호화폐를 상품거래나 가치저장의 수단으로 정의하는 내용을 담았다. 미국 뉴욕에선 수업료를 비트코인으로 결제할 수 있는 유치원도 등장했다.

암호화폐는 부동산 거래에 활용되기도 한다. 영국 부동산개발회사 고 홈즈Go Homes는 2017년 12월 비트코인을 받고 단독주택두 채를 판매했다. 말레이시아에서 여행사를 운영하는 알렉산더리는 리바란 섬에 있는 1만 2,190㎡의 땅을 0.5비트코인을 받고친구에게 팔았다고 한다. 아시아의 금융 중심지로 꼽히는 싱가포르 도심에는 비트코인만 받는 카페가 생겨났다.

스웨덴과 캐나다에선 비트코인을 공식 화폐로 인정하는 대신자체 암호화폐인 'e-Krona'와 이더리움 기반의 'CAD Coin' 도입을 추진했다. 영국·그리스·독일 등 유럽 국가와 호주에서도 비트코인을 지급결제 수단으로 인정하고 있다.

나이키, 아마존, 버거킹, 바이두 등과 같은 민간 업체의 온·오프 매장에서는 비트코인을 결제수단으로 인정한다. 코인맵에 따르면 전 세계에서 비트코인을 사용할 수 있는 매장은 1만여 곳에 달한다. 특히 북미와 유럽 지역을 중심으로 활발하게 사용되고 있다.

한국에서 비트코인은 2013년 12월 결제수단으로 처음 쓰였다. 파리바게뜨 인천시청역점이 자체 개발한 스마트폰 앱을 이용해 비트코인으로 빵값을 낼 수 있도록 한 것이다. 하지만 2016년부터 이곳에서는 비트코인 결제를 중단했다. 처음에는 비트코인으로 빵값을 내는 사람들이 있었지만 시간이 지나면서 관심이 떨어졌기 때문이다.

암호화폐를 법정화폐와 똑같이 취급하는 업체들도 있다. 비트코인을 받는 국내 상점은 150여 곳에 달한다. 이 중 100여 곳이 서울·경기·인천에 몰려 있지만 부산과 강원도, 제주 일대에서도 비트코인 취급 상점이 생겼다.

서울에 있는 한 병원은 2017년 5월 환자가 비트코인과 이더리움으로 병원비를 결제할 수 있는 시스템을 도입했다. 한 스피치 학원은 수강료를 현금 대신 이더리움으로 받아 화제가 되기도 했다.

일본에서도 암호화폐가 결제수단으로 널리 쓰였다. 일본의 비트코인 거래소 '코인체크'는 POS(판매 시점 정보관리 시스템) 운용사인 '리크루트 라이프 스타일'과 협약을 맺고 식품점 26만 곳과 소매점에서 비트코인을 거래에 사용할 수 있도록 했다. 또 다른 비트코인 거래소 '비트플라이어'는 2017년 4월 가전제품 판매업체

'빅 카메라'와 협약을 맺고 도쿄에 있는 2개 지점에서 비트코인 결제를 허용하기도 했다.

2017년 일본 인터넷 기업 GMO 그룹의 직원들은 '비트코인 재테크'를 실행해 화제가 됐다. 직원들이 월급 일부를 비트코인으로 받는 방식으로 투자에 나선 것이다. 저비용 항공사인 피치항공은 비트코인으로 항공권 등을 구매할 수 있는 결제 시스템을 도입하기도 했다.

사무실 공유업체 위워크는 2021년 4월 비트코인과 이더리움으로 사무실 임차료를 받기로 했고, 테슬라의 전기차도 한동안 비트코인으로 구매할 수 있었다. 온라인 결제업체 페이팔에서도 비트코인 결제가 가능하다. 스타벅스도 디지털 지갑 앱 '백트'와 제휴해 암호화폐를 결제수단으로 활용하고 있다.

다만 2020년 이후 암호화폐 가격이 폭등하면서 결제수단으로 활용되기 어려워진 게 사실이다. 물품을 구입한 뒤 암호화폐로 결제하려는 소비자들이 드물 뿐 아니라 상점이나 업체들도 암호화폐를 받는 것을 부담스러워하기 때문이다. 가격이 폭등한 암호화폐가 결제수단으로서의 기능을 잃고 있는 셈이다.

투기 대상이 된 암호화폐

암호화폐로 수익을 올릴 수 있는 가장 쉬운 방법은 시세차익을 노리는 것이다. 따라서 주식처럼 거래소에서 암호화폐를 산 뒤 가격이 오르면 되팔아 돈을 버는 사람들이 급증하고 있다.

암호화폐의 '맏형' 격인 비트코인이 2009년 처음 개발됐을 당시 가격은 0달러였다. 2010년에는 비트코인 1개 가격이 0.06달러로 정해졌다. 비트코인이 첫선을 보일 당시 관심을 끌지 못했던 것은 실물도 없고, 보증하는 기관도 없는 낯선 암호화폐였기 때문이다. 종이나 금속으로 만든 돈과 달리 암호화폐는 해킹당하면 가치를 고스란히 날릴 위험도 상존한다. 그러다 암호화폐 시장에서 거래되기 시작하면서 가격이 상승했다. 비트코인뿐만이 아니다. 이더리움·리플 등 다른 암호화폐도 투자자들이 몰리면서 가격이 치솟았다. 암호화폐가 화폐로서 기능하기보다 주식이나 금융상품처럼 투자대상이 된 것이다.

2017년 초까지만 해도 비트코인 가격은 100만원대를 유지했다. 이더리움·리플 등 대부분의 암호화폐 가격도 10만원을 넘지 않았다. 그러다 2017년 6월 이후 비트코인 가격은 폭등세를 보여 20배나 올랐다. 한때 비트코인 1개 가격이 8000만원을 넘기도 했다. 실체가 없는 코인 1개 가격이 웬만한 자동차 한 대보다 비싸진 것이다. 이더리움 가격은 1년 새 95배 올랐고, 다른 암호화폐들도 가격이 수십 배 치솟았다.

2020년 말 기준으로 전 세계 암호화폐 시장 규모는 1조달러 안팎에 달했다. 네덜란드의 국내총생산GDP 규모와 비슷한 수준이었다. 암호화폐 거래소도 9,500여 곳으로 늘어났다.

튤립 버블

영국 경제학자 케인스는 장기적인 수익을 예측하는 경제활동을 '투자'로 보고, 단기적인 시장의 심리를 예측하는 행위를 '투기'로 정의했다. 경제적 합리성을 추구하는 행위는 투자로 이어지고, '욕망의 해방'은 투기로 나타나기 마련이다.

투자와 달리 투기는 리스크risk를 수반한다. 투기는 버블(거품)을 낳고, 한없이 부풀어 오른 거품이 꺼지면 개인이나 기업, 국가 경제를 망가뜨릴 수도 있다. 투기와 거품은 '열매를 맺지 않는 꽃'과도 같다.

17세기 초 네덜란드 경제는 튤립 투기 열풍으로 심각한 상황에 빠졌다. 터키가 원산지인 튤립이 16세기 유럽으로 건너갔을 때만 해도 튤립은 귀족들이 좋아하는 관상용 화초에 불과했다. 그러나 1630년대 튤립 재배가 신분 상승의 상징으로 인식되면서 가격이 폭등했다.

튤립의 아름다움과 질긴 생명력은 여인들의 환심을 사려는 귀족들의 탐욕을 부채질했다. 튤립에도 계급이 있어 황제, 총독, 제독, 영주, 대장 등과 같은 별칭이 붙었다.

튤립 사재기 열풍이 불면서 당시 튤립 구근球根(알뿌리)은 같은 무게의 금보다 비싸게 거래됐다. 귀족과 부유층은 튤립을 사기 위해 집과 땅을 팔기도 했다. 당시 농부들이 소 1,000마리를 팔아 튤립 40개를 샀다는 기록도 있다. 많은 사람들이 튤립에 경쟁적으로 투자하면서 1개월 만에 가격이 50배 넘게 폭등했다.

튤립 거래가 많아지자 암스테르담 증권거래소는 튤립을 상장종목으로 지정하기도 했다. 돈을 먼저 받고, 튤립은 나중에 건네는 선물거

헨드릭 게리츠 포트가 17세기 네덜란드 튤립 투기 광풍을 묘사한 풍자화 <플로라의 미친 마차>.

래가 늘어나는가 하면 상인들이 이중, 삼중으로 계약을 맺은 뒤 돈을 챙겨 잠적하는 일도 잦았다.

튤립 투기 광풍은 오래가지 않았다. 1637년 2월 이후 튤립 가격은 급락했다. 사람들이 '단순한 꽃을 그리 비싸게 살 필요가 있나?'란 질문을 하면서부터. 게다가 네덜란드 법원이 튤립의 재산 가치를 인정할 수 없다는 판결을 내린 후 가격은 수천분의 1 수준으로 폭락했다. 튤립 가격에 낀 거품이 꺼지면서 네덜란드 경제는 한동안 후유증에서 벗어나지 못했다. 튤립 버블은 네덜란드에서 발생한 최초의 투기 사건으로 기록돼 있다.

암호화폐 투자에 대한 시각은 엇갈린다. 투자자들은 "4차 산업 혁명의 대안화폐로 떠오른 암호화폐는 충분한 투자가치가 있다"고 주장한다. 하지만 대부분의 사람들은 "암호화폐 시장이 투기판으로 변질됐다"고 본다. '돈 놓고 돈 먹는' 투기판이 됐다는 것이다. 암호화폐 투자 열풍은 17세기 초 네덜란드 경제를 망가뜨렸던 '튤립 버블'에 비유되기도 한다. 암호화폐 투자에 부정적인 시각을 가진 사람들은 "'튤립 버블'과 마찬가지로 암호화폐 투기 열풍은 국가 경제에 악영향을 끼칠 것"이라고 지적하고 있다.

한국의 암호화폐 투기 광풍

한국에서는 2017년부터 이듬해 말까지 암호화폐 투기 광풍이 거세게 불었다. 이를 '1차 암호화폐 투기 광풍'이라고 한다. 암호화폐 투자자들은 1년 새 100만 명에서 300만 명으로 급증했다. 암호화폐 거래소 빗썸의 거래량은 2017년 6월 세계 1위에 오르기도 했다. 거래대금도 세계 최고 수준에 달했다. 빗썸의 하루 거래대금은 코스닥시장 거래액을 넘어섰다. 암호화폐 거래 규모가 코스닥에 상장된 업체들의 주식거래 규모보다 커진 것이다.

　암호화폐 시장 규모가 커진 것은 많은 사람들이 '대박'을 꿈꾸며 암호화폐 투자에 나섰기 때문이다. 투자자들은 온종일 스마트폰으로 가격을 확인했다. 시시각각으로 변하는 암호화폐 시세에

눈을 떼지 못했다. '암호화폐 폐인' '비트코인 좀비'라는 유행어가 생길 정도로 투기 광풍이 거세게 불었다. 인터넷에는 "하루 사이에 비트코인 가격이 50%나 올랐다" "2000만원을 투자해서 2억원을 벌었다" "3개월 만에 5억원을 번 뒤 회사에 사표를 썼다"는 등 확인되지 않은 투자 성공담이 나돌았다. 직장인은 물론 대학생과 가정주부, 70대 노인들까지 암호화폐 투자에 뛰어들었다.

한국의 암호화폐 투기 광풍은 외국에서도 걱정할 정도였다. 미국 〈블룸버그〉 통신은 2017년 12월 초 '비트코인 광풍이 한국을 사로잡고 있다'는 기사를 게재했다. 〈블룸버그〉 통신은 "암호화폐 투자 열기가 뜨거운 한국은 '그라운드 제로(폭발의 중심지점)'로 떠오르고 있다"고 보도했다. 한국이 세계 경제에서 차지하는 비중은 1.9%에 불과한데 전 세계 비트코인 거래의 21%가 한국에서 이뤄지고 있다는 우려 섞인 지적이었다.

미국 유력 일간지 〈뉴욕타임스〉도 "전 세계에서 암호화폐 투자 열기가 한국보다 뜨거운 곳은 없다"고 짚었다. 〈뉴욕타임스〉는 "한국 인구는 미국의 6분의 1에 불과하지만 비트코인 등 암호화폐의 원화 거래액은 달러 거래액보다 많다"고 지적했다. 또 미국과 중국에서 암호화폐 시장이 몇 년에 걸쳐 차근차근 성장한 것과 달리 한국 시장은 불과 1년 만에 급격하게 성장했다고 보도했다.

많은 한국인이 암호화폐 투자에 폭발적인 관심을 보인 것을 놓고 여러 가지 해석이 나왔다. 무엇보다 한국인의 못 말리는 투기 심리를 지적하는 목소리가 높았다. 암호화폐 투자로 큰돈을 번

김치 프리미엄

한국을 상징하는 '김치'와 정상가격보다 높은 가격을 뜻하는 '프리미엄'의 합성어이다. 한국에서 거래되는 암호화폐 가격이 외국 거래소보다 비싼 현상을 일컫는 말이다. 암호화폐 투자자들은 줄임말로 '김프'로 표현한다. "김프가 30%"라는 것은 외국에서 1000원인 암호화폐가 한국에서는 1300원에 거래된다는 것을 의미한다.

한국과 다른 나라의 암호화폐 시세 차이는 2017년 6월 말까지만 해도 5% 안팎에 그쳤다. 하지만 암호화폐 투기 열풍이 불면서 김치 프리미엄은 30~50%로 커졌다. 김치 프리미엄이 커짐에 따라 미국의 암호화폐 정보업체 코인마켓 캡은 2008년 1월 한국의 암호화폐 가격을 데이터에서 제외하기도 했다. 김치 프리미엄이 낀 한국 암호화폐 가격을 믿지 못해 취한 조치다. 하지만 김치 프리미엄은 정부가 암호화폐 거래시장에 대한 규제 조치를 잇달아 내놓으면서 5% 수준까지 떨어지기도 했다.

김치 프리미엄의 가장 큰 원인은 수급 불일치다. 한국에서는 암호화폐 채굴이 외국보다 활발하지 않다. 여기에 정부는 자금세탁 등 범죄 악용 우려가 있어 암호화폐 거래를 위한 송금을 제한하고 있다. 이로 인해 공급 부족 현상이 나타나는 것이다.

2018년 이후 한동안 주춤했던 암호화폐 가격이 폭등하기 시작한 2021년 1월부터는 김치 프리미엄을 이용한 외국인의 차익 거래가 늘면서 외화 송금도 급증했다. 예컨대 한국의 비트코인 가격이 중국 거래소보다 10% 높다고 가정하면 중국에서 1000만원어치 비트코인을 산 뒤 한국의 거래소나 개인 지갑으로 전송하고, 국내 거래소에서 1100만원에 팔아 현금화한다. 이렇게 번 돈을 다시 중국으로 보내 1100만원어치 비트코인을 사고, 다시 한국으로 전송해 10% 높은 1210만원에 팔아 현금화하는 방식이다. 암호화폐 시세차익을 노린 이런 거래는 자금세탁에 악용될 우려가 크다.

현행 외국환거래법에 따르면 외국인 또는 비거주자가 연간 5만달러 이내로 해외송금을 하면 별도의 서류 증빙이 필요 없다. 금융계에서는 비트코인 투자자들이 이 점을 노리고 여러 사람의 명의로 5만달러 이하씩 '쪼개기 송금'을 하는 것으로 파악하고 있다.

사람들이 많아지면서 너도나도 '묻지마 투자'에 나선 것이다. 특히 장기 저금리 시대를 거치면서 마땅한 투자처를 찾지 못했던 사람들이 암호화폐 투자에 몰렸다. 은행에 저축해봤자 연 2%대 미만의 금리를 적용받는 데다 주식시장 수익률도 10% 안팎에 불과해 자연스레 암호화폐 투자에 갈 곳 잃은 돈이 몰린 것이다. 고수익을 노리는 한국인 특유의 모험적 투자 성향도 암호화폐 시장을 투기판으로 변질시키는 데 한몫했다는 분석이 나오기도 했다.

코인 가격에 울고 웃는
'카지노 자본주의'의 병폐

2021년 1월부터 거세게 불기 시작한 이른바 '2차 암호화폐 투기 광풍'의 큰손은 20~30대 청년층이었다. 자고 나면 다락같이 오르는 부동산 시장에서 '영혼을 끌어모아' 후발 투자를 했던 20~30대들이 투자처를 암호화폐로 갈아탄 것이다. 2021년 1월부터 3월까지 빗썸·업비트·코빗·코인원 등 4대 암호화폐 거래소의 전체 이용자 511만 4,003명 가운데 20대가 21%, 30대는 24%였다. 20~30대가 전체 이용자의 45%를 차지한 것이다.

20~30대가 암호화폐 '묻지 마 투자'에 몰입하는 데엔 '불안'이 자리 잡고 있다. 일자리 구하기도 쉽지 않은 상황에서 열심히 일해 모은 월급으로는 집을 사기 어렵고, 부모세대만큼 부富를 이룰 수 없을 것이란 암울한 현실이 투기판과도 같은 암호화폐 시장으로 몰려들게 했다. 청년층의 좌절과 불안은 이른바 '패닉 바잉(공황매수)'을 불러 2020년에는 부동산 갭 투자에서 주식 투자로 옮아갔고, 2021년 초부터는 암호화폐 거래에 너도나도 뛰어든 것이다.

특히 청년층이 도지코인 등과 같은 알트코인 투자에 몰리는 것은 비트코인보다 값이 싸고 변동성이 훨씬 커 단기간에 고수익을 노릴 수 있기 때문이다. 온라인 커뮤니티에 "100만원으로 1억원을 벌었다" 같은 글이 올라오면서 '다들 돈을 버는데 나만 소외될지 모른다'는 이른바 '포모FOMO. Fear Of Missing Out 증후군'이 투자심리를 부추겼다. 2017~2018년 1차 암호화폐 투기 광풍 때처럼 주변에서 '코인 성공담'이 잇달아 터져 나오니 평정심을 잃은 사람들이 많아졌다.

하지만 뒤늦게 암호화폐 투자에 나섰다가 피해를 입은 젊은층이 적지 않았다. 큰돈을 벌 수 있다는 믿음으로 대학 등록금 등을 암호화폐에 투자했다가 가격이 급락하는 바람에 손해를 보는 대학생들도 많았다. 인터넷과 SNS에는 "비트코인과 리플에 투자했다가 보름 만에 원금의 75%를 날렸다" "복학을 앞두고 부모님에게 전셋값으로 받은 4000만원을 암호화폐에 투자했다가 2800만원을 잃었다" 등과 같은 글들이 올라왔다.

심지어 2018년 2월에는 암호화폐에 투자하던 20대가 숨진 채 발견됐다. 대학을 휴학하고 부산의 한 구청에서 사회복무요원으로 근무 중이던 20대 청년은 한때 투자금의 10배가 넘는 수익을 올렸지만 암호화폐 가격이 폭락세를 보이자 극단적인 선택을 해 충격을 안겼다.

한국의 암호화폐 시장은 세계에서 가장 위험한 것으로 평가받고 있다. 해외 암호화폐 투자자들은 비트코인을 주로 거래하지만

● 자신만이 흐름에 소외되고 있다는 일종의 '고립공포감'이다. 원래 포모(FOMO)는 제품의 공급량을 줄여 소비자를 조급하게 만드는 마케팅 기법이었다. '매진 임박' '한정 수량' 등이 포모 마케팅의 한 예이다. 미국 하버드대와 영국 옥스퍼드대학에서는 포모를 사회병리 현상의 하나로 주목하며 수많은 논문이 나왔다. 미국에선 50%가 넘는 성인이 포모 증세로 고통을 겪는다는 통계도 있다.

한국에선 알트코인 투자비율이 압도적으로 높다. 한국은 암호화폐 투자 중 비트코인은 6%에 불과하고, 나머지 94%가 알트코인이다. 이에 따라 한국의 암호화폐 시장은 비트코인을 중심으로 돌아가는 글로벌 시장과도 분리돼 '폭탄 돌리기형 도박판'으로 치닫고 있다는 분석도 있다.

암호화폐 투기 열풍은 극에 달한 '카지노 자본주의'*의 한 단면이기도 하다. 현대 자본주의가 산업 중심에서 금융 중심으로 이전하면서 금융자본이 실물경제를 뛰어넘게 됐다. 각종 금융규제가 완화되고 자본 자유화가 실현되면서 국제자본은 국경을 초월해 움직이고 있다. 정보기술IT의 발달로 금융시장의 규모는 더욱 확대되고, 자본 흐름의 속도도 빨라졌다.

금융자본의 영향력이 막강해진 카지노 자본주의 사회에서는 탐욕스러운 소수의 투기 자본가들이 금융시장을 교란해 세계 경제를 위기에 빠뜨리곤 한다. 기업이나 개인도 부가가치 생산이나 저축에 관심을 갖기보다 일확천금을 노리고 금융시장에 접근하는 일이 많아지고 있다. 금융 자본주의가 빚은 '암울한 풍경'이 아닐 수 없다.

---

* 투기적 성격의 금융자본에 의해 휘둘리는 현대 자본주의 양상을 카지노(도박장)에 빗대 비판한 용어다. 영국 경제학자 수전 스트레인지가 1986년 펴낸 《카지노 자본주의》라는 책에서 처음 사용했다.

말도 많고, 탈도 많은 암호화폐 거래소

암호화폐 투자자들은 거래소를 통해 암호화폐를 사고판다. 정부가 파악한 국내 암호화폐 거래소는 200여 곳에 이른다. 업비트 · 빗썸 · 코인원 · 코빗 등 이른바 '4대 거래소' 말고도 영세한 거래소들이 많다. 2017년 암호화폐 투기 광풍이 불어닥치자 거래소는 급증했다. 국내 암호화폐 거래소 설립은 2013년 시행된 전자상거래법에 근거해 관할 구청 등 지자체에 일정액의 수수료만 내고 사업자등록증 등 서류를 제출해 통신판매업자로 신고하면 가능했다. 별다른 설립요건 없이 통신판매업자로 신고만 하면 된다는 의미다. 대부분의 암호화폐 거래소는 자본금이 10억원 안팎에 불과했다.

암호화폐 거래가 활발했던 2017년부터 2018년 상반기까지 대부분의 암호화폐 거래소들은 보안시스템을 제대로 갖추지 않았다. 해킹에 취약할 뿐만 아니라 서버가 중단되는 사례가 잦아 투자자들을 불안하게 했다. 당시 암호화폐 거래소는 예금보험공사의 투자자 보호 대상이 아니어서 해킹 피해는 고스란히 투자자의 금전적 피해로 이어질 수밖에 없었다.

2017년 12월 국내 10위권의 암호화폐 거래소 '유빗'이 해킹을 당해 170억원대의 손실을 내고 파산을 선언했다. 그해 6월 빗썸에서는 직원 PC가 해킹당해 고객 3만 6,000여 명의 개인정보가 유출됐고, 9월에는 코인이즈의 서버가 해킹당해 21억원을 도둑맞았다.

일본에서는 2018년 1월 암호화폐 거래소 '코인체크'가 해킹을 당해 580억엔어치의 암호화폐를 탈취당하는 사고가 발생했다. 고객 26만 명 계좌에 보관된 암호화폐가 하루아침에 사라진 것이다. 2014년 발생한 마운트곡스 거래소 해킹 사고*를 뛰어넘는 최악의 사고여서 일본 사회를 충격에 빠뜨렸다.

암호화폐 투자자들의 피해를 막으려면 거래소의 보안시스템 강화가 필수적이다. 방송통신위원회가 2017년 10월 국내 암호화폐 거래소 10곳을 대상으로 보안 실태를 점검했더니 기준을 모두 충족한 업체가 단 한 곳도 없는 것으로 드러났다. 특히 기초적인 보안 대책인 방화벽조차 없거나, 무선인터넷 공유기로 거래를 하는 업체도 있는 것으로 밝혀졌다. 지금은 과거에 비해 암호화폐 거래소의 보안시스템이 강화되긴 했지만 여전히 완벽한 시스템을 구축하지 못했다는 평가가 많다.

일부 거래소는 임원들 명의로 계좌를 만들어 암호화폐를 사고파는 이른바 '자전自轉 거래' 방식으로 거래량을 부풀리는 것으로 알려졌다. 거래소 운영이 투명하지 않기 때문에 이런 사례를 적발하기는 매우 어렵다.

---

* 마운트곡스는 개인 간(P2P) 거래 사이트인 당나귀(eDonkey)의 개발자였던 제드 맥칼렙이 설립한 최초의 암호화폐 거래소이다. 제드 맥칼렙은 2010년 7월 비트코인과 달러를 거래할 수 있는 비트코인 교환소로 사이트를 전면 개편했다. 마운트곡스는 전 세계 비트코인 거래의 70%가량을 차지하는 세계 최대의 암호화폐 거래소로 성장했다. 그러다 2014년 2월 해킹으로 85만 개의 비트코인을 도난당하는 사고가 발생해 사이트는 폐쇄됐고, 마운트곡스는 파산했다.

암호화폐 시장을 장악한 고래whale

암호화폐 시장에서 비트코인을 대량 보유한 투자자들을 '고래whale' 라고 한다. 〈블룸버그〉통신에 따르면 전 세계 1,000여 명의 고래가 비트코인 40%를 보유한 것으로 파악되고 있다. 고래는 비트코인 개발 당시 채굴을 하거나 초기 투자에 나섰던 사람들이 대부분이다. 고래들은 많은 비트코인을 갖고 있기 때문에 일부만 팔아도 암호화폐 시장이 출렁거린다. 이들은 서로 알고 지낸 지 오래됐으며, 긴밀하게 연락을 취하는 것으로 알려져 있다.

가장 우려스러운 점은 고래들이 담합 행위를 할 수도 있다는 것이다. 비트코인은 주식이 아닌 디지털 화폐이기 때문에 고래들이 짜고 막대한 이익을 남기려는 행위를 막을 수 없다. 특히 고래들은 비트코인을 동시에 구입해 가격을 올린 뒤 곧바로 팔아치울 가능성도 있다. 하지만 일반 투자자들은 고래들의 계획과 의도를 알 수 없어 '깜깜이 투자'를 할 수밖에 없는 상황이다. 주식시장으로 따지면 고래들은 '큰손'이고 일반 투자자들은 '개미'인 셈이다. 주식시장에서 개미가 큰 손을 이길 수 없듯이 암호화폐 시장에서도 고래들만 이익을 챙기고, 일반 투자자들은 손해를 볼 가능성이 매우 높다.

위험천만한 암호화폐 시장,
주식 거래와는 다르다

국내 상장 주식은 한국거래소 한 곳에서만 사고팔 수 있다. 하지만 암호화폐는 국내는 물론 해외 사설 거래소 중에서 선택해 거래할 수 있다. 암호화폐 거래가 가장 쉽고 편리한 곳은 빗썸·업비트·코인원·코빗 등 국내 거래소이다. 원화 입출금이 가능하기 때문이다. 암호화폐를 사고팔려면 거래소 홈페이지나 앱에서 실명 인증을 통해 회원 가입을 하면 된다. 주의해야 할 것은 반드시 거래소의 주거래은행 실명 계좌가 있어야 한다는 점이다. 빗썸과 코인원은 NH농협은행, 업비트는 케이뱅크, 코빗은 신한은행 계좌가 필요하다.

입출금 계좌를 등록하면 돈을 입금해 비트코인을 사고팔면 된다. 비트코인 1개가 3000만원이라 해도 3000만원 단위로 거래되는 것은 아니다. 소수점 단위로 매수할 수 있다. 예컨대 3만원으로 0.001비트코인을 사는 식이다. 1주가 거래 단위인 주식과 달리 암호화폐는 최대 1억분의 1단위까지 분할해 매매할 수 있다. 1억분의 1비트코인은 1사토시다. 사토시라는 단위는 비트코인 개발자 이름(사토시 나카모토)에서 따왔다. 암호화폐를 구입한 투자자는 거래소에서 암호화폐 입출금과 송금 기능이 있는 일종의 전자지갑Wallet을 만들 수 있다. 이 지갑이 개인 ID이자 은행 계좌번호와 같은 역할을 하기 때문에 다른 사람에게 직접 암호화폐를 보내

거나 받을 수 있다.

암호화폐 거래 수수료는 거래소마다 거래액의 0.05~0.25%로 차이가 크기 때문에 꼼꼼하게 비교해봐야 한다. 증권사가 주식거래마다 받는 수수료보다 10~30배 많은 수준이다.

암호화폐 수수료는 세 가지이다. 환전수수료와 거래수수료, 암호화폐 네트워크 자체에서 부과하는 송금수수료이다. 암호화폐를 바꾸는 데 지불하는 환전수수료는 출금 시에만 부과하고, 입금 때는 적용하지 않아 통상 '출금 수수료'라고 한다. 암호화폐 거래 때 지불하는 거래수수료는 팔 때와 살 때 모두 부과된다. 송금수수료는 암호화폐 전송 시 채굴자에게 주는 수수료로, 거래소를 통하지 않고 이더리움이나 비트코인으로 직접 송금하더라도 지불해야 한다.

암호화폐 거래소는 1년 365일, 24시간 운영된다. 주식시장과 달리 상한가나 하한가도 없다. 그만큼 가격 등락 폭이 클 수밖에 없다. 국내 거래소에선 '현물 거래(암호화폐 단순 매매)'만 가능하다. 이에 따라 '쌀 때 사서 비싸게 팔기'가 유일한 투자 전략이다. 해외 거래소를 이용하면 선물·마진 거래도 할 수 있다. 선물 거래는 암호화폐 미래 가격을 예상해 미리 사고파는 방식이어서 하락장에도 대비할 수 있도록 한 투자 기법이다. 거래소에 예치한 증거금을 기반으로 투자금을 빌려 원금의 몇 배수까지 공매수나 공매도를 하는 마진 거래를 활용하면 더 큰 수익을 낼 수도 있다. 하지만 선물·마진 거래는 투자 리스크(위험)가 크다.

해외 거래소는 원화 입금이 안 되기 때문에 국내 거래소에서 원화로 암호화폐를 산 뒤 해외 거래소로 전송해 환전한 다음 거래해야 하는 번거로움이 있다. 대신 수수료는 0.02~0.075%로 국내보다 저렴하다는 장점이 있다.

국내 암호화폐 거래소, 생사의 갈림길에 서다

암호화폐 투자자들의 피해를 줄이려면 거래소 인가제 도입이 필수적이다. 일본과 영국, 독일 등 선진국은 암호화폐 거래소 인가제를 시행하고 있다. 인가제는 일정 규모의 자본과 인력을 갖추고, 적정한 보안시스템을 구축한 거래소만 암호화폐 거래를 할 수 있게 하는 것이다.

금융위원회는 2020년 11월 가상자산 사업자를 규제하는 내용의 특정금융정보법(특금법) 시행령 개정안을 입법 예고하고 2021년 3월부터 시행에 들어갔다. 특금법에 따라 암호화폐 거래소는 요건을 갖춘 뒤 2021년 9월 24일까지 금융당국에 신고를 마쳐야 영업을 할 수 있다. 금융위는 암호화폐 거래소가 충분한 자금세탁 방지능력을 갖췄는지를 점검한 뒤 승인을 내준다는 방침이다. 원화가 암호화폐로 바뀌어 해외로 이전되거나 탈세, 범죄자금 등에 사용되는 것을 막기 위한 조치다. 이를 위해 거래소는 은행이 제공하는 실명 입출금 계정을 보유해야 하고, 한국인터넷진흥원이 부여하는 정보보호관리체계ISMS 인증을 받아야 하는 등 일정 요건을 갖춰야 사업신고가 가능하다. 거래소 대표와 임원이 금융 관련 법률을 어겨 벌금 등을 선고받으면 신고가 수리되지 않는다. 미신고 영업을 하면 법적 제재를 받을 뿐 아니라 폐업 조치가 내려질 가능성이 높다.

현재 실명 입출금 계정이 있는 국내 암호화폐 거래소는 빗썸, 업비트, 코인원, 코빗 등 4곳뿐이다. 은행이 입출금 계정을 추가로 열어주지 않는다면 국내 거래소는 4곳만 살아남을 수 있다는 얘기다. 은행들은 사고가 발생할 경우 책임을 져야 하므로 중소 거래소에 실명 계좌 발급을 꺼릴 가능성이 크다. 실제로 2021년 5월 KB국민·하나·우리은행은 암호화폐 거래소에 실명 계좌를 내주지 않는 쪽으로 방침을 정했다. 신한·농협은행은 기존에 제휴한 거래소를 제외한 신규 제휴에 난색을 표명했다. 시중은행과 제휴하지 못한 거래소는 인터넷은행이나 지방은행, 외국계 은행이라도 제휴 대상을 찾아야 한다. 실명 계좌를 갖추지 못한 거래소들은 예외 규정에 따라 가상자산 간 거래서비스는 할 수 있다. 투자자에게 출금을 해줄 수는 없지만 같은 종류의 암호화폐를 거래하는 다른 거래소로 넘겨 출금할 수 있다는 뜻이다.

일각에선 사실상 도박과 비슷한 취급을 받던 암호화폐 투자가 제도권으로 편입되면 장기적으로는 산업에 대한 신뢰가 높아질 것이라는 분석도 나온다. 그동안 암호화폐를 규정하는 법률이 없

'코인베이스'를 나스닥에 상장시킨 암스트롱

미국 최대 규모의 암호화폐 거래소 '코인베이스'가 2021년 4월 14일 나스닥 시장에 상장됐다. 코인베이스는 숙박공유서비스 업체 에어비앤비의 엔지니어 출신인 브라이언 암스트롱이 2012년 캘리포니아에 설립했다. 설립 9년 만에 증시 입성에 성공한 것이다.

코인베이스는 미국 증권거래위원회SEC로부터 나스닥 직상장을 승인받았다. 직상장은 기업공개IPO와 달리 사전에 주식을 팔지 않는다. 대신 뉴욕증권거래소NYSE가 자문인 자격을 가진 투자은행과 협의를 통해 상장 전날 밤 '준거 가격'을 공개한다. 이를 근거로 상장 당일에 나스닥 거래소의 주문에 따라 가격이 정해진다.

코인베이스의 직상장 주식 규모는 1억 1,490만 주다. 2020년 말 기준

코인베이스의 나스닥 상장으로 세계 100대 부호에 이름을 올린 브라이언 암스트롱.

코인베이스 이용자 수는 100여 개국 5,600만 명에 이른다. 누적 거래액은 4500억달러로 전체 암호화폐 시장의 11.3%를 점유하고 있다.

1983년 미국 캘리포니아 새너제이에서 태어난 암스트롱은 텍사스 주 라이스대에서 경제학과 컴퓨터공학을 전공했다. IBM에서 개발자, 딜로이트에서 컨설턴트로 일한 그는 2010년 비트코인 창시자 사토시 나카모토가 인터넷에 공개한 비트코인 논문을 읽고 난 뒤 암호화폐의 매력에 빠져들었다고 한다. 그는 에어비앤비를 그만두고 샌프란시스코에 있는 방 두 개짜리 아파트에서 골드만삭스 출신 프레드 에샘과 함께 코인베이스를 설립했다. 2017년 에샘이 코인베이스를 떠나면서 현재는 암스트롱 혼자 회사를 이끌고 있다.

암스트롱은 은둔형 경영자로 암호화폐 관련 행사에 참석하지 않고, 트위터에도 거의 글을 올리지 않는다. 하지만 기부에는 적극적이다. 흑인 인권운동에 지지 의사를 밝혔고, 자산의 절반 이상 기부를 약속하는 '기빙 플래지' 회원이다. 2018년에는 은행 계좌가 없는 빈곤층을 지원하는 10억달러 규모의 재단 '기브 크립토'를 설립했다.

어 거래소는 아무런 책임과 의무를 지지 않고, 정부도 규제할 근거가 없었다. 누구나 거래소 앱 사이트를 만든 뒤 '벌집 계좌'라고 불리는 일반 법인계좌로 투자금을 받아 사업을 할 수 있었다.

특금법 개정 후 암호화폐 시장이 정화되고 나면 암호화폐법이 제정될 수 있다는 관측도 제기된다. 미국·일본·프랑스 등을 중심으로 암호화폐 관련법이 만들어지는 추세를 볼 때 어느 정도 시간이 지나면 국내에서도 암호화폐법 제정이 이뤄질 것으로 전망된다.

암호화폐와 세금

암호화폐 거래에 세금을 물리는 것은 세계적인 추세다. 암호화폐를 어떻게 정의하느냐에 따라 어떤 세금을 매길지가 달라진다. 전세계적으로 통일된 기준도 없다. 암호화폐를 자산으로 인정해 소득세를 부과하거나 암호화폐 거래 수익에 대한 과세 기준을 마련하는 사례가 적지 않다.

호주·싱가포르 등은 암호화폐를 일종의 재화로 규정해 부가가치세를 부과한다. 반면 영국·일본·스웨덴 등은 암호화폐를 지급결제 수단 또는 화폐로 규정해 부가가치세를 매기지는 않되 양도소득세와 법인세를 물리고 있다.

미국은 암호화폐를 투자자산으로 규정하고 자본이득세CGT를 적용하고 있다. 세율은 과세등급에 따라 달라지지만, 일반적으로 차익에 대해서는 최고 37%의 세금을 부과한다. 독일은 주식거래처럼 투기 목적의 1년 미만 보유에 대해서는 양도소득세를 부과하지만 1년 이상 보유할 경우 이를 면제한다. 다만 암호화폐 차익에 대해서는 기타소득으로 간주해 과세한다.

이런 움직임과는 달리 터키 등 일부 국가는 암호화폐 거래를 아예 금지하고 있다. 터키 중앙은행은 2021년 4월 암호화폐를 상품 · 서비스 결제수단으로 사용하는 것을 금지한다고 발표했다. 인도 정부도 암호화폐를 거래하거나 보유한 사람에게 벌금을 부과하는 법을 제정하기로 했다.

그동안 한국 정부는 암호화폐 거래에 대한 세금 부과에 신중한 태도를 보였다. 암호화폐를 법정화폐로 인정하지 않을 뿐더러 암호화폐 거래를 금융 행위로 판단하지 않았기 때문이다. 하지만 암호화폐 시장에 뛰어든 투자자가 수백만 명을 넘어서고 암호화폐 시장이 투기판으로 변질되면서 세금을 부과하는 쪽으로 기울었다. "소득 있는 곳에는 세금을 매기는 것이 원칙"이라며 과세방침을 밝힌 것이다.

한국 정부는 암호화폐 거래에 부가가치세를 부과하는 것은 문제가 있다고 판단한다. 이중과세 논란이 제기될 수 있기 때문이다. 예를 들어 사업자가 물건을 팔면서 대금으로 암호화폐를 받고, 이를 일반 화폐로 바꿀 경우 부가가치세를 두 차례나 부과하게 된다는 것이다. 이에 따라 암호화폐 시세차익에 양도소득세를 물리는 방안을 적극 검토해왔다.

국회 기획재정위원회는 2020년 12월 암호화폐 거래 수익에 대해 양도소득세를 부과하는 내용의 세법개정안을 의결했다. 의결된 세법개정안은 2022년 1월부터 암호화폐 등 가상자산을 '기타소득'으로 분류해 과세하는 내용이 담겼다. 당초 정부안은 가상자산 과세는 2021년 10월부터 시행할 예정이었으나 과세 인프라 준

폰지 사기극

'폰지 사기극'은 이탈리아 태생인 찰스 폰지(1882~1949)가 다단계 수법을 통해 벌인 금융사기를 일컫는 말이다. 폰지는 부모에게 물려받은 재산을 모두 탕진하고 스물한 살 때인 1903년 미국으로 건너갔다. 보스턴에 도착했을 땐 주머니에 2달러 50센트밖에 없었다. 밑바닥 인생을 전전하던 폰지는 1920년 국제우표 쿠폰IRC에서 사업 아이디어를 얻었다. 폰지는 우편요금이 싼 나라의 국제우표 쿠폰을 구입해 우편요금이 비싼 나라의 우표로 바꾸면 차익을 얻을 수 있다며 투자자를 모집했다. 90일 이내에 투자금의 두 배를 되돌려준다는 파격적인 조건도 내걸었다. 수많은 투자자들이 폰지가 던진 '미끼'를 물었다.

폰지는 7개월 만에 800만달러를 모았다. 하지만 국제우편 쿠폰의 발행량이 제한돼 있다는 사실을 간과했다. 투자자에게 약속한 수익률을 보장하기 위해 다른 투자자를 끌어들이며 '돌려막기'를 거듭하던 폰지

희대의 금융사기꾼이었던 찰스 폰지.

는 결국 파산을 선언하고 구속됐다.

희대의 금융사기꾼이었던 폰지는 1934년 감옥에서 풀려난 뒤 이탈리아로 추방됐다. 이탈리아에서도 크고 작은 사기행각을 벌이던 폰지는 1949년 브라질에 있는 자선병원에서 사망했다. 숨을 거둘 당시 폰지의 주머니에는 75달러밖에 없었다고 한다.

폰지는 역설적으로 금융시스템 구축에 기여했다. 1934년 미국 의회는 증권거래법을 통과시켰고, 이를 토대로 증권거래위원회sec가 출범했다. 폰지와 같은 금융사기 행위를 막기 위해서는 연방정부 차원의 대책이 필요하다고 판단했기 때문이다.

비에 필요한 기간을 고려해 3개월 유예했다.

이에 따라 2022년 1월부터 암호화폐 투자자가 얻은 거래 양도차익에 대해서는 세금이 부과된다. 국내 거주자의 경우 연간 250만원을 기본공제하고, 20%의 세율로 분리과세가 적용된다. 암호화폐 거래로 연간 250만원을 초과하는 수익을 올리면 초과 금액의 20%를 세금으로 내는 것이다. 양도소득을 얻은 투자자이자 납세의무자는 가상자산 거래소득을 연 1회 신고·납부(5월1~31일)해야 한다. 가령 1년간 비트코인을 사고팔아 모두 500만원을 벌었다면 250만원을 제외한 나머지 250만원에 대해서는 20%인 50만원을 세금으로 내야 한다.

비트코인, '거품의 끝판왕'인가

코로나-19가 전 세계를 휩쓴 2020년 12월 비트코인 가격은 사상 최고치를 기록했다. 그해 12월 17일 미국 암호화폐 정보업체 코인마켓 캡에서 비트코인 가격은 2만 2200달러에 달했다. 기존 최고치였던 2017년 12월 16일의 1만 9497달러를 훌쩍 뛰어넘은 것이다. 비트코인 가격은 2020년 한 해 동안 무려 300%나 폭등했다. 이더리움 등 다른 암호화폐들도 동반 상승세를 나타냈다.

비트코인 가격 상승세는 해가 바뀐 2021년 1월에도 이어졌다. 개당 2만달러를 돌파한 지 2주만인 2021년 1월 3일 3만 4000달러를 넘어서며 사상 최고가를 경신했다. 비트코인 가격은 1월 7일 4만달러를 넘어서며 또다시 최고가를 기록한 뒤 가격 급등에 따른 부담감이 커지면서 3만달러대로 내려왔다. 횡보세를 보이던 비트코인 가격은 '테슬라 효과'로 다시 요동쳤다.

미국 전기차 제조업체 테슬라의 최고경영자CEO 일론 머스크가 2월 8일 비트코인 15억달러어치를 구매했다고 공시하자 비트코인 가격은 4만 5000달러를 넘어선 데 이어 열흘 뒤인 2월 18일에는 장중 5만 2531달러까지 치솟았다. 비트코인 시가총액은 1조 2000억달러에 달해 테슬라 시가총액(약 7000억달러)을 넘어섰다. 머스크는 "현금 수익을 극대화하고 다각화하기 위해 비트코인을 매입했다"며 "향후 자산 일부를 암호화폐에 투자할 수 있으며 고객들이 전기차를 비트코인으로 살 수 있도록 할 예정"이라고 밝혔다.

온라인 결제 기업 페이팔과 글로벌 신용카드사인 마스터카드도 비트코인을 결제수단으로 인정하겠다고 밝히면서 비트코인 가격은 폭등세를 보였다. 비트코인 가격이 1만달러 단위에서 10만달러 단위로 바뀔 것이라는 다소 성급한 전망마저 나왔다.

폭등세를 보이던 비트코인 가격은 조정 국면에 들어갔다. 머스크가 2월 22일 "비트코인 가격이 높긴 한 것 같다"고 말하자마자 18% 넘게 떨어지며 최대 하락 폭을 보였다. 국내외 경제수장들도 비트코인 가격 상승에 제동을 걸고 나섰다. 이주열 한국은행 총재는 "비트코인은 내재가치가 없다. 비트코인 가격이 왜 비싼지 이해하기 어렵다. 앞으로도 가격 변동성이 클 것"이라고 전망했다. 재닛 옐런 미국 재무부장관도 "비트코인은 투기자산이며 변동성이 크다"고 했다.

경제수장들의 경고에 주춤했던 비트코인 가격은 다시 오름세로 돌아서 2021년 3월 말에는 6만달러를 넘어서기도 했다. 풍부한 시중 유동성과 투자 열기가 비트코인 가격을 끌어올린 것이다.

2021년 4월 중순 6만 5000달러에 육박하며 사상 최고가를 기록했던 비트코인 가격은 4월 20일 이후 하락세로 돌아서 5만달러 밑으로 내려갔다. 암호화폐 가격에 낀 거품이 꺼질 것이라는 경고가 잇따르면서 내림세를 보인 것이다. 암호화폐 낙관론자인 스콧 마이너드 구겐하임파트너스 최고투자책임자CIO는 "비트코인에 거품이 많이 끼었다"며 "커다란 조정이 불가피하다"고 말했다. 그는 "비트코인 가격이 개당 2만~3만달러로 내려갈 수 있다"고 예측했다.

20대에 억만장자가 된
이더리움 창시자 부테린

암호화폐 업계에선 비트코인이 '디지털 금金'이라면 이더리움은 '디지털 원유原油'로 간주한다. 이더리움은 자체 프로그래밍 언어를 가지고 있다. 개발자들은 이더리움의 프로그래밍 언어를 바탕으로 코딩해 다양한 애플리케이션을 제작할 수 있다. 개발자가 직접 계약 조건과 내용을 코딩할 수 있기에 어떠한 형태의 디지털 계약도 만들어낼 수 있다. 비트코인은 채굴 과정에서 전력이 과도하게 사용되기 때문에 기후위기의 주범이란 비판을 받고 있다. 하지만 이더리움은 거래 속도가 빠르고 전력 소모도 적다. 거래시간과 전력 소비량을 줄이기 위한 시스템 업그레이드도 이어지고 있다.

2021년 5월 4일 처음으로 개당 3300달러를 넘어선 이더리움의 가격 폭등에 힘입어 창시자 비탈릭 부테린은 최연소 억만장자 반열에 올랐다. 부테린은 2018년 10월 이더리움 33만 3,520개를 보유하고 있다고 밝힌 바 있다. 부테린이 보유한 이더리움 가치는 11억 3200만달러에 이른다.

부테린은 1994년 러시아의 작은 마을 콜롬나에서 태어나 네 살 때 가족과 함께 캐나다 토론토로 이주했다. 열일곱 살이던 2011년 프로그래머인 아버지에게 처음으로 비트코인에 관한 얘기를 들은 뒤 열아홉 살 때 이더리움 설계도를 만들었다. 2012년 캐나다 워털루대에 입학한 그는 2014년 크라우드펀딩으로 이더리움 네트워크를 개발했으며 이듬해 이더리움 네트워크를 공식 출범시켰다. 20대에 억만장자가 된

최연소 억만장자 반열에 오른 이더리움 창시자 비탈릭 부테린.

부테린은 코로나-19로 어려움을 겪는 인도에 구호기금 7억원, 스타트업(신생 창업기업)에 4억원을 기부하기도 했다.

천국과 지옥을 오가는 비트코인 투자자들

비트코인의 극심한 가격 변동성으로 한국의 '코인 개미'들은 24시간 돌아가는 시장에서 하루에도 몇 번씩 천국과 지옥을 오가고 있다. 비트코인의 월간 거래대금은 2020년 1월 1조~2조원에서 1년 만인 2021년 1월에는 12조~13조원으로 늘었다.

암호화폐 시가총액 2위인 이더리움의 가격은 2021년 1월 4일

개당 1028달러를 기록했다. 이더리움 가격이 개당 1000달러를 넘어선 것은 2018년 1월 이후 3년 만이다. 비트코인 가격이 폭등세를 보이면서 이더리움 가격도 한 달 뒤인 2월 4일에는 개당 1641달러로 오른 데 이어 5월 4일에는 3300달러를 넘어섰다. 3개월 만에 2배가량 급등한 셈이다.

비트코인 가격이 파죽지세로 치솟으면서 일부 미국 투자사는 비트코인 가격과 연동하는 상장지수펀드ETF*를 만들어 금융당국에 승인을 요청했다.

2018년 상반기 이후 2년여 동안 투자자들의 관심권 밖으로 밀려나 있던 암호화폐가 '제2의 전성기'를 맞은 데는 여러 이유가 있다. 우선 코로나−19 팬데믹으로 경기 부양을 위한 유동성이 전 세계에 흘러넘치면서 인플레이션을 우려한 자산 가격 상승 기조와 맞물렸다는 분석이 나오고 있다. 실제로 각국 중앙은행은 경기침체에 대응하기 위해 '돈 풀기'에 적극 나섰다.

한국은행의 '통화신용정책보고서'에 따르면 2020년 3월부터 9월까지 달러 유통량은 1년 전에 비해 20.4%, 유로화는 9.1%, 일본 엔화는 6.4% 늘었다. 이렇게 막대한 돈이 시중에 풀리다 보니 인플레이션 우려가 커졌다.

그동안 전통적인 인플레이션 헤지(위험회피) 수단은 금이었다.

---

* 실물가격과 연동되는 투자상품이다. 비트코인 가격과 연동되는 상장지수펀드가 나오면 비트코인을 사면서 발생하는 위험과 번거로움 없이 실질적인 투자가 이뤄질 수 있다.

여기에 코로나-19 팬데믹 이후 비트코인이 가세했다. 시중 유동성이 넘치면서 법정통화의 가치가 떨어지자 총량이 고정된 비트코인과 금 등이 인플레이션 헤지 수단으로 주목받게 된 것이다. 개인 투자자 위주이던 암호화폐 시장에 기관투자가들이 몰려든 이유이기도 하다.

비트코인 공급량이 줄어드는 '반감기半減期*'도 가격 상승 요인 중 하나로 꼽힌다. 비트코인 반감기는 대략 4년마다 절반씩 줄어드는 것을 말한다. 비트코인은 전체 발행 개수가 2,100만 개로 정해져 있고, 2040년엔 채굴 과정도 끝난다. 그 이후엔 추가 공급도 없다. 현재 시장에는 1,860만 개가 채굴돼 유통되고 있다. 전체 채굴량의 88%가 시장에 나와 있다는 뜻이다. 앞으로 시장에 공급되는 비트코인은 240만 개로 제한돼 있다.

암호화폐에 대한 부정적인 인식이 점차 바뀌고 있는 것도 가격 상승세에 영향을 미쳤다는 분석이 나온다. 세계 각국 정부와 중앙은행이 디지털 화폐 도입을 추진하면서 '암호화폐=불법 화폐'라는 인식이 바뀌는 계기가 됐다. 〈블룸버그〉 통신은 "비트코인의 가격 급등은 디지털 화폐 결제 가능성을 반영한 것"이라고 지적했다.

2020년 하반기에 불어닥친 '탈중앙화 분산 금융(디파이 · DeFi)'

---

* 방사성 물질의 양이 처음의 반으로 줄어드는 데 걸리는 시간을 뜻한다. 불안정한 원자들이 얼마나 빠른 속도로 핵분열을 하는지를 알기 위해 핵물리학에서 빈번히 사용되는 용어이지만 지질학이나 고고학에서 지질연대 측정에도 많이 이용된다. 최근에는 어떤 양이 초깃값의 절반이 되는 데 걸리는 시간을 통칭하는 용어로 쓰인다.

열풍이 암호화폐 가격 급등의 배경이 됐다는 분석도 나온다. 디파이는 주로 암호화폐를 담보로 제공하고 일정 금액을 대출받거나 암호화폐를 예치해 이자를 받는 이른바 '온라인 금융상품'이다. 디파이 투자자들이 가장 많이 이용하는 상품은 암호화폐 예치상품이다. 주로 디파이 상품 수익률은 연 10~20%로 금융권 정기예금보다 높다. 디파이 상품 예치총액은 2020년 말 기준으로 134억 달러에 달해 6개월 만에 10배 이상 증가했다.

세계적인 베스트셀러 《부자 아빠, 가난한 아빠》의 저자 로버트 기요사키는 "기관투자가들의 자금이 비트코인으로 옮겨가면서 가격은 지속적으로 오를 것"이라고 했다. 씨티은행은 〈암호화폐 가격 전망〉이란 제목의 보고서에서 "통화 팽창과 달러 약세로 비트코인이 '21세기의 금'으로 떠올랐다"고 추어 세웠다.

비트코인이 금과 달러가 양분해온 안전자산의 한 축으로 부상할 것이라는 전망도 나온다. 통상 화폐 가치가 내려가면 금값이 오른다. 2020년 코로나-19 팬데믹으로 인한 경기침체를 막기 위해 미국 정부는 막대한 돈을 시장에 풀었다. 그 결과 달러 가치는 하락했다. 그런데 2020년 8월부터 금 가격은 내려갔고, 비트코인 가격은 오름세를 보였다. 금으로 쏠리던 시중 자금이 비트코인으로 흘러 들어간 것이다. 비트코인이 자산 다변화를 위한 투자자산으로 인정받는 것으로 볼 수 있다.

'듣보잡' 암호화폐, '도지코인' 투기 광풍

암호화폐 투기 광풍은 그동안 주목받지 못했던 '도지코인'의 가격마저 폭등하게 만들었다. 미국의 개발자들이 장난 삼아 만든 암호화폐인 도지코인이 시장을 뒤흔든 것이다. 도지코인은 2013년 IBM과 어도비 출신의 개발자 빌리 마커스와 잭슨 팔머가 만들었다. 비트코인 열풍을 풍자해 재미 삼아 만든 알트코인이다. 도지코인 이미지도 인터넷에서 유행하는 일본 시바견의 사진과 밈 meme* , 비트코인 등을 합성해 만들었다. 화폐 명칭도 시바견 밈을 뜻하는 '도지Doge'를 그대로 썼다. 도지는 영어권에서 개를 귀엽게 부르는 말이다. 한때 '농담 코인'이라고 불리기도 했던 도지코인은 딱히 쓸데가 없는 비주류 암호화폐로 분류됐다. 도지코인 발행량은 무한대여서 1분에 1만 개 꼴로 만들어지고 있다.

이른바 '듣보잡 알트코인'이었던 도지코인 가격은 2020년 12월 말까지만 해도 개당 0.003달러(약 3.34원) 정도에 불과했다. 하지만 '묻지 마 투자'가 이어지면서 2021년 4월 19일 0.40달러에 근접했다. 무려 130배 넘게 오른 것이다. 거래대금은 17조원에 달했

---

* 영국의 저명한 진화생물학자 리처드 도킨스가 1976년에 펴낸 《이기적인 유전자》에서 처음 사용한 개념이다. 유전적 방법이 아닌 모방을 통해 습득되는 문화요소를 뜻한다. 도킨스는 '진(gene)'처럼 복제기능을 하는 문화요소를 함축하는 한 음절의 용어를 그리스어 '미메메(mimeme)'에서 찾아내 밈을 만들어냈다. '미메메'에는 '모방'의 뜻이 들어있다. 최근에는 인터넷에서 유행하는 사진이나 영상을 의미하는 용어로 쓰이고 있다.

'농담 코인'이라고 불리기도 했던 '도지코인'을 형상화한 이미지.

다. 시가총액도 50조원에 육박해 이더리움을 제치고 시총 4위 암호화폐로 등극하기도 했다.

도지코인 가격이 오르자 다른 알트코인 가격도 폭등했다. 2021년 4월 20일 암호화폐 거래소 빗썸에 상장한 알트코인 '아로와나 토큰ARW'은 50원에 거래를 시작해 불과 30분 만에 5만 3800원까지 올랐다. 상장가 대비 10만 7500% 상승한 셈이다. 누가 봐도 정상이 아닌 상황이다.

도지코인 가격이 폭등세를 보이게 된 것은 미국 전기차 업체 테슬라의 최고경영자CEO 일론 머스크의 이해할 수 없는 행동 때문이었다. 머스크는 2021년 3월 14일 자신의 트위터에 '도지 데이 오후Doge day aftermoon'라는 게시물을 남겼다.

머스크는 도지코인을 '우리 모두의 암호화폐'라고 말하는가 하면, "암호화폐 거래소에서도 사고 팔 수 있게 해야 한다"고 주장해 폭등세에 불을 질렀다. 머스크는 트위터에 "도지가 달을 보고 짖는구나"라는 글을 남겨 도지코인의 가격 급등을 예고하기도 했다. 자신이 경영하는 우주탐사 기업 스페이스X가 "도지코인을 달 위에 올려놓을 것"이라고도 썼다. 한국의 젊은 투자자들도 도지코인의 가격 폭등을 기원하며 '달까지to the moon'를 외쳤다.

도지코인 가격이 급등하자 전문가들은 '묻지 마 투자'에 대해 경고하고 나섰다. 특히 '더 큰 바보 이론*'의 전형적인 모습이라고 지적했다. 도지코인의 가격이 단기간에 급등한 것은 일부 커뮤니티를 중심으로 '펌핑(가격 끌어올리기)'을 위한 일종의 '작전'일 수 있다는 분석도 나왔다.

암호화폐 시장에서 머스크가 날리는 트윗 영향력이 워낙 크다 보니 투자자들 사이에선 '머스크 효과'라는 말까지 나왔다. 미국에선 투자자 보호를 위해 규제 당국이 머스크의 트윗을 통제해야 한다는 주장이 제기됐다. 특히 머스크의 회사인 테슬라가 비트코인을 보유하고 있기 때문에 그가 트윗을 날려 보유자산 가격을 끌어올리는 행위는 '이해충돌'이라는 지적이 나온다. 머스크의 가

---

* 주식이나 채권, 부동산 등 투자 상품이나 자산이 높은 가격에 형성돼 있어도 자기보다 더 높은 가격에 매입할 투자자가 있을 것이라는 기대를 갖고 투자에 나서는 것을 말한다. 비싸게 구매한 자신이 '바보'라는 사실을 알고 있더라도, 더 비싼 값에 살 '더 큰 바보'가 존재한다는 확신만 있다면 어떤 가격이든 정당화할 수 있다. 영국 경제학자 케인스가 창안한 이론이다. 케인스는 인간의 본성 가운데 야성적 충동(animal spirits)을 중요하게 여겼다. 그는 "인간의 경제활동은 합리적인 동기에 따라 이뤄지지만, 때로는 야성적 충동이 작용하기도 한다"고 했다.

벼운 입과 트윗으로 암호화폐 시장을 출렁거리게 해서는 안 된다는 것이다.

도지코인 가격은 2021년 5월 세계적 자산거래 사이트인 이토로e-Toro의 거래 목록에 포함됐다는 소식이 전해지자 50% 이상 폭등한 60.05센트까지 올랐다. 이토로는 암호화폐를 비롯해 저가 주식이나 상장지수펀드ETF 등을 거래하는 온라인 자산거래 플랫폼이다. 이토로의 이용자는 전 세계 2,000만 명에 달하는 것으로 알려졌다. '묻지 마 투자' 광풍을 타고 도지코인의 시가총액은 848억달러를 넘어섰다. 1년 전 시가총액 3억 1500만달러에서 무려 269배 폭등한 것이다.

도지코인 가격은 급등락을 거듭하다 2021년 8월 초 0.2629달러까지 올랐다. 이런 추세는 당분간 계속될 전망이다.

"브루투스, 너마저?"…
세 치 혀로 암호화폐 시장을 배신한 일론 머스크

일론 머스크는 전기차 업체(테슬라)와 우주탐사 업체(스페이스X)를 이끄는 혁신기업가인가? 암호화폐 시세조종 작전꾼인가?

머스크의 종잡을 수 없는 행보와 변심, 한없이 가벼운 '입'으로 인해 암호화폐 시장은 극도의 혼란을 겪었다. 머스크를 '희대의 사기꾼'인 찰스 폰지에 비유하며 비난의 목소리를 높이는 암호화폐 시장 참여자들이 늘어나는가 하면 세 치 혀로 시장을 교란시키는 상습범으로 낙인찍는 이들도 많아졌다. 그럴 만했다. 머스크는 암호화폐 시장의 신뢰를 잃는 행동을 일삼았기 때문이다.

머스크는 2021년 5월 12일 트위터에 '테슬라와 비트코인'이라고만 쓴 뒤 비트코인을 활용한 전기차 구매를 중단한다는 내용의 테슬라 발표문을 첨부했다. 머스크가 3월 24일 트위터를 통해 "이제 비트코인으로 테슬라 전기차를 살 수 있다"고 밝힌 지 두 달도 지나지 않아 방침을 뒤집은 것이다. 무책임하기 이를 데 없는 행태였다. 테슬라는 "비트코인 채굴과 거래에 많은 화석연료가 쓰이는 점을 우려한다"고 설명했다. 비트코인 채굴시스템이 전기를 대량으로 소비해 기후 위기에 악영향을 준다는 지적은 이미 오래전부터 환경운동가들이 제기해왔다는 점에서 뜬금없는 '변심'이었나. 테슬라의 이런 방침이 알려지자 비트코인 가격은 7% 넘게 하락했다.

머스크는 2021년 1월 말 자신의 트위터 계정 소개글(프로파일)에 비트코인 해시태그(#)를 추가했고, 2월 1일에는 소셜미디어 '클럽하우스'에서 "나는 비트코인 지지자"라고 했다. 이어 2월 8일에는 테슬라가 비트코인에 15억 달러를 투자했다는 사실을 공개했다. 그러자 비트코인 가격은 급등세를 탔다. 2월 1일 3만 3,667달러였던 비트코인 가격은 20일 뒤 5만 7,332달러까지 올랐고, 4월 중순에는 6만 달러를 훌쩍 넘겼다. 머스크의 '입'과 테슬라의 정책 변경으로 비트코인 가격이 출렁거린 것이다.

암호화폐 시장을 뒤흔든 테슬라의 최고경영자 일론 머스크.

　'암호화폐 전도사'로 통했던 머스크가 투자자들로부터 '배신자'라는 비난을 사기까지는 오랜 시간이 필요치 않았다. 테슬라가 2021년 4월 26일 비트코인 3,000억원어치를 팔아 1,100억원대 차익을 거둔 것으로 드러나면서 머스크에 대한 시장의 신뢰는 금이 가기 시작했다.

　그러자 비트코인 투자자들은 머스크를 향해 "브루투스, 너마저…."라는 탄식을 내뱉었다. 셰익스피어의 희곡 〈줄리어스 시저〉에서 로마 집권자 율리우스 카이사르가 마르쿠스 브루투스에게 속아 죽임을 당하며 말한 대사 "브루투스 너마저Et tu, Brute?"에서 따온 것이다. '비트코인 먹튀'를 한 머스크는 브루투스와 마찬가지로 '배신자'라는 것이다.

여론이 극도로 악화하자 머스크는 트위터에 "내가 가진 비트코인은 팔지 않았다. 비트코인의 유동성이 대차대조표상 현금 보유의 대안이 될 수 있다는 사실을 입증하기 위해 비트코인 보유 지분의 10%를 판 것"이라고 했다. 군색하기 짝이 없는 변명이었다. "주식시장의 작전 세력처럼 비트코인 가격을 띄운 뒤 팔아치워 수익을 챙겼다"는 암호화폐 투자자들의 비난이 쏟아진 것은 어찌 보면 당연한 일이기도 했다.

머스크는 알트코인인 도지코인과 관련해서도 무책임한 행태를 보였다. 그는 2021년 5월 8일 미국 유명 TV쇼 'SNL'에 출연해 뉴스 진행자에게 "도지코인은 세계를 장악할 금융수단"이라고 설명했다. 뉴스 진행자가 석연찮은 표정으로 "그래서 도박hustle 아니냐"라고 되묻자 머스크는 체념한 듯 "도박 맞다"고 답했다. 방송 직후 1시간 만에 도지코인 가격은 30% 폭락했다.

반전은 다음날 이뤄졌다. 머스크가 트위터에 "스페이스X는 2022년 도지-1 위성을 달로 보낼 것이다. 프로젝트 자금은 도지코인으로 마련하겠다"는 글을 올리자 도지코인 가격은 다시 20% 급등했다. 미국 SNS에는 암호화폐 시장을 들었다 났다 하는 머스크를 향한 원색적 욕설을 담은 해시태그(#)가 등장하기도 했다. 일부 투자자는 "주식시장에서 머스크가 이런 행동을 했다면 징역형에 처할 수 있는 중범죄를 저지른 것"이라며 분노를 표출했다.

주식시장의 불공정행위를 처벌하는 조항이 담긴 자본시장법에선 시세조종과 부정거래 행위 등을 금지하고 있다. 머스크를 비판하는 암호화폐 투자자들은 2021년 5월 '스톱일론'이란 단체를 만들었다. '일론 머스크를 멈추게 하자'는 뜻이다. 이들은 같은 이름의 암호화폐도 선보였다. 스톱일론은 소형 암호화폐 거래소에 상장됐다. 이 단체는 암호화폐 수익으로 테슬라 주식을 사들여 경영권을 확보하겠다는 다소 현실성이 떨어지는 계획을 제시했다. 머스크의 처벌을 요구하는 청원도 등장했다. 청원운동 웹 사이트인 체인지change.org에는 "머스크 놀이는 증권사기와 다름없어 감옥에 가야 할 수도 있다"는 청원이 올라오기도 했다.

머스크에 대한 세인들의 평가는 오래전부터 극명하게 엇갈렸다. 그가 제시하는 혁신적 아이디어들이 일부 투자자들에겐 현실 불가능한 '사기'처럼 여겨졌기 때문이다. 머스크는 2018년 8월에도 느닷없이 테슬라를 상장 폐지하겠다는 트윗을 날려 투자자들을 혼란에 빠뜨렸다. 당시 그는 "테슬라를 주당 420달러에 비상장 회사로 만드는 방안을 고려 중"이라며 "자금은 이미 확보돼 있다"고 했다. 이후 테슬라 주가는 11% 치솟았다. 하지만 해당 내용이 허위로 드러나자 머스크는 "상장폐지 계획을 철회하겠다"며 기존 결정을 뒤집었다.

그러자 미국 증권거래위원회SEC는 머스크를 증권사기 혐의로 고소했다. 투자자들도 머스크가 허위정보를 유포해 테슬라 주가를 조작했다며 집단소송을 제기했다. 이 사건으로 머스크는 테슬라 이사회 의장직에서 물러났고, 2000만달러의 벌금을 냈다. 한마디로 '믿지 못할' 머스크다.

암호화폐 시장 얼어붙게 하는
'차이나 리스크'

2020년 말부터 급등세를 보이던 암호화폐 가격은 2021년 5월 '차이나 리스크'로 곤두박질쳤다. 뜨겁게 달아오르던 상승 분위기에 찬물을 끼얹은 격이다. 버블(거품) 경고를 무시하고 불나방처럼 암호화폐 시장에 뛰어들었던 투자자들은 일확천금을 꿈꾸다 '벼락 거지'가 될 수도 있다는 공포에 사로잡혔다.

중국인터넷금융협회·은행업협회·지불청산협회 등 국영 금융 유관협회는 2021년 5월 18일 인민은행을 대신해 "금융기관은 암호화폐와 관련된 어떠한 활동도 해서는 안 된다"고 발표했다. 암호화폐를 통한 결제와 거래, 투자 등을 모두 금지한 것이다. 이들 협회는 "암호화폐와 법정화폐를 교환하거나 암호화폐 거래를 촉진하는 중개 서비스 제공, 코인 등을 기반으로 한 파생상품 거래 등 모든 행위는 형사상 범죄로 기소될 수 있다"고 경고했다. 개인 투자자에게도 "암호화폐와 관련한 금융 활동을 하지 말라"고 당부했다.

중국 당국의 발표가 나오자마자 암호화폐 가격은 폭락했다. 비트코인은 2021년 2월 이후 처음으로 3만달러 초반대까지 떨어졌고, 이더리움 가격도 40% 넘게 폭락했다. 개당 6만달러를 넘어섰던 비트코인 가격은 3개월 만에 반토막났고, 이더리움·도지코인·리플 등 알트코인 가격도 가팔랐던 상승 폭을 모두 반납했다. '차이나 리스크'가 본격화하면서 암호화폐 시장이 얼어붙은 것이다.

중국 북부 네이멍구 자치구는 2021년 5월 25일 암호화폐 채굴 금지 규제안을 내놨다. 암호화폐 채굴업자뿐 아니라 이들에게 장소나 전기 등을 제공하는 기업까지 제재대상에 포함시켰다. 네이멍구 자치구는 "이번 조치가 범국가적인 에너지 절감 목표 달성을 위한 것으로서 관내 암호화폐 채굴장을 완전히 없애 버리겠다"고 했다.

중국 정부는 한발 더 나아가 '암호화폐 거래 전면금지'라는 초강수를 추가로 꺼내 들었다. 인민은행은 알리바바의 온라인 결제 시스템인 알리페이와 공상·농업·건설은행 등 주요 은행 간부들을 불러 "암호화폐 거래를 완벽하게 금지하라"고 주문했다. 암호화폐 거래가 적발되면 즉시 해당 거래를 동결하고, 계좌를 말소 처분하라는 지시도 내렸다. 관영 매체인 〈환구시보〉 영문판인 〈글로벌타임스〉는 "중국 비트코인 채굴업체 90%가 문을 닫았다"고 보도했다.

중국은 비트코인을 비롯한 암호화폐를 체제 도전 요인으로 여긴다. 오래전부터 암호화폐 발행과 거래를 금지해온 이유다. 게다가 법정 디지털 화폐CBDC 발행으로 기축통화국의 지위를 거머쥐려는 중국으로서는 암호화폐 투기 열풍이 달가울 리 없다. 중국이 암호화폐 시장에 '공포탄'을 쏘며 제재에 나선 것은 CBDC 보급을 위한 사전 정지작업이기도 하다. 중국은 2022년 초 인민은행이 발행한 디지털 위안화를 보급할 예정이다. 암호화폐 시장이 커지면 당국의 발권력이 도전받고, CBDC 보급도 어려워질 수 있어 강력한 경쟁자의 싹을 일찌감치 잘라내야 한다고 판단한 것이다.

중국 당국은 암호화폐가 자본 유출의 수단이 될 수 있다는 데 극도의 경계심을 갖고 있다. 자본 통제가 강력한 중국에선 개인이 연간 5만달러 이상을 해외로 가지고 나갈 수 없다. 이런 상황에서 암호화폐가 자본 유출의 수단이 될 수 있다고 우려하는 것이다.

중국에 이어 미국도 암호화폐에 칼을 빼 들었다. 미국 재무부는 1만달러가 넘는 암호화폐 거래는 국세청IRS에 반드시 신고하도록 하는 내용의 규제안을 발표했다. 재무부는 "암호화폐는 탈세 등 다양한 불법 활동을 야기한다. 암호화폐 시장과 거래에 대한 단속 절차를 진행하고 있다"고 밝혔다. 세계 경제를 이끌고 있는 'G2 국가'가 암호화폐 규제책을 일제히 내놓은 것이다.

'잡코인 솎아내기', 코인 재앙의 예고편인가

2009년 비트코인이 처음 선보인 이후 암호화폐의 역사는 비상과 추락으로 아로새겨졌다. 탐욕과 공포라는 인간 본성의 피할 수 없는 결과물이다. 신경과 의사에서 투자의 대가로 변신한 윌리엄 번스타인은 언론 인터뷰에서 "비트코인과 같은 버블(거품)은 인간 본성의 피할 수 없는 결과"라고 말했다.

옥석玉石을 구분할 겨를도 없이 자고 나면 생겨났던 이른바 '잡코인(잡스러운 암호화폐)'이 2021년 6월부터 잇따라 상장폐지되고 있다. 한국 금융당국이 본격적으로 압박에 나서면서 암호화폐 시장의 구조조정이 이뤄진 것이다. '잡코인 솎아내기'의 신호탄을 쏘아올린 곳은 국내 최대 암호화폐 거래소 업비트다. 업비트는 2021년 6월 18일 페이코인·옵저버·마로·퀴즈톡 등 24개 암호화폐를 상장폐지한다고 발표했다. 국내 4대 거래소에 상장된 암호화폐 200여 개 중 3분의 1은 원화로만 매매가 가능한 이른바 '김치코인'이다. 특히 페이코인은 회원 160만 명에 가맹점이 7만 곳이 넘는 데다 실제로 사용되는 암호화폐다. 시가총액이 한때 7조원대에 달할 정도로 투자자들이 몰렸다.

암호화폐 거래 규모 2위 업체 빗썸도 암호화폐 4개를 상장 폐지하는 등 잡코인의 시장 퇴출이 줄을 이었다. 코인빗은 8개 코인의 상장폐지 계획을 발표했다가 돌연 철회하는 등 '갈지자 행보'를 보였다.

마른하늘에 날벼락 같은 '잡코인 솎아내기'에 투자자와 암호화폐 업체들은 거세게 반발했다. 부실 암호화폐 심사와 상장폐지는 거래소의 일상적 행위다. 하지만 거래소가 무더기로 '잡코인' 상장폐지를 공지한 것은 극히 이례적인 일이다. 암호화폐 거래소가 잡코인 정리에 나선 것은 신고 문턱을 넘기 위해서다. 특정금융정보법(특금법) 시행에 따라 거래소는 2021년 9월 24일까지 실명확인 입출금 계정 개설, 정보보호 관리체계ISMS 인증 등의 요건을 갖춰

금융위원회 산하 금융정보분석원FIU에 신고서를 제출해야 한다. 거래소 등록 이후에는 FIU의 감독과 검사를 받아야 한다. 특금법에 따라 은행과 실명확인 계좌 제휴를 맺지 못하면 문을 닫을 수밖에 없다. 대형 암호화폐 거래소의 '잡코인 퇴출'은 특금법 시행이전에 먼저 '폭탄'을 제거하려는 면피성 조치로도 해석됐다. 널뛰는 가격만큼이나 혼란스러운 암호화폐 시장이다.

암호화폐, '디지털 골드'가 될 것인가?

암호화폐의 미래에 대한 시각은 크게 엇갈린다. '투자의 귀재'라고 불리는 워런 버핏은 "비트코인을 비롯한 암호화폐는 나쁜 결말bad ending을 가져올 것"이라고 단언했다. 그는 암호화폐를 '신기루'에 비유하기도 했다. 암호화폐가 한때의 유행에 그칠 뿐 지속 가능하지 않다는 뜻이다. 앨런 그린스펀 전 미국 연방준비제도이사회FRB 의장은 "비트코인은 대륙 화폐와 같다"고 했다. 대륙 화폐는 독립전쟁 당시 미국 의회가 전쟁 비용을 충당하기 위해 발행한 화폐로 7년 만에 휴짓조각이 됐다. 2020년 11월 세계 최대 규모의 헤지펀드Hedge Fund(위험회피 펀드)* 브리지워터 어소시에이츠 창업자 레이

---

* 100명 미만의 투자자로부터 자금을 모은 뒤 단기적인 수익을 좇아 투자하는 펀드다. 시장 전체가 일정한 방향을 향해 움직이는 리스크를 회피(헤지)하는 펀드를 의미한다. 헤지펀드는 주식·채권·선물시장에 투자하거나 기업 매수를 통해 수익을

달리오는 "비트코인은 가치저장 수단으로 보기 어렵다. 금과 비슷한 위치에 오르는 것을 정부가 허용하지 않을 것"이라고 했다. 각국 정부가 발행을 추진하고 있는 '법정디지털 화폐CBDC'가 선보이면 비트코인은 한순간에 몰락할 수 있다는 것이다. 달리오는 암호화폐가 지닌 세 가지 중대한 문제로 ① 지급결제 수단으로 받아주는 곳이 부족하다 ② 지나치게 가격 변동성이 크다 ③ 각국 정부가 불법 화폐로 규정할 가능성이 크다는 점을 언급했다.

미국 최대 암호화폐 거래소인 코인베이스의 최고경영자CEO 브라이언 암스트롱도 암호화폐 투자의 위험성을 경고한 바 있다. 그는 "암호화폐 투자에는 위험이 따른다. 암호화폐는 대다수 투자자에게 익숙한 금융상품보다 변동성이 심하고, 가격이 어느 방향으로든 매우 빠른 속도로 변할 수 있다"고 지적했다.

반면 암호화폐가 미국 달러화처럼 기축통화의 자리를 차지할 것이라는 낙관적인 전망도 적지 않다. 크리스틴 라가르드 전 국제통화기금IMF 총재는 "비트코인 같은 암호화폐가 미래의 금융시스템을 대체할 것이다. 비트코인은 기존 은행을 대신할 잠재력을 보유하고 있다"고 주장했다. '비트코인 거품론'을 주장했던 제이미

취한다. 대표적인 헤지펀드로는 조지 소로스가 운영하는 '퀀텀펀드'가 꼽힌다. 헤지펀드가 주로 사용하는 투자 기법은 공매도와 롱쇼트 전략이다. 공매도는 주식이나 채권, 외환 가격이 하락할 것으로 예상되면 해당 금융상품을 갖고 있지 않은데도 팔고 나중에 이를 되사서 갚는 것을 말한다. 롱쇼트 전략은 본질 가치보다 싼 가격의 주식은 매입하고, 비싼 주식은 팔아 수익을 추구하는 것이다.

다이먼 JP모건 최고경영자CEO도 "비트코인은 '사기'라는 발언을 후회한다. 블록체인은 현실이며, 암호화된 가상달러도 가능하다"고 했다.

마이크로스트레티지 창업자 마이클 세일러는 2020년 11월 트위터를 통해 "금이 말 또는 마차라면 비트코인은 암호화 기술이 접목된 초광속 이동수단warp drive"이라며 "현대 사회의 대규모 통화 거래 시스템이 무너진다면 말과 당나귀, 노새가 경제를 이끄는 시절로 되돌아갈 수도 있겠지만, 그런 일은 일어나지 않을 것"이라고 내다봤다.

이처럼 내로라하는 금융전문가들도 암호화폐의 미래를 놓고 갑론을박을 지속하고 있다. 통일된 견해를 찾아보기 어려운 만큼 암호화폐의 미래를 가늠하기란 쉽지 않다.

그동안 금은 법정통화 가치가 하락할 때 위험을 분산할 대체 투자처로 각광받았다. 중앙은행이 발행하는 법정화폐와 달리 금은 가격 변동성이 낮아 안전자산 구실을 톡톡히 해왔다. 최근에는 비트코인도 인플레이션 헤지(위험회피) 수단으로 주목받기 시작했다. 글로벌 신용평가사인 S&P는 보고서를 통해 "투자자들은 비트코인을 금처럼 매력적인 투자처로 여기고 있다"고 평가했다. 비트코인이 '디지털 골드'가 될 수 있는 필요충분 조건을 갖췄다는 것이다.

암호화폐는 아무런 가치를 지니지 않은 '디지털 휴지'가 될 수도 있고, 글로벌 결제통화로 자리매김할 수도 있다. 암호화폐의 성공 여부는 집단 네트워크가 암묵적인 합의 아래 거래수단으로 얼마나 사용하는가에 달려 있다고 할 수 있다.

2001년 처음으로 선보인 온라인 백과사전인 '위키피디아'는 암호화폐처럼 임의조작이나 통제를 받지 않는 집단지성의 산물이다. 위키피디아가 처음 등장했을 때 많은 사람들은 "신뢰할 수 없는 정보의 집합체"라고 평가절하했다. 하지만 단기간에 신뢰를 회복하며 전 세계인의 백과사전으로 자리매김했다. 위키피디아처럼 암호화폐도 '4차 산업혁명의 꽃'으로 인식되며 전 세계 온·오프라인에서 활발하게 유통되는 '대안화폐'가 될 수 있을까? 지켜볼 일이다.

도대체 'NFT'는 뭔가

'대체불가토큰NFT·Non-fungible Token'은 또 하나의 디지털 자산으로 자리매김할 것인가. 가상자산의 한 종류인 NFT는 암호화폐처럼 블록체인 기술을 활용해 디지털 작품을 암호화하고, 유일성을 인증하는 '디지털 진품 증명서'라 할 수 있다. 개별 NFT마다 고유한 인식 값을 지니고 있어 다른 NFT로 대체할 수 없고, 정보는 위·변조할 수 없다. 이런 특징으로 인해 수없이 복사가 가능한 '디지털 자산'의 원본을 증명하는 데 활용되고 있다.

작가가 작품을 NFT로 전환해 거래소에 등록하면 작품 생성시간, 소유자, 거래내역 등이 디지털 장부에 해당하는 블록체인에 저장돼 위작 논란을 피할 수 있다. NFT는 예술작품부터 게임 캐릭터, 컴퓨터 파일, 유명 인사의 트윗 등에 이르기까지 소유권을 증명할 수 있는 모든 것에 적용 가능한 수단으로 떠올랐다. 시장 규모도 커져 NTF 거래액은 2020년 말 기준 2억 5000만달러로 전년보다 4배나 늘었다.

트위터 창업자인 잭 도시가 2006년 3월 21일 올린 첫 트윗인 "지금 막 트위터를 설정했음just setting up my twitter"의 NFT 작품은 2021년 3월 22일 이뤄진 경매에서 291만달러에 낙찰됐다. 실물이 없는 용량 55KB짜리 디지털 파일이 30억원 넘는 거액에 팔린 것이다.

그보다 열흘 앞선 3월 11일 미국 뉴욕 크리스티 경매에선 디지털 예술가 비플Beeple(본명 마이크 윈켈만)이 2007년부터 온라인에 게시했던 사진을 모아 만든 'JPG 파일' 형식의 이미지 5000개를 콜라주로 제작한 NFT 작품 '매일: 첫 5000일Everydays: The First 5000 Days'이

디지털 예술가 비플의 NFT 작품 'Everydays: The First 5000 Days'.

6934만달러에 팔렸다.

캐나다 가수 그라임스는 자신의 디지털 그림과 영상 10점으로 만든 NFT를 온라인 경매에 부쳐 580만달러를 벌어들였다. 미국프로농구 NBA 선수들의 디지털 카드를 거래하는 'NBA 톱 샷'은 2021년부터 NFT를 적용한 스타 선수들의 영상을 거래할 수 있도록 했다.

한국에선 게임업체 위메이드가 2021년 하반기 게임 내 아이템을 NFT로 사고파는 거래소를 개설할 계획이다. 서울옥션도 자회사 서울블루를 통해 NFT 시장에 진출했다. 바둑기사 이세돌 9단은 구글 딥마인드의 인공지능(AI) 알파고를 꺾은 역사적 대국을 NFT로 발행해 경매에 부쳤다. 2016년 3월 13일 서울 포시즌스 호텔에서 열린 '구글 딥마인드 챌린지 매치' 제4국에서 백을 잡은 이세돌 9단은 알파고를 상대로 180수 만에 불계승을 거뒀다.

이세돌 9단이 발행한 NFT는 네 번째 대국 당시 바둑판 위에 흑돌과 백돌이 차례로 놓이는 모습과 '신의 한수'로 평가받는 백 78수가 표시된 기보棋譜를 배경으로 촬영한 사진과 서명이 담긴 동영상 파일을 기초로 이더리움 네트워크에서 발행됐다.

NFT는 디지털 작품 자체가 아니라 분산된 소유권 증명이라는 한계를 지닌다. 블록체인으로 안전하게 보존되는 것은 소유권이지 원본이 아니다. 블록체인을 통해 희소성과 소유권을 안전하게 보호하는 행위가 되레 원본 예술품을 훼손하는 결과를 낳을 수 있다.

NFT 열풍을 우려하는 목소리도 크다. 암호화폐와 마찬가지로 투기 바람이 거세게 불어닥칠 가능성이 있다는 것이다. 미국 〈월스트리트 저널〉은 "NFT는 가장 큰 인터넷 광풍을 몰고 올 수도 있다"고 했다. NFT 자체를 인정하지 않는 시각도 있다. 영국의 팝아트 화가 데이비드 호크니는 비플의 NFT 작품이 뉴욕 크리스티 경매에서 거액에 낙찰된 깃을 두고 "바보 같은 짓Silly"이라고 평가절하했다. 호크니는 "NFT 아트는 말이 안 된다. 언젠가는 컴퓨터에서 그것들을 잃어버릴 수 있다"고 경고했다. 호크니는 NFT 붐을 일으키는 사람들을 향해 "국제적인 사기꾼"이라고 힐난했다.

9장

만개滿開 앞둔
'디지털 화폐 시대'

중앙은행이 발행하는 법정 디지털 화폐CBDC

정보기술의 급격한 발달에 힘입어 디지털 화폐 시대가 예상보다 빠르게 다가왔다. 전화기가 스마트폰으로 바뀌면서 신세계가 펼쳐진 것처럼 화폐가 디지털로 바뀌면 다시 한번 새로운 세상이 열릴 것이 확실시된다. 디지털 화폐가 어떤 모습으로 등장할지는 미지수다.

한국은행과 같은 중앙은행이 발행하는 디지털 화폐를 '법정디지털 화폐CBDC, Central Bank Digital Currency'라고 한다. 영국 경제전문지 〈이코노미스트〉는 '국가코인Gorcoin'이란 신조어를 제시했다. 흔히 '디지털 현금'으로 지칭한다. 각국 중앙은행은 CBDC 도입에 박차를 가하고 있다. CBDC는 블록체인 기술을 활용하는 디지털 화폐이지만, 비트코인 등과 같은 암호화폐처럼 가격 변동이 크지 않다. 중앙은행이 직접 발행하기 때문에 법정화폐와 같은 신뢰도를 갖고, 액면가도 고정돼 있다. 발권력을 지닌 각국 중앙은행으로선 민간에서 내놓는 암호화폐가 눈엣가시처럼 여겨질 수밖에 없다. 암호화폐가 광범위하게 사용될 경우 기존 실물화폐의 입지가 축소되고, 통화정책에 대한 정부 영향력이 줄어들 수 있어서다.

CBDC는 도입 형태에 따라 중앙은행과 금융기관 간 거래에 쓰이는 '거액결제용'과 일상생활에서 사용되는 '소액결제용'으로 나뉜다. 온라인 지급결제 시스템을 갖춘 선진국들은 거액결제용 CBDC에, 금융 포용성이 떨어지는 개발도상국들은 단번에 디지털 지급결제를 구현할 수 있는 소액결제용 CBDC에 관심을 보여 왔다.

국제결제은행BIS* 에 따르면 전 세계 80%의 중앙은행이 CBDC 연구에 착수했다. CBDC 개발에 가장 앞서 있다고 평가받는 나라는 중국이다. 중국은 기축통화인 달러화의 영향력을 줄이고, 국제 결제수단으로서 위안화 위상을 높이겠다는 야심 찬 목표를 갖고 있다. 중국 인민은행은 민간이 주도하는 디지털 화폐로 인해 위안화의 국제적 지위가 위협받을 것을 대비해 소액결제용 CBDC 발행을 준비하고 있다.

● 국제금융 시장 안정을 목적으로 각 나라 중앙은행의 관계를 조율하는 국제 협력기구이다. 세계 각 나라가 금융기관의 안정성을 측정하는 지표로 사용하는 BIS 자기자본비율을 산정해 발표하는 곳이기도 하다. 세계 경제에 미치는 영향력이 커 '중앙은행의 중앙은행'으로 불린다. 국제결제은행이 처음 세워진 것은 1930년이다. 제1차 세계대전이 끝나고 서유럽과 미국 등 전쟁 승전국은 헤이그협정을 체결하고, 독일로부터 배상금을 받아 국제결제은행을 설립했다. 국제결제은행은 설립 초기 결제기관 역할을 하다가 제2차 세계대전 이후 각국 중앙은행의 협력 관계를 돕는 기구로 기능이 바뀌었다.

2020년 10월 중국 선전에선 추첨을 통해 선정된 시민 5만 명에게 디지털 위안화 200위안(약 3만 5000원)씩을 나눠주는 대규모 CBDC 실험을 했다. 편의점·슈퍼마켓 등에서 스마트폰 전용 앱을 활용해 QR코드로 결제하는 방식인데, 일주일간 6만 3,000건의 결제가 성공적으로 이뤄졌다. 그 이후 중국은 쑤저우, 베이징, 청두 등 28개 도시에서 수백만 명을 대상으로 대규모 CBDC 실험을 했다. 중국은 2022년 베이징 동계올림픽이 열릴 때까지 CBDC를 상용화한다는 계획이다. 공식명칭이 '디지털 화폐 전자결제 DCEP'인 디지털 위안은 애초 소규모 소매 거래용으로 설계됐으나 국경을 넘어 역외결제용으로도 사용할 수 있을 것으로 평가된다.

중국 인민은행은 디지털 위안화를 은행 계좌나 신용카드 없이 신분증이나 휴대전화 번호만 있어도 쓸 수 있도록 설계했다. 인터넷 접속이 안 되는 곳에서도 사용 가능하다.

CBDC 거래는 화폐의 제작·유통비용을 대폭 절감하고 위조지폐·자금세탁·탈세 같은 범죄행위를 원천 봉쇄하는 장점을 지닌다. 하지만 전자지갑에 모든 거래내역이 남아 있어 당국이 언제든지 개별 금융정보를 실시간으로 파악할 수 있다. 여기에다 중국이 가동 중인 세계 최고 수준의 안면인식 기술과 감시 카메라, 휴대전화 GPS(위성항법장치) 추적을 연결하면 완벽한 주민 감시체제가 완성된다. 중국이 디지털 위안화 보급을 명목으로 '디지털 권위주의' 국가를 꾀하고 있다는 지적이 나오는 이유다.

중국 정부는 디지털 위안화에 법정화폐 지위를 부여하는 법 개

정도 추진 중이다. 개정안에는 법인이나 개인은 위안화를 대체할 디지털 화폐를 발행하거나 판매할 수 없고, 이런 행위가 적발되면 처벌받을 수 있다는 내용이 포함됐다.

중국뿐만 아니라 주요 선진국들은 CBDC 발행을 적극 추천하고 있다. 스웨덴·캐나다·영국·일본·유럽연합·스위스 등 6개 중앙은행은 CBDC 연구그룹을 구성했다. 스웨덴은 CBDC 도입에 적극적이다. 일본도 디지털 화폐 연구를 착실하게 진행해왔다. 일본은행은 2015년부터 디지털 화폐에 관한 체계적인 연구자료를 공개했다. 특히 2017년부터 유럽중앙은행과 함께 일본과 유럽의 디지털 화폐가 호환될 수 있도록 하는 방안을 추진 중이다.

한국은행도 2020년 4월 CBDC 파일럿 테스트 추진 계획을 발표했다. 2017년부터 거액·소액 결제용 CBDC 개념의 검증과 테스트를 해온 한은은 2021년 파일럿 테스트 시스템을 구축하고 2022년 1월까지 CBDC가 통용되는 가상환경을 구축해 실전 모의실험을 진행하기로 했다. 한은은 가상환경에서 구축될 모의 시스템을 통해 제조·발행·유통·환수·폐기 등 CBDC 생애주기별 처리업무와 함께 송금·대금결제 등의 서비스 기능을 실험할 계획이다. 한은은 2021년 7월 카카오 블록체인 계열사인 그라운드X를 CBDC 모의실험의 연구 파트너로 선정했다.

한은은 지폐와 주화에 이어 CBDC를 법정통화에 추가하기로 했다. 한은은 "디지털 지급결제 수단을 제공하고 민간 가상자산과 외국의 디지털 화폐로부터 '통화주권'을 지키기 위해서"라고 설명했다.

CBDC 발행은 각국 중앙은행이 수년 전부터 매달려온 과제이지만 코로나-19 팬데믹으로 등장 시점이 더욱 빨라질 것이라는 전망이 많다. 비대면·비접촉 결제가 일상화되고 있기 때문이다.

CBDC가 상용화되면, 비트코인 등 민간이 개발한 암호화폐는 어떻게 될까? 전문가마다 의견이 엇갈린다. 블록체인 투자업체인 캐슬아일랜드벤처스의 닉 카터 파트너는 "정부가 CBDC 결제 시스템에 대한 통제를 강화하면 그 대안으로 비트코인과 같은 암호화폐의 인기가 높아질 것"이라고 했다. 반면 누리엘 루비니 미국 뉴욕대 교수는 "CBDC가 발행되면 암호화폐 등 민간 디지털 결제 시스템을 밀어낼 것"이라고 내다봤다. 각국 중앙은행이 CBDC를 도입하면 민간이 개발한 암호화폐는 설 자리를 잃게 될 것이라는 얘기다.

CBDC가 지닌 잠재력은 적지 않다. 중앙은행이 모든 경제 주체

디지털 화폐 비교

구분	암호화폐	스테이블 코인	CBDC	전자화폐
발행기관	민간	민간	중앙은행	지방자치단체, 전자금융업자
예시	비트코인·이더리움·리플 등	USDC(코인베스트)·디엠(페이스북)	디지털 위안화(중국)·샌드달러(바하마)	네이버페이·삼성페이 등
법률 기반	없음	없음	중앙은행법	전자금융거래법
교환 가치	시장의 수요·공급에 따름	법정화폐 연동	액면가 고정	액면가 고정
기반 기술	블록체인	블록체인	블록체인	IT 기술

한국의 디지털 화폐 경쟁력

디지털 화폐는 정보기술IT 산업이 발전할 나라일수록 유리하다. IT 산업을 토대로 발행되고 유통되기 때문이다. 그런 측면에서 IT 강국인 한국은 황금 기회를 맞을 수 있다. 그동안 한국은 급격한 경제성장을 이뤘어도 세계적으로 통용되는 기축통화를 보유하지 못했다. 하지만 디지털 화폐 시대에는 가능성이 엿보인다.

한국은 전 세계 스마트폰 시장을 선도한다. 단지 스마트폰만이 아니라 그 안에 들어가는 반도체 시장을 장악하고 있다. 미국 애플사와 중국 화웨이도 반도체의 상당량을 한국에 의존하는 상황이다. 특히 디지털 화폐는 스마트폰에서 작동할 확률이 높다. 스마트폰 시장을 장악하고, 스마트폰 안에 디지털 지갑을 깔아 놓은 쪽이 승자가 될 가능성이 큰 것이다.

한국이 유리한 환경은 또 있다. 디지털 화폐에 대한 국민의 인식 수준이 월등할 뿐 아니라 이용률도 다른 나라보다 높다. 카카오뱅크는 오프라인 지점이 한 곳도 없지만 모바일에서는 시중은행을 추월했다. 이른바 '국민 메신저'로 일컬어지는 카카오톡의 힘이다. 카카오톡 사용이 일상화된 시민들은 자연스레 카카오뱅크를 이용하고 있다.

일본은 어떨까. 일본은 아직도 신용카드보다 현금을 선호하는 나라다. 일본이 유럽과 공동으로 디지털 화폐 발행 시스템 구축을 추진하고 있지만 일본 국민이 디지털 화폐를 받아들기는 쉽지 않을 것이라는 전망이 지배적이다.

들의 계좌와 거래 정보를 보관·관리하는 일이 수월해진다. 현금 등 법정화폐와 교환이 보장된 새로운 무위험 금융자산이기 때문에 기존 은행 예금의 대규모 이동을 불러올 여지도 있다. 특히 경제 위기가 닥쳤을 때 개인이나 기업에 CBDC를 일괄공급하는 방식으로 중앙은행이 직접 개입할 수도 있다. 중앙은행이 국내총생산GDP의 30% 수준까지 디지털 화폐를 발행해도 거시경제에는 아무런 문제가 없다는 연구 결과도 있다.

CBDC의 장점은 수없이 많다. 은행 계좌나 신용카드 없이 스마트폰만으로 지급·결제할 수 있는 등 편의성이 탁월하다. 은행 대출이 힘든 한국인이 CBDC로 해외 은행에서 대출받는 것도 가능해진다. 돈 풀기와 조이기 등 중앙은행의 통화정책 효율성도 커진다. 중앙은행이 기업과 개인의 암호화폐 지갑에 바로 돈을 지급하는 방식으로 민간에 돈을 풀 수 있어 신속한 정책실행이 가능해지는 것이다. 현재는 중앙은행이 돈을 풀어도 시중은행이 돈 일부를 다시 예치해버려 정책효과가 제대로 나타나지 않았다.

하지만 CBDC를 악용하는 데 따른 폐해도 엄청날 것으로 평가된다. 모든 거래 기록이 국가기관에 집중되는 탓에 사생활 노출과 프라이버시 침해가 발생할 수 있다. 실물화폐가 없어 자금세탁에 취약하다는 단점도 극복해야 한다.

페이스북의 야심 찬 디지털 화폐 실험

전 세계 27억 명의 이용자를 보유하고 있는 페이스북의 최고경영
자CEO 마크 저커버그는 2019년 6월 기존 금융체제를 뒤흔들 수
있는 놀라운 발표를 한다. 블록체인 기술을 토대로 한 디지털 화
폐 '리브라libra'를 각국 정부와 협의를 거쳐 2020년 상반기에 출시
하겠다고 밝힌 것이다. 저커버그의 발표 이후 각국 중앙은행은 물
론 금융당국도 촉각을 곤두세웠다. 세계 최대의 사회관계망서비
스이자 최고의 인공지능 기술업체인 페이스북이 디지털 화폐 개
발에 나서게 되면 엄청난 파장을 몰고 올 수 있기 때문이다.

리브라는 페이스북만의 화폐가 아니다. 비자 · 마스터카드를 비
롯해 우버 · 보다폰 · 페이팔 · 코인베이스 · 스포티파이 등 내로라
하는 28개 글로벌 기업들이 스위스 제네바에 '리브라 연합'을 설립
해 공동으로 운영하는 형태다. 페이스북은 "디지털 화폐 '리브라'
를 출시하기 전까지 100여 개 업체가 100만달러씩 출자해 10억달
러의 자본금을 만들 계획"이라고 밝혔다. 페이팔 대표를 지낸 데
이비드 마커스가 리브라연합을 이끌며, 페이스북은 1%의 지분만
행사하겠다고 선언했다.

페이스북이 '리브라'를 출시하겠다는 의도는 명확하다. 단일 글
로벌 디지털 화폐와 금융 인프라를 구축해 전 세계 수십억 명에게
개방적인 금융서비스를 제공하겠다는 것이다.

페이스북은 리브라가 투자자산이 아닌 화폐 지위를 부여받는

디지털 화폐 개발에 나선 페이스북 최고경영자 마크 저커버그.

것을 목표로 '신新 머니게임'을 구상하고 있다. 리브라는 전 세계 인터넷 이용자들이 페이스북에서 물건을 사거나 돈을 보낼 수 있는 디지털 화폐다. 리브라는 스마트폰만 갖고 있으면 수수료 부담 없이 송금과 결제가 가능하다. 페이스북 이용자라면 누구나 쉽게 사용할 수 있다. 달러와 같은 화폐로 리브라를 구입해 페이스북 메신저의 전자지갑 '칼리브라Callibra'에 저장한 뒤 클릭 몇 번으로 온라인에서 상품을 살 수 있다. 메신저에 등록한 지인에게 디지털 화폐를 보낼 수도 있다. 식당·마트·서점 등에서 결제할 때는 메신저 앱에 뜨는 지불코드를 스캔한 뒤 지불할 수 있다.

리브라는 화폐 발행방식과 관리방식이 암호화폐와는 다르다. 비트코인을 보유하려면 채굴 과정을 거쳐야 한다. 컴퓨터에서 복잡한 암호를 푼 대가로 비트코인이 주어지는 것이다. 하지만 리브라는 페이스북을 비롯해 디지털 화폐 개발 참여업체들이 모인 '리브라 연합'에서 발행하고, 거래를 관리하게 된다. 페이스북은 달러를 준비금으로 입금한 뒤 그에 해당하는 일정량의 리브라를 발행한다. 달러·유로 등과 같은 안정적인 실물자산과 환율을 연동하기 때문에 비트코인처럼 가격이 급등락할 가능성은 거의 없다.

페이스북은 리브라의 거래 처리속도를 높여 실생활에서 폭넓게 사용할 수 있도록 하겠다는 방침이다. 암호화폐의 늦은 거래 처리속도를 보완해 이용자들이 신용카드처럼 편리하게 사용하도록 만들겠다는 것이다. 실제로 비트코인은 1초당 7건의 거래를 처리할 수 있지만 결제가 한꺼번에 몰리면 결제시간은 1건당 10분까지 느려진다. 물론 리브라가 비자카드처럼 1초당 2만 4,000건의 거래를 처리할 수 있으려면 상당한 시간이 걸릴 전망이다.

리브라는 페이스북에서 친구끼리 송금할 때는 수수료를 받지 않고, 쇼핑 등 상거래의 경우에만 소액의 수수료를 받는다는 계획이다. 유학 간 자녀의 생활비, 이주노동자가 본국에 보내는 급여, 이런 것들도 리브라로 대체할 수 있다. 기본적인 송금 시스템만으로도 리브라의 파급력은 가늠하기 어렵다. 페이스북의 구상대로 리브라가 출시돼 유통된다면 기존 실물화폐를 대체하는 디지털 화폐로 자리 잡을 가능성이 크다.

'디엠Diem' 대한 견제와 우려

페이스북이 리브라 발행 계획을 내놓자 이용자들은 새로운 디지털 화폐 출현 가능성에 기대감을 한껏 부풀렸다. 하지만 각국 중앙은행과 금융당국은 우려의 목소리를 먼저 내놨다. 민간 업체가 실물화폐와 동등하게 기능하는 디지털 화폐를 발행하고 유통하는 것은 시기상조라는 주장이다. 여기에는 리브라가 실제로 유통될 경우 기존 금융체제를 뒤흔들 것이라는 견제심리가 작용했을 가능성이 크다.

금융권에서는 리브라가 등장하면 기축통화인 미국 달러화의 지위마저 위협받을 수 있다는 분석을 내놓고 있다. 영국 〈파이낸셜타임스〉는 "리브라의 성공은 은행·핀테크 업체 등 기존 금융산업의 붕괴로 이어질 수도 있다"고 지적했다. 일부에선 국경 없이 자유롭게 주고받을 수 있는 특성상 리브라가 돈세탁이나 테러단체 자금줄로 악용될 가능성이 크다고 우려한다.

하지만 페이스북은 "리브라 발행으로 전 세계가 디지털 화폐 세상으로 한 발짝 다가서게 될 것"이라고 강조하고 있다. 마크 저커버그 페이스북 최고경영자는 "디지털 세상에서 송금은 스마트폰에서 사진을 보내는 것처럼 쉬워야 한다. 스마트폰과 인터넷만 있으면 누구나 송금수수료 없이 돈을 주고받을 수 있어야 한다"는 주장을 편다.

세계은행WB 통계에 따르면 전 세계 성인의 31%인 17억 명은

페이스북이 발행을 추진했던 디지털 화폐 '리브라'의 로고.

은행 계좌를 갖고 있지 않다. 이른바 금융소외 계층이다. 이들은
돈을 모아 은행에 저축하는 것은 물론 필요할 때 돈을 찾아 쓰거
나 다른 사람에게 송금할 수도 없다. 기본적인 금융서비스를 받지
못하는 셈이다.

페이스북이 주목하는 것은 은행 계좌가 없는 금융소외 계층이
다. 디지털 화폐인 리브라가 출시되면 '수십억 명의 사람들을 위
한 글로벌 화폐와 금융 인프라 구축'이 자연스럽게 이뤄진다는 게
페이스북의 주장이다.

각국 정부와 중앙은행은 표면적으로 리브라가 개인정보 보호
를 장담할 수 없는 데다 탈세를 조장하고, 공정경쟁을 해칠 수 있
다는 점을 내세워 부정적인 시각을 견지한다. 하지만 화폐를 발행

하고 관리하는 주권국가의 핵심 권한을 민간기업에 넘겨줄 수 없고, 넘겨줘서도 안 된다는 게 근본적인 이유이다. 한마디로 리브라가 성공하면 정부와 은행의 역할을 대체할 수도 있다는 두려움이 깔린 것이다. 특히 경제 위기가 닥칠 경우 자국 화폐를 출금해 리브라를 사두려 뱅크런(대규모 은행 예금인출 사태)을 유발할 가능성도 배제할 수 없다.

미국 주요 은행 경영진들은 페이스북의 리브라 발행 계획이 나오자 중앙은행인 연방준비제도Fed에 진정서를 제출했다. 이들은 진정서에서 "일반 소비자들이 리브라를 이용하기 시작하면 상당수의 예금은 페이스북으로 이동해 현금 유동성이 줄어들 것이다. 금융당국의 우려가 해소되기 전까지 리브라 출시를 허용해서는 안 된다"고 주상했다.

금융전문가들은 리브라가 법정화폐와 같이 쓰이거나 법정화폐를 대체하게 되면 중앙은행의 통화정책 효과는 반감될 수밖에 없을 것이라는 진단을 내놓는다. 또 리브라는 일부 개발도상국의 불안정한 법정통화를 대체할 수도 있다고 지적한다.

세계 주요 7개국G7의 리브라 태스크포스TF는 G20 재무장관들에게 보낸 편지에서 "리브라와 같은 스테이블 코인은 세계 금융시장 안정성에 잠재적인 위협이 될 수 있다"고 경고했다. 한국의 금융위원회도 '리브라 이해 및 관련 동향'이란 자료를 통해 "리브라로의 자유로운 환전과 신속한 해외송금은 국제 자본이동과 관련한 정책적 대응능력을 제약할 수 있다"고 지적했다. 금융위는 개인정보 유출 가능성도 제기했다. 페이스북은 이미 개인정보 유출 사고를 겪은 바 있다. 금융위는 "페이스북의 소셜 데이터와 금융 데이터가 결합해 개인정보 유출 피해가 극대화될 가능성이 있다" 고 우려했다. 하지만 금융위는 리브라에 대해 "가격 변동성 등 기존 화폐의 문제를 해결해 어떤 암호화폐보다도 상용화에 성공할 가능성이 크다"고 평가했다.

페이스북의 '디지털 제국' 구축을 향한 야망

'디지털 화폐'를 발행하겠다는 페이스북의 계획은 각국 정부와 의회, 금융권의 반발에 부딪혀 난항을 겪고 있다. 페이스북은 디지털 화폐 발행 계획을 당초 2020년 상반기에서 하반기로 늦춘 데이어 2021년으로 다시 연장했다. 애초 리브라 발행 계획에 참여 의사를 밝혔던 28개 글로벌 기업 가운데 비자·마스터카드, 스트라이프, 이베이, 부킹닷컴, 메르카도파고, 스트라이프 등 8개 기업은 빠졌다. 우버·보다폰·스포티피아 등 유명 글로벌 기업들이 남아 있기는 하지만 대형 금융회사들이 빠지면서 적잖은 타격을 입었다. 리브라 서비스 개시 때까지 회원사가 100곳에 달할 것이라던 리브라 연합은 8곳이 빠지고 7곳이 새로 들어와 27곳이 이름을 올렸다.

페이스북은 미국 달러, 유로, 일본 엔, 영국 파운드, 싱가포르

페이스북은 디지털 화폐 명칭을 '리브라'에서 '디엠'으로 바꿨다.

달러 등으로 구성된 바스켓에 연동시킨 단일 통화라는 구상도 포기했다. 2020년 4월 발표된 〈수정 백서〉는 각각의 통화에 연동된 '여러 개의 리브라 코인'을 만들겠다고 했다. 하지만 국경과 상관없이 막대한 이용자 규모를 자랑하는 페이스북의 리브라 발행에 의문부호가 달리게 된 것도 부인할 수 없다.

페이스북은 디지털 화폐 발행 의지를 꺾지 않고 있다. 2021년까지 참여 기업을 100개 이상으로 늘려 디지털 화폐를 출시하겠다는 굳건한 방침을 고수한다. 디지털 화폐 제국을 구축하려는 야심을 숨기지 않는 것이다.

페이스북은 2020년 12월 디지털 화폐 리브라의 명칭을 '디엠 Diem'으로 바꿨다. 디엠은 라틴어에서 유래한 '데이Day'를 의미한다. 리브라 프로젝트를 추진해온 협회 이름도 '리브라 협회'에서 '디엠 협회'로 개명했다.

페이스북은 디엠이 투기 수단으로 활용되는 것을 막기 위해 전세계를 연결한 망을 통해 보관하고 소비자들이 은행 예금이나 단기 국채 등으로 디엠을 살 수 있도록 하겠다는 보완책도 내놨다. 페이스북의 최종 목표는 아직 달성되지 않았다. 하지만 페이스북이 촉발한 디지털 화폐를 둘러싼 논쟁은 상당 기간 지속될 전망이다.

디지털 화폐를 둘러싼 미·중의 패권경쟁

페이스북이 디지털 화폐 발행 계획을 발표했을 당시 가장 긴장한 나라는 중국이었다. 중국 금융당국은 "페이스북의 디지털 화폐 발행 계획은 '상당히 위협적'"이라며 디지털 위안화 발행 계획을 내놨다.

중국을 비롯한 각국 정부에서 디지털 화폐 도입 필요성이 거론되는 이유는 간단하다. 다른 나라 정부나 기관이 달러를 대체할 만한 화폐를 발행해 유통하면 미국은 지금과 비교할 수 없는 통화비용을 부담해야 한다. 미국이 행사하는 강력한 경제제재의 힘은 달러의 기축통화 지위에서 나온다. 디지털 화폐 분야에서 미국에 가장 위협적인 대상은 중국 인민은행이 준비하고 있는 디지털 위안화다. 일단 중국 내 사용인구만 14억 명에 이른다. 텐센트·알리바바 등 중국 정보기술IT 업체의 핀테크 기술과 결합하면 중국과 밀접한 경제적 관계를 맺고 있는 나라에 디지털 위안화가 급속도로 전파될 수 있다.

중국은 2014년부터 미국과의 기축통화 패권 경쟁을 염두에 두고 디지털 화폐를 준비해왔다. 2021년 1월 기준으로 국제 결제에서 위안화의 비율은 2.42%에 불과하다. 중국은 위안화의 세계화를 위해 2018년 3월 상하이 선물거래소에서 위안화 표시 원유 선물도 출시한 바 있다. 미국 하버드대 니얼 퍼거슨 교수는 "중국의 디지털 위안화는 미국의 달러 패권에 중대한 위협을 가할 수 있다"며 페이스북이 발행하려는 디지털 화폐 '디엠'이 대안이 될 수도 있다고 지적했다.

이런 측면에서 딜레마에 빠져들게 된 쪽은 미국 정부와 금융당국이다. 기축통화인 달러의 지위를 위협하는 위안화의 파상적인 공세를 막기 위해서는 디지털 화폐 발행에 적극적인 행보를 보여야 한다. 그래야 디지털 화폐 패권경쟁에서 주도권을 빼앗기지 않기 때문이다. 이를 위해 비록 민간기업이긴 하지만 페이스북의 디지털 화폐 발행에 힘을 실어줘야 한다. 하지만 이럴 경우 기축통화인 달러화의 위상이 떨어지고 화폐 발행권을 민간기업에 넘겨줄 수도 있다는 우려가 팽배한 상황이다. 그렇다고 디지털 화폐 발행을 놓고 중국과의 패권경쟁에서 밀려서는 더더욱 안 된다. 미국은 그나마 페이스북이 발행하려는 디지털 화폐인 디엠의 법정통화 바스켓 비율에서 달러화가 차지하는 비율이 50%라는 점에 위안을 삼고 있다. 국제통화기금IMF의 특별인출권SDR* 에서 달러화

---

* 페이퍼 골드(Paper Gold)라고 부르기도 한다. 국제통화기금(IMF) 회원국들이 외환위기 등에 직면했을 때 담보 없이 자금을 인출할 수 있는 권리를 뜻한다. 통화바스켓은 달러, 엔, 유로, 파운드, 위안 등 5개 통화로 구성돼 있다. 편입 비율은 미

가 차지하는 비율이 40%가량인 점을 고려하면 일종의 '미국 우대'가 작용한 셈이다. 특별인출권 비율이 11%가량인 위안화는 디엠 바스켓에는 아예 포함되지 않았다.

달러 패권 국가인 미국은 디지털 화폐의 주도권마저 거머쥐려 하고 있다. 연방준비제도Fed의 레이얼 브레이너드 이사는 2019년 10월 스위스 바젤에 있는 국제결제은행BIS에서 열린 '디지털 시대 화폐의 미래' 컨퍼런스에서 "돈이 있는 곳이라면 그 돈이 어떠한 형태일지라도 지난 100년간 그랬던 것처럼 앞으로 미국이 주도하게 될 것"이라고 못 박았다. 디지털 화폐 시대가 열리더라도 미국은 다른 나라에 주도권을 빼앗기지 않겠다는 뜻이다.

유로권 국가들은 달러의 지위가 흔들리는 상황을 예의주시하면서도 민간기업인 페이스북이 디지털 화폐 발행 주체가 되는 것에 상당한 거부감을 드러내고 있다. 독일과 프랑스는 2020년 9월 공동성명을 내고 "페이스북의 디지털 화폐 발행 계획은 일종의 국가 주권 침해행위"라며 "유럽은 디엠을 단호하게 거부해야 한다"는 입장을 견지했다.

도널드 트럼프 행정부 시절 한 치의 양보 없이 맞붙었던 무역분쟁에 이어 디지털 화폐를 둘러싼 미국과 중국의 패권 경쟁은 치열하게 전개될 것으로 보인다.

국 달러(41.73%), 유로(30.93%), 위안(10.92%), 엔(8.33%), 파운드(8.09%) 순이다. IMF 회원국은 출자 비율에 따라 SDR을 배분받는다. 한국의 출자 비율은 1.41%, 투표권은 1.37%로 19위 수준이다.

돈, 성聖과 속俗의 두 얼굴

동서양에서 돈의 기원과 연관되는 지불支佛의 개념은 종교적 차원에서 '죄를 씻는다'는 것과 같은 의미이다. '돈을 지불한다'는 것은 '신전에 예물(돈)을 바쳐 죄를 씻는 것'과 같다고 해석하는 학자들도 있다. 돈의 기능은 물물교환 수단이거나 서로 다른 상품의 가치를 계량화해주는 가치척도의 수단에 그치지 않는다.

돈의 종류와 형태는 인류 역사의 흐름에 따라 변화를 거듭해왔지만 속성은 그대로이다. 돈은 사람을 울리기도, 감동시키기도 한다. 그런가 하면 사람들은 돈의 부재不在에 절망하고 탄식하며, 삶의 교두보를 잃기도 한다. 카를 마르크스의 지적대로 자본주의 시장경제체제에서 돈은 소외 · 물신숭배 · 수탈 · 비인간화를 조장한다. 그럼에도 많은 사람들은 물신화된 자본주의체제를 건강하게 유지하기 위해 돈을 인간화하려는 노력을 기울인다. 불순에서 순수로, 속俗에서 성聖으로 나아가려 하고, 돈의 건강한 생명력을 되살리려 애쓰고 있다. 돈의 '선한 영향력'을 믿는 사람들이다.

돈은 사회적 신뢰의 상징으로 여겨지지만 실상은 그렇지 않다. 가계부채에 허덕이는 서민층, 임금을 떼인 채 해고되는 노동자들, 학자금 대출을 안고 졸업하는 대학생들, 생계를 이어가기 위해 폐지를 줍는 노인들에게 돈은 신분과 계층을 가르고, 불평등을 심화시키며 삶을 옥죄는 수단이다. 그들은 돈 때문에 삶의 그늘에서 벗어나지 못하고 있다.

켄 로치 감독의 영화 〈미안해요, 리키〉의 주인공인 택배기사 리키는 화장실에 갈 틈조차 없어 패트병에 소변을 보면서 하루 14시간 일한다. 아내 애비도 하루 13시간 넘게 노인·장애인 돌봄 노동자로 일하며 녹초가 된다. 기계 부품처럼 일하는 리키 부부는 극빈층으로 전락할지 모른다는 두려움으로 하루하루를 버텨낸다. 돈 때문이다. 리키 부부에게 돈은 저주의 대상일 뿐이다.

확산돼야 할 돈의 '선한 영향력'

금세기 최악의 전염병인 코로나-19는 전 세계인에게 형벌과도 같은 삶을 강요했다. 고약스런 병원체는 다른 사람들을 미워하고 원망하도록 했다. 차별과 혐오, 배제가 극성을 부렸다. 뉴노멀

New normal 시대의 민심은 가뭄에 논 갈라지듯 메말라 버렸다. 코로나-19가 창궐한 지 1년 만인 2021년 2월 한국사회에 돈보다 귀한 감동적인 사연이 인터넷을 통해 전해졌다. 온정의 끈이 끊어지지 않았다는 사실을 일깨워준 사연은 대충 이렇다.

2021년 2월 16일 치킨 프랜차이즈 '칠인 7호' 본사에 편지 한 통이 배달됐다. 편지는 꾹꾹 눌러쓴 글씨로 가득 차 있었다. 편지 발신인은 서울 마포구에 사는 고등학생 ㄱ군이었다. ㄱ군은 부모님을 여의고 몸이 편찮으신 할머니와 함께 생활하고 있었다. 코로나-19로 아르바이트 자리를 구하지 못한 ㄱ군은 2020년 어느 날 치킨이 먹고 싶다며 우는 동생을 달래기 위해 밖으로 나왔다.

ㄱ군이 갖고 있던 돈은 5000원이 전부였다. 5000원으로 살 수 있는 치킨은 없었다. 여러 치킨집을 돌아다니던 ㄱ군과 동생은 우연히 '칠인 7호' 홍대점의 점주인 박재휘 씨를 만났다. 박씨는 가게 앞에서 쭈뼛거리던 ㄱ군 형제를 가게 안으로 들였다. 박씨는 치킨 세트 메뉴에다 콜라 2병을 ㄱ군 형제에게 내주며 따뜻한 말을 건넸다. ㄱ군은 치킨을 다 먹고 난 뒤 동생 손을 잡고 도망칠까 하는 '나쁜 생각'까지 했다고 한다. 박씨는 치킨 값으로 5000원이라도 내려는 ㄱ군 형제에게 사탕 하나씩을 주고 "치킨을 먹고 싶으면 언제든지 들르라"고 했다.

그날 이후 박씨는 ㄱ군 몰래 찾아온 동생에게 치킨을 내주었다. 그뿐 아니다. 박씨는 치킨을 먹으러 온 ㄱ군 동생의 덥수룩한 머리를 보고는 미용실에 데려가기도 했다. 1년 뒤 코로나-19 확산 탓에 자영업자들이 어려움을 겪는다는 뉴스를 접한 ㄱ군은 '철인 7호' 본사에 편지를 보냈다. 편지 말미에 ㄱ군은 이렇게 적었다. "저도 성인이 돼 돈을 많이 벌면 어려운 사람을 도와주면서 사는 '철인 7호' 홍대점 점주님처럼 멋있는 사람이 되겠습니다."

일본 작가 구리 료헤이가 쓴 동화 《우동 한 그릇》을 떠올리게 하는 감동적인 사연은 코로나-19로 얼어붙은 한국사회를 훈훈하게 만들었다. 미담美談은 온라인 커뮤니티를 통해 빠르게 전파됐다. 누리꾼들은 '철인 7호' 홍대점에서 치킨을 주문하고, 손편지를 전하며 응원했다.

'철인 7호' 홍대점 박재휘 점주는 SNS에 "'돈쭐(돈으로 혼쭐)'내주시겠다며 매장을 찾아주시는 많은 분들, 주문하는 척 들어오셔서 선물을 주고 가시는 분들, 좋은 일에 써달라면서 소액이라 미안하다며 봉투를 놓고 가시는 분들도 있다"고 썼다. 그는 "앞으로도 '선한 영향력'을 줄 수 있는 사람이 되겠다"고 했다.

ㄱ군 형제는 '철인 7호' 홍대점 점주에게 돈으로 계량計量할 수 없는 '큰마음'을 받았다. '철인 7호' 홍대점 점주도 5000원의 수백 배가 넘는 '돈쭐'과 많은 시민들의 격려를 받았다. '베품은 돈보다 힘이 세다!'

비슷한 시기인 2021년 2월 정보기술IT업계에서 성공 신화를 쓴 두 명의 창업자가 재산의 절반 이상을 기부한다는 소식이 전해졌다. 김범수 카카오 이사회 의장은 보유하고 있는 주식의 절반 이상을 사회에 내놓겠다고 했다. 기부 금액은 5조원 이상이다. 김의장은 글로벌 재단을 창립해 미래를 준비하는 사람들과 디지털 교육 격차로 기회를 얻지 못한 사람들, 미래사회를 이끌어갈 인공지능AI 인재를 돕는 데 쓰겠다고 했다.

국내 배달 애플리케이션 1위 업체 '배달의민족' 창업자 김봉진 우아한형제들 이사회 의장 부부도 재산의 절반인 5000억원을 내놓기로 했다. 김 의장은 '더 기빙 플레지The Giving Pledge•' 가입자다. 김 의장은 한 달쯤 뒤인 2021년 3월 직원과 배달대행 기사(라이더) 등에게 1000억원대 주식과 격려금을 지급하기도 했다. 우아한형제들 직원에게는 주식을 증여하고, 장기근속 라이더와 B마트 비정규직에게도 주식 또는 격려금을 시급하겠다고 발표했다. 주식 증여 대상은 2,100여 명이며, 격려금은 2,200여 명이 받았다.

창업자 두 명의 기부는 규모도 크고, 동기도 신선하다. 김범수 의장은 "격동의 시기에 사회문제가 다양한 방면에서 심화하는 것을 목도하며 더이상 결심을 늦추면 안 되겠다는 생각이 들었다"고 했다. 김봉진 의장은 "부를 나눌 때 그 가치는 더욱 빛난다"고

• 워런 버핏 버크셔해서웨이 회장과 빌 게이츠 마이크로소프트 창업자가 2010년 함께 설립한 자선단체다. 10억달러가 넘는 자산을 보유해야 가입할 수 있고, 재산의 절반 이상을 기부해야 한다. 페이스북 창업자 마크 저커버그, 테슬라 최고경영자 일론 머스크, 영화 〈스타워즈〉를 만든 조지 루카스 감독, 오라클의 래리 엘리슨 회장, 마이클 블룸버그 전 뉴욕시장 등이 회원이다. 25개국 2,000여 명이 참여하고 있다.

했다. 물려받은 부富를 마지못해 사회에 내놓은 기존 재벌들과 달리 자수성가로 일군 성공의 결실을 아낌없이 기부한 것이다. 두 사람이 이런 선택을 한 이유는 뭘까. "나누면 행복해진다"는 사실을 알기 때문이다. '나눔은 돈보다 힘이 세다!'

돈을 지배할 것인가, 돈의 노예가 될 것인가

인간의 필요에 의해 만들어진 돈은 부富와 패권을 거머쥐는 수단으로 활용됐다. 12~14세기 이탈리아 피렌체를 대표하는 메디치 가문은 은행업으로 막대한 부를 축적하며 르네상스 시대를 여는 기반을 다졌다. 15~16세기 스페인과 포르투갈은 신항로 개척과 신대륙 발견 덕에 강대국으로 부상하는 발판을 마련했다.

17세기 청어잡이를 통해 해상 패권을 장악한 네덜란드는 스페인으로부터 독립을 쟁취하며 동인도회사라는 세계 최초의 주식회사를 설립했다. 해운업의 발전은 네덜란드를 물류와 금융의 중심지로 만들었다. 영국은 17세기 후반 대서양 무역의 주도권을 쥐게 되면서 은행업과 보험업을 발전시키며 '해가 지지 않는 나라'로 발돋움했다. 18세기 후반부터 19세기 전반에 걸쳐 진행된 산업혁명은 세계의 부가 영국으로 쏠리게 했다. 19세기 후반 중공업의 발달과 20세기 두 차례에 걸친 세계대전은 미국이 세계 경제를 지배하는 토대를 구축해줬다. 이처럼 전 세계 부와 패권 지도를 바꾼 것은 돈이었다.

21세기에도 돈의 진격은 계속되고 있다. 국가와 기업은 돈을 세계적 규모로 회전시켜 이익을 창출하고 증식했다. 그로 인해 언제 꺼질지 모르는 버블(거품)을 동반한 금융의 시대가 도래했다. 수익만을 좇는 국경 없는 돈의 흐름은 통화가치 하락을 불러오고, 금융위기에 직면하게 만들었다. 2008년부터 2010년까지 진행된 서유럽의 금융위기와 미국 금융기관의 탐욕이 부른 글로벌 금융위기가 대표적인 사례다.

규제를 철폐하고 시장을 중시하는 신자유주의 체제는 '금융 자본주의'가 움틀 수 있는 토양을 제공했다. 하지만 세계 금융 질서를 확립하기 위한 시스템을 구축해야 한다는 주장은 철저하게 무시되고 배척당했다. 돈의 세계화가 촉발한 금융위기는 대공황 이후 80년 만에 처음 겪는 극심한 경제 위기 상황에 봉착하는 결과를 초래했다. 포스트 코로나 시대에도 돈이 지배하는 세상이 펼쳐질 것은 자명하다.

영국의 철학자 프랜시스 베이컨은 "돈은 가장 좋은 하인이며, 가장 나쁜 주인"이라고 했다. 베이컨의 말처럼 많은 사람들이 돈을 추종하는 하인이 아닌, 좋은 주인으로서 살맛 나는 세상을 만들어 가야 한다. 그게 이뤄질 수 없는 꿈일지라도 추구해야 할 지향점으로 삼아야 하지 않을까. 돈의 지배를 받는 삶은 불행하다!

| 참고문헌 |

경향신문 특별취재팀 《세계 금융위기 이후》 한스미디어, 2010

니얼 퍼거슨 《금융의 지배》 민음사, 2012

돈 탭스콧 《블록체인 혁명》 을유문화사, 2018

미야자키 마사카츠 《부의 지도를 바꾼 돈의 세계사》 탐나는 책, 2015

박구재 《돈, 너는 누구니?》 현암사, 2011

박구재 《지폐, 꿈꾸는 자들의 초상》 황소자리, 2006

송인창 외 6명 《화폐 이야기》 부키, 2013

쑹훙빈 《화폐전쟁》 랜덤하우스코리아, 2008

엘렌 H. 브라운 《달러》 이른아침, 2009

왕웨이 《세계 역사를 뒤흔든 금융 이야기》 평단문화사, 2015

원용찬 〈화폐를 다시 생각한다〉 인물과사상사, 2015

원유한 《한국화폐사》 한국은행 발권국, 2006

윌리엄 엥달 《화폐의 신》 도서출판 길, 2015

유발 하라리 《사피엔스》 김영사, 2020

이득재 〈화폐란 무엇인가?〉 문화과학, 2009

이원재 《가상통화의 시대》 푸른사상, 2018

자크 아탈리 《위기 그리고 그 이후》 위즈덤하우스, 2019

찰스 만 《1493》 황소자리, 2020

헤로도토스 《역사》 도서출판 길, 2016

돈의 진격

첫판 1쇄 펴낸날 2021년 9월 15일

지은이 | 박구재
펴낸이 | 지평님
본문 조판 | 성인기획 (010)2569-9616
종이 공급 | 화인페이퍼 (02)338-2074
인쇄 | 중앙P&L (031)904-3600
제본 | 서정바인텍 (031)942-6006

펴낸곳 | 황소자리 출판사
출판등록 | 2003년 7월 4일 제2003-123호
주소 | 서울시 종로구 송월길 155 경희궁자이 오피스텔 4425호
대표전화 | (02)720-7542   팩시밀리 | (02)723-5467
E-mail | candide1968@hanmail.net

ⓒ 박구재, 2021

ISBN 979-11-91290-05-9   03320